a organização sem medo

a organização sem medo

Criando **Segurança Psicológica** no Local de Trabalho para Aprendizado, Inovação e Crescimento.

Amy C. Edmondson
HARVARD BUSINESS SCHOLL

ALTA BOOKS
EDITORA
Rio de Janeiro, 2020

A Organização Sem Medo
Copyright © 2020 da Starlin Alta Editora e Consultoria Eireli. ISBN: 978-85-508-1438-4

Translated from original The Fearless Organization © 2019 by John Wiley & Sons, Inc. ISBN 9781119477242. This translation is published and sold by permission of John Wiley & Sons, Inc, the owner of all rights to publish and sell the same. PORTUGUESE language edition published by Starlin Alta Editora e Consultoria Eireli, Copyright © 2020 by Starlin Alta Editora e Consultoria Eireli.

Impresso no Brasil — 1ª Edição, 2020 — Edição revisada conforme o Acordo Ortográfico da Língua Portuguesa de 2009.

Produção Editorial
Editora Alta Books

Gerência Editorial
Anderson Vieira

Gerência Comercial
Daniele Fonseca

Produtor Editorial
Illysabelle Trajano
Juliana de Oliveira
Thiê Alves

Assistente Editorial
Keyciane Botelho

Marketing Editorial
Lívia Carvalho
marketing@altabooks.com.br

Coordenação de Eventos
Viviane Paiva
eventos@altabooks.com.br

Editor de Aquisição
José Rugeri
j.rugeri@altabooks.com.br

Equipe Editorial
Ian Verçosa
Luana Goulart
Maria de Lourdes Borges
Raquel Porto
Rodrigo Dutra
Thales Silva

Equipe de Design
Larissa Lima
Marcelli Ferreira
Paulo Gomes

Tradução
Thais Cots

Copidesque
Maira Meyer

Revisão Gramatical
Samuri Prezzi
Paola Gousain

Revisão Técnica
Claudia Moreira
Doutora em Administração pela UFMG

Diagramação
Joyce Matos

Publique seu livro com a Alta Books. Para mais informações envie um e-mail para autoria@altabooks.com.br

Obra disponível para venda corporativa e/ou personalizada. Para mais informações, fale com projetos@altabooks.com.br

Erratas e arquivos de apoio: No site da editora relatamos, com a devida correção, qualquer erro encontrado em nossos livros, bem como disponibilizamos arquivos de apoio se aplicáveis à obra em questão.

Acesse o site **www.altabooks.com.br** e procure pelo título do livro desejado para ter acesso às erratas, aos arquivos de apoio e/ou a outros conteúdos aplicáveis à obra.

Suporte Técnico: A obra é comercializada na forma em que está, sem direito a suporte técnico ou orientação pessoal/exclusiva ao leitor.

A editora não se responsabiliza pela manutenção, atualização e idioma dos sites referidos pelos autores nesta obra.

Ouvidoria: ouvidoria@altabooks.com.br

Dados Internacionais de Catalogação na Publicação (CIP) de acordo com ISBD

E24o Edmondson, Amy C.

A Organização Sem Medo: Criando Segurança Psicológica no Local de Trabalho para Aprendizado, Inovação e Crescimento / Amy C. Edmondson ; traduzido por Thais Cots. - Rio de Janeiro : Alta Books, 2020.
256 p. ; 16cm x 23cm.

Inclui índice e apêndice.
ISBN: 978-85-508-1438-4

1. Administração. 2. Local de trabalho. 3. Segurança Psicológica. I. Cots, Thais. II. Título.

2020-2151 CDD 658.401
CDU 658.011.2

Elaborado por Vagner Rodolfo da Silva - CRB-8/9410

ALTA BOOKS EDITORA
Rua Viúva Cláudio, 291 — Bairro Industrial do Jacaré
CEP: 20.970-031 — Rio de Janeiro (RJ)
Tels.: (21) 3278-8069 / 3278-8419
www.altabooks.com.br — altabooks@altabooks.com.br
www.facebook.com/altabooks — www.instagram.com/altabooks

abdr ASSOCIAÇÃO BRASILEIRA DE DIREITOS REPROGRÁFICOS

ASSOCIADO CBL Câmara Brasileira do Livro

Para George,

Cuja curiosidade e paixão o fizeram um grande cientista e líder – e que sabe muito bem que o medo é inimigo da prosperidade.

Agradecimentos

Muitos contribuíram para minha pesquisa sobre segurança psicológica neste quarto de século, desde que tropecei no fenômeno por acidente. Primeiro, há os gerentes, as enfermeiras, os médicos, os engenheiros, os membros da linha de frente, os CEOs e os outros empregados nas muitas empresas que abriram suas portas para esta pesquisadora universitária. Sou agradecida pela disponibilidade de serem entrevistados e estudados; suas generosas contribuições de tempo e percepção tornaram possível o trabalho resumido neste livro. Também agradeço à Divisão de Pesquisas da Harvard Business School pelo generoso auxílio financeiro que custeou esta pesquisa. Fui gratificada nos últimos anos por dúzias de pesquisadores, tanto novatos quanto experientes, que captaram o conceito de segurança psicológica para incluí-lo em seus estudos, adicionando valiosas descobertas para a crescente literatura sobre este tópico; sua pesquisa diversa e rigorosa corrobora substancialmente para o argumento de que a segurança psicológica é importante para a excelência nas empresas ao redor do mundo.

Sou especialmente grata à Jeanenne Ray, da Wiley Editora, pela confiança em meu trabalho e pela paciência quando deixei passar nosso prazo inicial. Patrick Healy proporcionou inestimável apoio à pesquisa que contribuiu para a qualidade e intensidade do depoimento que posso oferecer aos leitores. Em particular, ele realizou as revisões bibliográficas dos textos, tanto acadêmicos quanto clínicos, sobre segurança psicológica, lendo meticulosamente e fazendo observações em centenas de artigos. Ele identificou numerosos estudos de casos que ajudaram a dar vida a estas ideias. Suas sugestões, edições e entusiasmo pelo tópico contribuíram verdadeiramente para fazer deste um livro melhor. Pat também assumiu a tarefa ingrata de administrar com habilidade, precisão e notável alegria referências, autorizações e outros infinitos detalhes que entram em um projeto como esse. Recebi, de três brilhantes amigos, retornos esclarecedores em diferentes pontos do processo de escrita – Roger Martin, Susan Salter Reynolds e Paul Verdin –, que tornaram possíveis melhorias cruciais. Sara Nicholson proporcionou ajuda essencial na correção, com seu habitual nível de competência extraordinário.

De muitas pessoas que contribuíram para o formato final deste livro, Karen Propp é de longe a mais importante. Sou profundamente agradecida por ter sido capaz de trabalhar com ela neste projeto. Sem suas perguntas perspicazes, percepções, ideias, histórias e habilidades aprimoradas como escritora e editora, este livro nunca teria sido finalizado. Acho justo dizer que Karen, Pat e eu nos divertimos em equipe – identificando os casos e ideias que conseguiram entrar no rascunho final, junto com os que não conseguiram. Espero que descubra que nossas escolhas foram boas por capturar a riqueza e a diversidade das definições nas quais a segurança psicológica é importante para o aprendizado e a satisfação no trabalho.

Finalmente, meu marido, George Daley, apoiou-me enquanto eu dedicava cada vez mais tempo trabalhando e escrevendo. Seu amor e confiança me ampararam e tornaram possível que conseguisse dedicar todo o tempo livre à conclusão disso. Ele estava lá a cada passo do caminho nos últimos 25 anos, nunca perdendo a fé em mim e em meu trabalho. Enquanto passava meus dias estudando líderes que fazem a diferença no mundo, George é um – por ter aceitado o desafio de liderar uma grande empresa dois anos atrás. Humilde o suficiente para afirmar que minhas ideias o ajudaram a ter êxito, George tem, assim, transmitido-me ainda mais confiança em que elas também possam ajudar a outros. Este livro é dedicado a ele.

Sumário Resumido

Sumário

Introdução

"Nenhuma paixão rouba os poderes de ação e raciocínio da mente com tanta eficácia quanto o medo."

— Edmund Burke, 1756.[1]

Se você lidera uma corporação global, desenvolve software, assessora clientes, pratica medicina, constrói casas ou trabalha em uma moderna fábrica de última geração que exige habilidades de informática sofisticadas para gerenciar obstáculos de produção complexos, você é um trabalhador intelectual.[2] Assim como o mecanismo de crescimento da Revolução Industrial foi a padronização, com trabalhadores como corpos de mão de obra confinados a executar "da melhor maneira" para conseguir realizar quase qualquer tarefa, hoje o crescimento é movido por ideias e engenhosidade. As pessoas devem levar seus cérebros para o trabalho e colaborar com os outros para resolver problemas e realizar atividades que estão em mudança perpétua. As organizações devem encontrar e continuar encontrando novas maneiras de criar valor para prosperar a longo prazo. A criação de valor começa colocando o talento que se tem em seu melhor e mais elevado uso.

O Que é Preciso para Prosperar em um Mundo Complexo, Incerto

Embora não seja novidade que conhecimento e inovação se tornaram fontes vitais de vantagem competitiva em praticamente todas as indústrias, poucos gestores param para pensar de fato nas implicações desta nova realidade, sobretudo no que diz respeito ao que ela significa para o tipo de ambiente de trabalho que ajudaria os empregados a prosperarem e as organizações a terem sucesso. O objetivo deste livro é ajudá-lo justamente nisso e equipá-lo com algumas novas ideias e práticas para fazer com que as organizações de conhecimento intensivo trabalhem melhor.

Para uma organização prosperar verdadeiramente em um mundo onde a inovação pode fazer diferença entre sucesso e fracasso, não é o suficiente contratar pessoas inteligentes, motivadas. Pessoas instruídas, qualificadas e bem-intencionadas podem nem sempre contribuir com o que sabem em um momento crítico no trabalho, quando necessário. Algumas porque falham em reconhecer a necessidade de seu conhecimento, frequentemente por serem relutantes em se destacar, por estarem erradas ou aborrecerem o chefe. Para que o trabalho intelectual floresça, o local onde se trabalha deve fazer as pessoas se sentirem capazes de compartilhar seu conhecimento. Isso significa compartilhar preocupações, questões, erros e ideias malformadas. Hoje, em muitos locais de trabalho, as pessoas estão se travando com muita frequência — relutantes em dizer ou perguntar algo que possa de alguma forma fazê-los parecer desqualificados. Para complicar as coisas, ao mesmo tempo que as companhias se tornam cada vez mais globais e complexas, o trabalho tem se baseado mais em atividades de equipe. Os empregados de hoje, em todos os níveis, gastam 50% mais tempo colaborando do que há 20 anos.[3] Contratar talentos individuais não é mais suficiente. Eles têm de ser capazes de trabalhar bem juntos.

Na minha pesquisa ao longo dos últimos 20 anos, mostrei que o fator que chamo de segurança psicológica ajuda a explicar as diferentes performances em locais de trabalho que incluem hospitais, fábricas, escolas e agências do governo. Além disso, segurança psicológica é importante para grupos tão distintos quanto aqueles que estão na diretoria executiva de uma instituição financeira e os da linha de frente de uma unidade de terapia intensiva. Minha base da pesquisa de campo foi primeiramente focada em grupos e equipes, porque isso mostra como a maioria dos trabalhos são feitos. Poucos produtos ou serviços hoje são criados por indivíduos agindo sozinhos, poucos indivíduos simplesmente fazem seu trabalho e, então, entregam a produção para que outras pessoas façam a etapa seguinte, de maneira linear, sequencial. Pelo contrário, muitos trabalhos exigem que pessoas falem umas com as outras para resolver interdependências variáveis. Quase tudo que valorizamos na economia moderna é resultado de decisões e ações que são interdependentes e, portanto, consequência de um trabalho eficaz em equipe. Como escrevi em livros e artigos anteriores, o trabalho em equipe é cada vez mais dinâmico – e ocorre em configurações constantemente variáveis, substituindo equipes formais, claramente delimitadas.[4] Essa colaboração dinâmica é chamada de formação de equipe.[5] A formação de equipe é a arte de se comunicar e coordenar com pessoas através de critérios de todos os tipos – experiência, situação e distância, para nomear o mais importante. Mas, se você está formando equipes com novos colegas o tempo todo ou trabalhando em uma equipe estável, o trabalho efetivo em equipe funcionará melhor em um local de trabalho psicologicamente seguro.

Segurança psicológica não é imunidade às consequências, tampouco é um estado de autoestima elevada. Em locais de trabalho psicologicamente seguros, pessoas sabem que podem falhar, podem receber comentários relativos a seu desempenho que digam que elas não estão atingindo as expectativas e podem perder seu emprego devido a mudanças no ambiente da indústria ou até mesmo à falta de competência em sua função. Esses atributos do local de trabalho moderno dificilmente desaparecerão tão cedo. Todavia, em um local de trabalho seguro, pessoas não são impedidas pelo medo *interpessoal*, elas se sentem dispostas e capazes de aceitar os riscos inerentes da franqueza. Temem restringir sua total participação *mais* do que temem compartilhar uma ideia potencialmente sensível, ameaçadora ou errada. A organização sem medo é aquela em que o medo interpessoal é minimizado para que a equipe e o desempenho organizacional possam ser maximizados em um mundo de conhecimento intensivo, não uma organização desprovida de ansiedade sobre o futuro!

Como você aprenderá neste livro, segurança psicológica pode fazer a diferença entre um cliente satisfeito e um irritado que faz um *tweet* causador de danos que se torna viral; entre acertar em cheio um diagnóstico médico complexo que leva à recuperação completa do paciente e enviar um paciente gravemente doente para casa muito cedo; entre um quase acidente e um acidente industrial catastrófico; ou entre um grande desempenho nos negócios e uma dramática manchete de fracasso. Você aprenderá práticas cruciais que o ajudarão a construir os locais de trabalho psicologicamente seguros e que permitirão a sua organização prosperar em um mundo complexo, incerto e cada vez mais interdependente. Segurança psicológica é amplamente definida como um clima em que as pessoas estão à vontade para se expressar e serem elas mesmas. Mais especificamente, quando as pessoas têm segurança psicológica no trabalho, sentem-se à vontade para compartilhar suas preocupações e erros sem medo do constrangimento ou represália. Elas estão confiantes que podem falar abertamente e não serão humilhadas, ignoradas ou culpadas. Sabem que podem fazer perguntas quando não estão certas sobre algo. Tendem a confiar em seus colegas e a respeitá-los. Quando um ambiente de trabalho tem uma segurança psicológica razoavelmente alta, coisas boas acontecem: erros são reportados rapidamente para que a ação corretiva possa ser tomada de maneira imediata, coordenação integrada através dos grupos ou departamentos são viabilizadas e ideias potencialmente revolucionárias para inovação são compartilhadas. Em resumo, a segurança psicológica é uma fonte crucial para a criação de valor nas organizações operando em um ambiente complexo, variável.

Ainda assim, uma pesquisa Gallup, em 2017, descobriu que somente 3 em 10 empregados concordam fortemente com a afirmação de que suas opiniões contam no trabalho.[6] Gallup calculou que, "alterando a razão para 6 em 10 empregados, as organizações poderiam alcançar uma redução de 27% na rotatividade, uma redução de 40% nos incidentes de segurança e 12% no aumento da produtividade." [7] É por isso que, para as organizações, não basta simplesmente contratar talento. Se os líderes querem desencadear talentos individuais e coletivos, eles precisam promover um clima psicologicamente seguro, no qual os empregados se sintam livres para contribuir com ideias, compartilhar informação e reportar erros. Imagine o que poderia ser alcançado se a regra se tornasse aquela em que os funcionários sentissem que as suas opiniões são levadas em consideração no local de trabalho. Eu chamo esta empresa de uma empresa sem medo.

Descoberta por Acaso

Meu interesse pela segurança psicológica começou no meio dos anos de 1990, quando tive a grande sorte de me juntar a uma equipe de pesquisadores interdisciplinares realizando um estudo inovador de erros de medicação em hospitais. A prestação de assistência aos pacientes em hospitais apresenta notavelmente o caso mais extremo de desafios enfrentados em outras indústrias — o desafio de assegurar a equipe de trabalho em operações altamente técnicas, altamente personalizadas, por 24 horas, 7 dias na semana. Imaginei que aprender através de um caso extremo me ajudaria a desenvolver novas percepções para gerenciar pessoas em outros tipos de organizações.

Como parte do estudo, pesquisadores de enfermagem cuidadosamente treinados coletaram dados sobre esses erros humanos potencialmente devastadores em um período de seis meses, esperando clareá-los em hospitais. Enquanto isso, observei o quão diferente as unidades hospitalares trabalhavam, tentando entender suas estruturas e culturas, procurando compreender melhor sob quais condições os erros podem acontecer em situações tumultuadas, específicas e ocasionalmente caóticas, em que a coordenação poderia ser questão de vida ou de morte. Eu também distribuí uma pesquisa para obter outra visão sobre como as unidades de atendimento aos pacientes trabalhavam como equipes.

Ao longo do tempo, acidentalmente tropecei na importância da segurança psicológica. Como explicarei no Capítulo 1, isso me lançou em um novo programa de pesquisa que, por fim, providenciou evidência empírica que valida as ideias desenvolvidas e apresentadas neste livro. Por agora, vamos apenas dizer que eu não pretendia estudar a segurança psicológica, mas sim estudar a equipe de trabalho e sua relação com os erros. Pensei que o fato de as pessoas trabalharem juntas era um elemento importante que trazia aprendizado às organizações em um mundo de mudanças. A segurança psicológica mostrou inesperadamente — no que mais tarde se descobriu como um *flash* ofuscante do óbvio — a explicação de alguns resultados surpreendentes em meus dados. Hoje, estudos sobre a segurança psicológica podem ser encontrados em setores que compreendem de administração e serviços de saúde até formação do ensino fundamental. Nos últimos 20 anos, uma crescente literatura acadêmica tomou forma sobre as causas e as consequências da segurança psicológica no local de trabalho, alguns são meus próprios trabalhos, mas grande parte foi feita por outros pesquisadores. Aprendemos muito sobre o que é, como funciona e porque a segurança psicológica importa. Neste livro, resumirei as principais conclusões desses estudos.

Recentemente, o conceito de segurança psicológica se estabeleceu também entre médicos. Executivos criteriosos, gerentes, consultores e médicos de uma variedade de setores estão ajudando suas organizações a fazer mudanças em busca de segurança psicológica como uma estratégia para promover aprendizado, inovação e comprometimento dos empregados. A segurança psicológica teve um aumento significativo em popularidade na blogosfera gerencial depois que Charles Duhigg publicou um artigo na Revista New York Times, em fevereiro de 2016, relatando um estudo de cinco anos no Google que investigou o que caracterizava as melhores equipes.[8] O estudo examinou várias possibilidades: importava se os colegas de equipe tivessem formações educacionais similares? O equilíbrio de gênero era importante? E quanto à socialização fora do trabalho? Nenhum conjunto claro de parâmetros veio à tona. O Projeto Aristóteles, como a iniciativa foi codenominada, voltou-se, então, para estudo de normas, isto é, os comportamentos e regras não escritas às quais um grupo adere frequentemente de modo inconsciente. No fim, como escreveu Duhigg, os pesquisadores "se depararam com o conceito de segurança psicológica em artigos acadêmicos (e) tudo repentinamente se encaixou."[9] Eles concluíram: "segurança psicológica era de longe a mais importante das cinco dinâmicas que nós encontramos."[10] Outros comportamentos também eram importantes, como estabelecer objetivos claros e reforçar responsabilidade mútua, contudo, a não ser que os membros da equipe se sentissem bem psicologicamente, os outros comportamentos eram insuficientes. De fato, como a pesquisadora principal do estudo, Julia Rozovsky, escreveu, "é o alicerce das outras quatro."[11] Refletindo sua conclusão maravilhosamente concisa, o Capítulo 1 deste livro tem o título "O Alicerce".

Visão Geral do Livro

Este livro é dividido em três partes. A *Parte I: O Poder da Segurança Psicológica* consiste em dois capítulos que introduzem o conceito de segurança psicológica e oferece uma breve história da pesquisa sobre esse importante fenômeno do local de trabalho. Analisaremos por que a segurança psicológica é importante, assim como por que ela não é a norma em muitas organizações.

O Capítulo 1, "O Alicerce", abre com uma história verídica disfarçada, ocorrida em um hospital, que mostra imediatamente a normalidade de um empregado que se retrai no trabalho – não compartilhando uma preocupação ou uma dúvida –, assim como as profundas implicações que esse reflexo humano pode ter para a qualidade do trabalho em quase todas as organizações. Também recordarei a história de como tropecei precocemente e por acidente na segurança psicológica em minha carreira acadêmica.

O Capítulo 2, "Os Arquivos", apresenta as principais conclusões de uma revisão sistemática da pesquisa acadêmica sobre a segurança psicológica. Não forneço muitos detalhes de estudos individuais, mas dou uma visão geral sobre como a pesquisa a respeito da segurança psicológica forneceu evidência para apoiar o argumento central deste livro — que nenhuma organização do século XXI pode permitir ter a cultura do medo. *A Organização Sem Medo* não é somente um lugar melhor para empregados, é também um lugar onde inovação, crescimento e desempenho tomam conta. Se os leitores quiserem folhear essa evidência e avançar rapidamente para a Parte II, serão recompensados por uma série de estudos de caso que elucidam com clareza os primeiros custos de não ter segurança psicológica e, em seguida, as recompensas de investir em construí-la.

Os quatro capítulos em *Parte II: Segurança Psicológica no Trabalho* apresentam estudos de caso do mundo real em locais de trabalho, tanto em empresas de setores públicos como privados, para mostrar como a segurança psicológica (ou sua ausência) molda resultados comerciais e o desempenho da segurança humana.

O Capítulo 3, "Falha Evitável," aprofunda casos em que o medo no local de trabalho permitiu uma ilusão de sucesso comercial, adiando descobertas inevitáveis de problemas estruturais que não foram reportados nem abordados por um período de tempo. Aqui, veremos empresas ícones que pareciam ser estrelas do setor, para posteriormente sofrerem um infortúnio dramático e altamente divulgado.

O Capítulo 4, "Silêncio Perigoso," mostra locais de trabalho de destaque onde empregados, clientes ou comunidades sofreram danos psicológicos ou emocionais evitáveis, porque alguns funcionários, vivendo em uma cultura do medo, eram relutantes em falar abertamente, fazer perguntas ou pedir ajuda.

Os Capítulos 5 e 6 nos levam a organizações que trabalharam com assiduidade para criar um ambiente onde falar abertamente é possível e esperado. Esses retratos organizacionais nos permitem ver como uma organização destemida se porta e se faz sentir. Elas são surpreendentemente diferentes das destacadas nos Capítulos 3 e 4, mas também são, sobretudo, diferentes uma da outra. Há mais de uma maneira de ser destemido! O Capítulo 5, "O local de Trabalho Sem Medo", apresenta empresas (como a Pixar) onde o trabalho criativo é diretamente e obviamente crítico para a performance comercial e onde os líderes entendem desde cedo a necessidade de criar uma segurança psicológica durante sua permanência, assim como as empresas como Barry-Wehmiller, uma indústria de equipamentos industriais que se submeteu a uma jornada transformadora para descobrir que os negócios prosperam quando os empregados prosperam. O Capítulo 6, "São e Salvo", examina locais de trabalho onde a segurança psicológica ajuda a assegurar ao empregado e ao cliente segurança e dignidade.

A *Parte III: Criando uma Organização Sem Medo* apresenta dois capítulos construídos em histórias e pesquisas apresentadas até agora para focar na questão de o que líderes têm de fazer para criar uma organização destemida – uma organização onde todos podem levar sua individualidade para o trabalho, contribuir, crescer, prosperar e formar equipes para produzir resultados extraordinários.

O capítulo 7, "Faça Acontecer," analisa o que é preciso para construir a segurança psicológica — e como recuperá-la, caso a perca. Trata-se da caixa de ferramentas do líder. Apresento um enquadramento com três simples (mas nem sempre fáceis) atividades que líderes — no topo e através de uma organização – podem usar para criar força de trabalho mais engajada e vital. Veremos que criar segurança psicológica exige esforço e habilidade, mas que o esforço compensa quando a experiência ou colaboração fazem a diferença na qualidade do trabalho. Nós também veremos que o trabalho do líder nunca termina. Não é uma questão de assinalar a caixa de segurança psicológica e seguir. Construir e reforçar o ambiente de trabalho onde as pessoas podem aprender, inovar e crescer é um trabalho interminável, mas profundamente significativo. O capítulo 8, "O Que Vem a Seguir," conclui o livro, atualiza algumas histórias e oferece respostas a algumas das perguntas que me fazem com maior frequência em empresas ao redor do mundo.

★★★★★

Em uma era na qual nenhum indivíduo pode saber ou fazer tudo o que é exigido para realizar o trabalho que atende aos clientes, é mais importante do que nunca que as pessoas se expressem, compartilhem informações, contribuam com experiência, corram riscos e trabalhem umas com as outras para criar valor duradouro. Contudo, como Edmund Burke escreveu há mais de 250 anos, o medo limita nossa habilidade de pensamento e ações efetivas – mesmo para o mais talentoso dos empregados. Os líderes de hoje devem estar dispostos a assumir o trabalho de tirar o medo da organização para criar condições para aprendizado, inovação e crescimento. Espero que este livro o ajude a fazer apenas isso.

Referências

1. Burke, E. *A Philosophical Inquiry into the Origin of Our Ideas of the Sublime and Beautiful*. Dancing Unicorn Books, 2016. Impresso.
2. Selingo, J.J. "Wanted: Factory Workers, Degree Required." *The New York Times*. 30 de janeiro de 2017. https://www.nytimes.com/2017/01/30/education/edlife/factory-workers-college-degree-apprenticeships.html. Acessado em 13 de junho de 2018.
3. Cross, R., Rebele, R., & Grant, A. "Collaborative Overload." *Harvard Business Review*. 1 de janeiro de 2016. https://hbr.org/2016/01/ collaborative-overload. Acessado em 13 de junho de 2018.
4. Edmondson, A.C. "Teamwork on the fly." *Harvard Business Review 90*.4, de Abril de 2012. 72–80. Impresso.
5. Edmondson, A.C. *Teaming: How Organizations Learn, Innovate, and Compete in the Knowledge Economy*. San Francisco: Jossey-Bass, 2012. Impresso.
6. Gallup. *State of the American Workplace Report*. Gallup: Washington, D.C, 2017. http://news.gallup.com/reports/199961/state-american-workplace-report-2017.aspx. Acessado em 13 de junho de 2018.
7. Gallup, *State of the American Workplace Report*. 2012: 112
8. Duhigg, C. "What Google Learned From Its Quest to Build the Perfect Team." *The New York Times Magazine*. 25 de fevereiro de 2016. https:// www.nytimes.com/2016/02/28/magazine/what-google-learned- from-its-quest-to-build-the-perfect-team.html. Acessado em 13 de junho de 2018.
9. Idem.
10. Rozovsky, J. "The five keys to a successful Google team." *re:Work Blog*. 17 de novembro de 2015. https://rework.withgoogle.com/blog/five-keys-to-a-successful-google-team. Acessado em 13 de junho de 2018.
11. Idem.

PARTE I

O Poder da Segurança Psicológica

1 O Alicerce

"Segurança psicológica era de longe a mais importante das cinco chaves principais que encontramos. É o alicerce das outras quatro."

— Julia Rozovsky,
"As cinco chaves para uma equipe Google de sucesso."[1]

Os minúsculos gêmeos recém-nascidos pareciam saudáveis o suficiente, mas sua chegada precoce em apenas 27 semanas de gestação significava que eram considerados de "alto risco". Felizmente, a equipe médica do movimentado hospital urbano onde os bebês nasceram contava com funcionários da Unidade de Terapia Intensiva Neonatal: a jovem enfermeira clínica neonatal chamada Christina Price* e um neonatologista de cabelos grisalhos chamado Dr. Drake. Quando Christina viu os bebês, ficou preocupada. Seu treinamento recente incluiu, como as melhores práticas recém-criadas, administração de um remédio que promovia o desenvolvimento pulmonar o mais rápido possível para um bebê de alto risco. Bebês

* Os nomes nesta narrativa são pseudônimos.

nascidos muito prematuramente com frequência chegam com os pulmões ainda não formados para a respiração totalmente independente fora do útero. No entanto o neonatologista não havia emitido o pedido para o remédio, chamado surfactante profilático. Christina se adiantou em lembrar ao Dr. Drake sobre o surfactante e, então, conteve-se. Na semana anterior, ela o tinha ouvido repreender publicamente outra enfermeira por questionar suas ordens. Ela disse a si mesma que os gêmeos provavelmente estariam bem — afinal, é provável que o médico tivesse um motivo para evitar o surfactante, ainda considerando a decisão — e descartou a ideia de falar sobre isso. Além do mais, ele já havia dado meia-volta para suas rondas matinais, o jaleco branco ondulando.

Calculadoras Inconscientes

Ao hesitar e escolher não falar, Christina estava fazendo um rápido cálculo de risco, não inteiramente consciente — o tipo de microanálise que muitos de nós fazemos inúmeras vezes ao dia. Muito provavelmente ela sequer estava ciente de que havia ponderado o risco de ser desprezada ou criticada diante do risco de que os bebês precisavam do remédio para se desenvolver. Ela disse a si mesma que o doutor sabia melhor que ela e não estava confiante em que ele aceitaria sua contribuição. Inadvertidamente, ela fez algo que os psicólogos chamam de ignorar o futuro – subestimando a questão mais importante: a saúde dos pacientes, o que leva algum tempo para acontecer e, sobrecarregando a importância da possível resposta do médico, que poderia acontecer imediatamente. Nossa tendência espontânea em ignorar o futuro explica a prevalência de muitos comportamentos inúteis ou prejudiciais à saúde — seja comendo uma fatia extra de bolo de chocolate ou procrastinando uma tarefa desafiadora. A incapacidade de se pronunciar no trabalho é um exemplo importante e com frequência ignorado dessa tendência problemática.

Como a maioria das pessoas, Christina estava administrando espontaneamente sua imagem no trabalho. Conforme o notável sociólogo Erving Goffman afirma em seu livro de referência de 1957, *A Representação do Eu na Vida Cotidiana*, como humanos, estamos constantemente tentando influenciar a percepção dos outros sobre nós, regulando e controlando informações em interações sociais.[2] Agimos assim tanto de maneira consciente como inconsciente.

Em outras palavras, ninguém acorda de manhã animado para ir ao trabalho e parecer ignorante, incompetente ou desagradável. Esses são os chamados riscos interpessoais e são o que quase todo mundo procura evitar, nem sempre conscientemente.[3] De fato, muitos de nós procuramos parecer inteligentes, capazes ou úteis aos olhos dos outros. Não importa qual seu ramo de trabalho, situação ou gênero, todos aprendemos como gerenciar riscos interpessoais relativamente cedo na vida. Em algum ponto durante o ensino fundamental, crianças começam a reconhecer que o que os outros pensam a seu respeito importa e aprendem como diminuir o risco de rejeição ou desprezo. Quando somos adultos, geralmente somos muito bons nisso! Tão bons que o fazemos sem pensamento consciente. Não quer parecer ignorante? Não faça perguntas. Não quer parecer incompetente? Não admita erros ou fraqueza. Não quer parecer desagradável? Não faça sugestões. Enquanto em um evento social pode ser aceitável privilegiar as aparências em vez de fazer a diferença, no trabalho essa tendência pode levar a problemas significativos — abrangendo desde inovações frustradas e um mau atendimento até, no extremo, perda de vidas humanas. Ainda assim, evitar comportamentos que possam levar outros a pensar mal de nós é praticamente rotina em muitos locais de trabalho.

Como a influente pensadora da área de administração Nilofer Merchant disse sobre seus primeiros dias como administradora na Apple: "Costumava ir a reuniões e enxergar os problemas com muita clareza, enquanto outros não conseguiam." Porém, preocupada com a possibilidade de estar "errada", ela "se mantinha quieta e aprendia a cruzar os braços por medo de que eles se levantassem e a traíssem. Preferia manter meu emprego, ficando na zona de conforto, do que dizer algo e correr o risco de parecer estúpida."[4] Em um estudo que investigou experiências de empregados que se pronunciavam, 85% dos entrevistados reportaram pelo menos uma ocasião em que se sentiram incapazes de expor uma preocupação a seus chefes, embora acreditassem que o problema era importante.[5]

Se acha que esse comportamento é limitado aos postos mais baixos nas organizações, considere o diretor financeiro recrutado para se juntar à equipe sênior de uma grande empresa de eletrônicos. Apesar de sérias dúvidas sobre uma aquisição planejada de outra empresa, o novo executivo não disse nada. Seus colegas pareciam homogeneamente entusiasmados e ele seguiu com a decisão. Mais tarde, quando a aquisição nitidamente falhou, os executivos tiveram uma reunião póstuma com um consultor. A cada um foi pedido que refletisse sobre o que ele ou ela poderia ter feito para contribuir ou evitar o fracasso. O diretor financeiro, agora menos excluído, compartilhou suas primeiras preocupações, reconhecendo que ele pode ter decepcionado a equipe por não ter se pronunciado. Abertamente arrependido e emocionado, ele lamentou que o entusiasmo dos outros o deixou com medo de ser "a mosca na sopa".

O problema de cruzarmos os braços e ficarmos na zona de conforto em vez de nos pronunciarmos é que, embora nos mantenham seguros em termos pessoais, esses comportamentos podem resultar em um desempenho abaixo do esperado, deixando-nos insatisfeitos, assim como também podem colocar a organização em risco. No caso de Christina e dos recém-nascidos, felizmente nenhum dano imediato foi causado, mas, como veremos nos capítulos seguintes, o medo de se pronunciar pode levar a acidentes que poderiam ser evitados. Ficar em silêncio devido ao medo do risco interpessoal pode fazer diferença entre a vida e a morte. Aviões colidiram, empresas desabaram e pacientes de hospital morreram desnecessariamente porque as pessoas, por razões que têm a ver com o clima de onde trabalhavam, estavam com medo de se pronunciar. Felizmente, isso não tem que acontecer.

Vislumbrando o Local de Trabalho Psicologicamente Seguro

Se Christina trabalhasse em uma unidade hospitalar onde se sentisse psicologicamente segura, não teria hesitado em perguntar ao neonatologista se ele havia pensado ou não na necessidade de tratar os recém-nascidos com o remédio profilático para os pulmões. Nesse caso, ela poderia não tomar a decisão de se pronunciar de maneira consciente. Pareceria, simplesmente, natural verificar. Ela tomaria como certo que sua fala seria apreciada, mesmo se o que ela dissesse não levasse a uma mudança no tratamento do paciente. Em um ambiente caracterizado por segurança psicológica – que alia confiança e respeito –, o neonatologista poderia concordar rapidamente com Christina e ligar para a farmácia para fazer o pedido, ou teria explicado o porquê de ele não ser necessário nesse caso. De qualquer forma, a unidade seria o melhor resultado. Os pacientes teriam recebido o medicamento que salvaria suas vidas ou a equipe teria aprendido mais sobre as sutilezas da medicina neonatal. Antes de deixar o quarto, o doutor poderia ter agradecido Christina por ela ter intervindo. Ele ficaria contente por poder contar com ela para se pronunciar caso ele tivesse um lapso, perdesse um detalhe ou, simplesmente, estivesse distraído.

Finalmente, ao dar o remédio aos bebês, Christina poderia dar a ideia de que a UTI Neonatal poderia instituir um protocolo para garantir que todos os bebês que precisassem do surfactante o conseguiriam. Ela poderia procurar seu gerente para fazer essa sugestão durante uma pausa na atividade. Se houvesse segurança psicológica nos grupos de trabalho e não apenas entre indivíduos específicos (como Christina e Dr. Drake), provavelmente seu gerente de enfermaria seria receptivo a sua sugestão.

Falar abertamente descreve as trocas recíprocas que as pessoas têm no trabalho — desde atividades voluntárias em uma reunião até avaliar um colega. Também inclui comunicação eletrônica (por exemplo, enviar um e-mail extra para pedir a um colaborador que esclareça um ponto em particular ou procurar ajuda com um projeto). Formas preciosas de se expressar abertamente incluem levantar um ponto de vista diferente em uma ligação em conferência, pedir a um colega uma avaliação de um relatório, admitir que um projeto está fora do orçamento ou fora do prazo, e assim por diante – as inúmeras interações verbais que fazem o mundo do século XXI trabalhar.

Existe, é claro, uma extensa gama de riscos inerentes envolvidos em falar abertamente. Em alguns casos, falar abertamente ocorre após uma significativa apreensão; outros parecem razoavelmente francos e realistas. Há casos em que a iniciativa simplesmente não ocorre — como no caso de

Christina na UTI Neonatal – porque não avaliou o risco (conscientemente ou não) e escolheu ficar em silêncio. A livre troca de ideias, preocupações ou perguntas é rotineiramente impedida pelo medo interpessoal com muito mais frequência que muitos gerentes acreditam. Esse tipo de medo não pode ser visto de maneira clara. O silêncio — quando seria possível se expressar — raramente se anuncia! A ocasião passa e ninguém é o mais sensato, além daquele que se conteve.

Defini segurança psicológica como a crença de que o ambiente de trabalho é seguro para correr riscos interpessoais.[6] O conceito se refere à experiência de se sentir capaz de expressar-se com ideias relevantes, perguntas ou preocupações. A segurança psicológica está presente quando os colegas confiam uns nos outros, respeitam-se e se sentem capazes — mesmo obrigados — de serem francos.

Em locais de trabalho com segurança psicológica, momentos pequenos de silêncio e potencialmente relevantes como os vividos por Christina são muito menos prováveis. Em vez disso, é possível expressar-se livremente, facilitando a aberta e autêntica comunicação que elucida problemas, erros e oportunidades para melhorias, e que aumenta o compartilhamento de conhecimento e de ideias.

Como você verá, nosso entendimento de gerenciamento de risco interpessoal avançou desde que Goffman estudou as fascinantes microdinâmicas de se manterem as aparências. Agora sabemos que a segurança psicológica emerge como uma propriedade de um grupo e que grupos em organizações tendem a ter climas muito interpessoais. Mesmo em uma companhia com uma forte cultura corporativa, é possível encontrar pequenos espaços tanto de alta como de baixa segurança psicológica. Tome como exemplo o hospital onde Christina trabalha. Uma unidade de tratamento de pacientes poderia ser um lugar em que as enfermeiras se expressassem prontamente para alertar ou indagar sobre as decisões dos tratamentos, enquanto em outro isso parece totalmente impossível. Essas diferenças de climas nos locais de trabalho moldam o comportamento de maneira sutil, mas poderosa.

Uma Descoberta Acidental

Mesmo apaixonada pelas ideias deste livro, não decidi estudar segurança psicológica propositalmente. Como estudante no primeiro ano do doutorado no processo de estabelecer linhas de pesquisa para minha eventual tese, tive sorte de participar de uma grande equipe de estudos sobre erros médicos em vários hospitais. Essa foi uma excelente maneira de ganhar experiência em pesquisas e moldar meu interesse geral em como as organizações podem aprender e ter sucesso em um mundo cada vez mais desafiador e acelerado. Estava há muito tempo interessada na ideia de aprender com os erros para alcançar a excelência.

Meu papel na equipe de pesquisa foi examinar os efeitos do trabalho em equipe nos índices de erro médico. A equipe tinha numerosos especialistas, incluindo médicos que poderiam julgar se o erro humano ocorreu e enfermeiros pesquisadores treinados que poderiam revisar registros médicos e entrevistar cuidadores da linha de frente nas unidades de tratamento de pacientes em dois hospitais, a fim de obter as taxas de erro para cada uma dessas equipes. Esses especialistas estavam, efetivamente, conseguindo dados para o que poderia ser a variável dependente em meu estudo – taxas de erro na equipe. Esse era um ótimo arranjo para mim, por pelo menos duas razões. Primeiro, tinha pouca experiência médica para identificar, sozinha, erros médicos. Segundo, de uma perspectiva de métodos de pesquisa, significava que a eficácia de meus métodos de pesquisa em equipes não estaria sujeita ao viés do investigador — a tendência cognitiva que uma pesquisadora tem de ver o que ela quer ver, e não o que de fato está ali. Então, a independência de nossa atividade de coleta de dados foi um ponto importante do estudo.[7]

Os enfermeiros pesquisadores coletaram dados de erros por um período de seis meses. Durante o primeiro mês, distribuí um instrumento de validação chamado *entrevista de diagnóstico de equipe* para todos que trabalhavam nas unidades de estudo — médicos, enfermeiros e atendentes —, alterando levemente a linguagem dos itens da pesquisa, para ter certeza de que fariam sentido às pessoas que trabalham em um hospital, e adicionando alguns poucos itens para avaliar sua visão sobre cometer erros. Também passei um tempo no local (nas unidades de tratamento de pacientes), observando como cada uma das equipes trabalhava.

Entrando no estudo, supus, sem surpresa, que as equipes mais eficientes eram as que cometiam menos erros. Certamente, tive de esperar seis meses para que os dados da variável dependente (a taxa de erros) fossem totalmente coletados. Aqui é onde a história do livro toma um rumo inesperado.

Primeiro, as boas notícias (pela perspectiva de pesquisa, de qualquer maneira). Havia variações! As taxas de erros entre as equipes eram surpreendentemente diferentes. De fato, havia uma diferença de 10 vezes no número de erros humanos por mil pacientes-dia (uma medida padrão) da melhor para a pior unidade no que, sinceramente, acreditava que seria uma importante medida de desempenho. Uma dose errada de medicamento, por exemplo, poderia ser relatada a cada três semanas em uma enfermaria, mas todos os dias em outra. Do mesmo modo, os dados da equipe de pesquisa também mostraram variação significativa. Algumas equipes eram muito mais fortes que outras – seus membros apresentavam maior respeito mútuo, maior colaboração, maior confiança em suas habilidades de entregar bons resultados, maior satisfação e assim por diante.

Quando todos os erros e dados de pesquisa foram compilados, no início fiquei emocionada. Executando a análise de estatísticas, imediatamente vi que havia uma correlação significativa entre as taxas de erros coletados e a eficácia das medidas das equipes da minha pesquisa. Porém, quando examinei atentamente, percebi algo errado. A inclinação da correlação era exatamente oposta do que havia previsto. As melhores equipes estavam aparentemente cometendo *mais* — não menos — erros que as equipes menos fortes. Pior, a correlação era estatisticamente relevante. De maneira sucinta, eu me perguntei como poderia contar as más notícias para meu departamento de pesquisa. Esse era o problema.

Não, era um quebra-cabeças.

As melhores equipes *realmente* cometiam mais erros? Pensei na necessidade de comunicação entre médicos e enfermeiros para produzir cuidado seguro, livre de erros. A necessidade de pedir ajuda, de checar duas vezes o trabalho de cada um para ter certeza, nesse ambiente de trabalho complexo e adaptado, de que os pacientes recebiam o melhor tratamento. Sabia que um ótimo tratamento significava que os médicos tinham de efetivamente formar equipes. Apenas não fazia sentido que uma boa equipe de trabalho pudesse conduzir a mais erros. Imaginei, por um momento, se as melhores equipes se tornaram muito confiantes com o passar do tempo e, então, ficaram descuidadas. Isso pode explicar meu intrigante resultado. Mas por qual *outro motivo* as melhores equipes tinham taxas elevadas de erros?

Então, houve o momento "eureca". E se as melhores equipes tivessem um clima de abertura que tornasse mais fácil relatar e discutir erros? As boas equipes, pensei de repente, não *cometem* mais erros. Elas *relatam* mais. Mas ter essa percepção estava longe de prová-la. Decidi contratar um pesquisador assistente para ir a campo cuidadosamente com essas equipes de tratamento médico, sem pressuposições. Ele não sabia quais das unidades tinham cometido mais erros ou quais tinham a melhor pontuação na pesquisa de equipes. Ele sequer saberia minha nova hipótese. Em termos de pesquisa, ele estava "cego" para ambas as hipóteses e dados previamente coletados.[8]

Eis o que descobrimos. Através de observação silenciosa e entrevistas abertas sobre todos os aspectos do ambiente de trabalho, ele descobriu que as equipes variavam extremamente em relação às pessoas se sentirem capazes de falar sobre seus erros. Essas diferenças estavam perfeitamente correlacionadas com as taxas de erros detectadas. Em resumo, pessoas nas melhores equipes (como medido por minha pesquisa, mas desconhecido pelo pesquisador assistente) falavam abertamente sobre os riscos dos erros, tentando, com frequência, descobrir novas maneiras de detectá-los e preveni-los. Poderia levar mais alguns anos antes que pudesse rotular essa diferença de segurança psicológica. Porém, a descoberta acidental me fez partir em uma nova e produtiva direção de pesquisa: descobrir como o clima interpessoal pode variar entre os grupos em outros locais de trabalho e se poderia importar no aprendizado e comunicação em outros setores – não somente em serviços de saúde.

Ao longo dos anos, nos estudos em empresa, hospitais e até mesmo em agências governamentais, meus alunos de doutorado e eu descobrimos que a segurança psicológica varia de fato e que importa muito para prever comportamento de aprendizado como objeto de medida de desempenho.

Hoje, pesquisadores como eu têm conduzido dúzias de estudos mostrando melhores aprendizados, desempenhos e, até mesmo, menor mortalidade como resultado de segurança psicológica. No Capítulo 2, contarei a você sobre os estudos.

Em um estudo inicial há mais de duas décadas, aprendi que segurança psicológica realmente varia entre os grupos *dentro* de hospitais. Desde então, reproduzi essa descoberta em muitos ambientes industriais. Os dados são consistentes nesta simples, mas interessante, descoberta: a segurança psicológica parece "existir" no nível do grupo. Em outras palavras, na organização onde você trabalha, é comum que grupos diferentes tenham experiências interpessoais diferentes. Em alguns, pode ser fácil falar abertamente e estar de corpo e alma no trabalho. Em outros, falar abertamente pode ser visto como último recurso — como aconteceu com algumas equipes de tratamento de pacientes que estudei. Isso porque a segurança psicológica é muito moldada por líderes locais. Como detalharei mais tarde neste livro, a pesquisa subsequente confirmou minha descoberta inicial e acidental.

Sobre Ombros de Gigantes

Posso ter tropeçado na segurança psicológica por acidente, mas a compreensão de sua importância aponta para uma pesquisa de mudança organizacional do início da década de 1960. Os professores Edgar Schein e Warren Bennis, do Instituto de Tecnologia de Massachusetts, escreveram em um livro de 1965[9] sobre a necessidade da segurança psicológica para ajudar as pessoas a enfrentarem a incerteza e ansiedade da mudança organizacional. Mais tarde, Schein notou que a segurança psicológica era vital para ajudar as pessoas a superar a ansiedade defensiva e de "aprendizagem" que enfrentavam no trabalho, especialmente quando algo não saía como esperavam ou previam.[10] Segurança psicológica, argumentou ele, permite às pessoas que foquem em alcançar objetivos compartilhados, em vez de autoproteção.

O trabalho posterior de referência do professor William Kahn, da Universidade de Boston, em 1990, mostrou como a segurança psicológica fomenta o engajamento do empregado.[11] Elaborando desde valiosos estudos de caso de um acampamento de verão até de uma firma de arquitetura, Kahn explorou as condições nas quais as pessoas no trabalho podem se envolver e se expressar, em vez de se desligarem ou se defenderem. Significância e segurança psicológica eram ambas importantes. Mas Kahn notou, posteriormente, que as pessoas são mais propensas a acreditar que lhes será dado o benefício da dúvida — uma maneira maravilhosa de se pensar sobre a segurança psicológica — quando experimentam confiança e respeito no trabalho.

Em seguida, minha tese introduziu e testou a ideia de que a segurança psicológica era um fenômeno em termos de grupo.[12] Com base em percepções inesperadas sobre climas interpessoais do estudo de erros hospitalares, estudei 51 equipes em uma empresa de manufatura no meio-oeste, dessa vez medindo de propósito a segurança psicológica. Publicada em uma importante revista acadêmica, essa pesquisa — que, mais tarde, influenciaria o aclamado Projeto Aristóteles do Google, abordado no Capítulo 2 — mostrou que a segurança psicológica diferia substancialmente entre as equipes na empresa e que isso possibilitava tanto comportamentos de aprendizado de equipe como de desempenho de equipe.[13]

A ideia principal desse trabalho era que a segurança psicológica não é a diferença de personalidade, mas sim a característica do local de trabalho que líderes podem e devem ajudar a criar. Mais especificamente, em toda empresa ou organização que estudei desde então, mesmo algumas com culturas corporativas reconhecidamente sólidas, descobriu-se que a segurança psicológica difere de maneira substancial nesses grupos. Tampouco foi a segurança psicológica o resultado de uma química de grupo aleatória e evasiva. O que estava claro era que, em alguns grupos, aqueles líderes foram capazes de criar efetivamente as condições para segurança psicológica, enquanto em outros não. Isso é verdade se você está olhando através dos andares de um hospital, equipes em uma fábrica, filiais em um banco varejista ou em uma rede de restaurantes.

Os resultados de minha pesquisa doutoral reforçaram minha confiança de que todos somos sujeitos a sutis riscos interpessoais no trabalho que podem ser mitigados. Seja de forma explícita ou implícita, quando você está no trabalho, está sendo avaliado. Em um sentido formal, alguém em um nível superior na hierarquia provavelmente é incumbido de avaliar seu desempenho. De modo mais informal, colegas e subordinados estão avaliando-o o tempo todo. Nossa imagem está perpetuamente em risco. Em algum momento, poderemos parecer ignorantes, incompetentes ou invasivos se fizermos algo como questionar, admitir erros, dar ideias ou criticar um plano. A falta de vontade de correr riscos pequenos, insubstanciais, pode destruir o valor (e isso acontece com frequência, como você poderá ver nos Capítulos 3 e 4). Contudo, também, podem ser superados.

No trabalho, as pessoas não podem ser paralisadas pelo medo interpessoal. É possível construir ambientes, como aqueles mostrados nos Capítulos 5 e 6, em que as pessoas estão com mais medo de fracassar com um cliente do que serem malvistas entre os colegas.

Por que o Medo não é um Motivador Eficaz

No passado, o medo pode ter agido para motivar filas de reuniões de trabalhadores no chão de fábrica ou trabalhadores de fazendas no campo — trabalhos que requerem velocidade e precisão individual para completar tarefas repetitivas. Muitos de nós temos sido expostos à imagem de um chefe malvado que governa pelo medo, internalizando-o. De fato, a cultura popular tem exagerado no estereótipo para torná-lo cômico, como na animação da Pixar *Ratatouille,* na qual o rato Rémy, o herói do desenho animado, deve primeiro superar o tirânico chefe que comanda a cozinha se ele quiser realizar seu sonho de se tornar um *chef.*

Pior ainda, muitos gerentes — conscientemente ou não — ainda acreditam no poder do medo para motivar. Eles presumem que pessoas que estão com medo (da diretoria ou das consequências do mal desempenho) vão trabalhar duro para evitar consequências desagradáveis e coisas boas acontecerão. Isso pode fazer sentido se o trabalho é descomplicado e o trabalhador dificilmente se depara com problemas ou tem quaisquer ideias para melhoria. Porém, para trabalhos em que se exige conhecimento ou colaboração para ter sucesso, o medo não é um motivador eficaz.

A neurociência tem demonstrado amplamente que o medo inibe o aprendizado e a cooperação. O cientista comportamental do início do século XX, Ivan Pavlov, que abrigava dúzias de cachorros em seu laboratório, descobriu que suas habilidades de aprender tarefas comportamentais foram inibidas depois que eles ficaram assustados com a inundação de Leningrado em 1924. Os trabalhadores do laboratório que nadaram para resgatar os animais relataram que a água havia enchido as gaiolas e que somente os focinhos dos cachorros estavam visíveis sobre a água.[14] Desde então, neurocientistas descobriram que o medo ativa a amígdala, a parte do cérebro responsável por detectar ameaças. Se já sentiu seu coração palpitar ou as palmas da sua mão suarem antes de fazer uma apresentação importante, isso se deve às respostas de sua amígdala.

O medo inibe o aprendizado. Pesquisas em neurociência mostram que o medo consome recursos fisiológicos, desviando-os de partes do cérebro que controlam a memória operacional e processam novas informações. Isso prejudica o pensamento analítico, a perspicácia criativa e a resolução de problemas.[15] Esse é o motivo pelo qual é difícil as pessoas trabalharem melhor quando estão com medo. Como resultado, o quão psicologicamente segura uma pessoa se sente molda a predisposição de se empenhar em comportamentos de aprendizado, tais como compartilhar informações, pedir ajuda ou fazer experiências, e também afeta a satisfação do empregado. A hierarquia (ou, mais especificamente, o medo criado quando não é bem manipulado) reduz a segurança psicológica. Pesquisas mostram que membros de equipes de níveis mais baixos geralmente se sentem menos seguros que membros de níveis mais altos. Pesquisas também mostram que estamos constantemente avaliando nossa condição relativa, monitorando como podemos nos colocar contra os outros e, em geral, de maneira inconsciente. Ademais, aqueles em níveis hierárquicos baixos vivenciam estresse na presença daqueles em níveis mais altos.[16]

A segurança psicológica descreve uma crença que nem a consequência formal nem a informal dos riscos interpessoais, como pedir ajuda ou admitir uma falha, será punitiva. Em ambientes psicologicamente seguros, pessoas acreditam que, se cometerem um erro ou pedirem ajuda, outros não vão reagir de forma negativa. Ao contrário, a sinceridade é tanto permitida como esperada. Segurança psicológica existe quando as pessoas sentem que seu local de trabalho é um ambiente em que elas podem se expressar, dar ideias e fazer perguntas sem medo de serem punidas ou envergonhadas. Esse é um lugar onde novas ideias são bem-vindas ou desenvolvidas? Ou destruídas e ridicularizadas? Nossos colegas irão constrangê-lo ou puni-lo por apresentar um ponto de vista diferente? Irão pensar mal de você por admitir que não entendeu algo?

O Que a Segurança Psicológica Não é

Como cada vez mais consultores, gerentes e outros observadores da vida organizacional estão falando sobre segurança psicológica, o risco de um equívoco sobre o que o conceito aborda tem se intensificado. Aqui estão alguns equívocos comuns, seguidos de esclarecimentos.

Segurança Psicológica Não é Ser Gentil

Trabalhar em um ambiente psicologicamente seguro não significa que as pessoas devam sempre concordar umas com as outras a fim de serem bacanas. Também não significa que as pessoas farão elogios inequivocados ou darão apoio incondicional para tudo o que disser. Aliás, poderia dizer o contrário. Segurança psicológica tem a ver com franqueza, com tornar possível a discordância produtiva e a livre troca de ideias. Não é preciso dizer que elas são vitais para o aprendizado e a inovação. Conflitos inevitavelmente surgem em qualquer local de trabalho. A segurança psicológica possibilita que as pessoas em diferentes lados de um conflito possam falar francamente sobre o que as está incomodando.

Em muitas empresas que consultei ou conduzi pesquisas, ouvi a seguinte variação: "Temos problemas com a '[Nome da Empresa] Agradável'." Seguem descrevendo a habitual experiência de serem "educados" com o outro em reuniões, somente para discordar depois quando pessoas conversarem reservadamente no corredor, assim como uma tendência a não implementar de fato o que foi discutido na reunião. Agradável, em resumo, não é sinônimo de psicologicamente seguro. De outra maneira, segurança psicológica não implica alívio ou conforto. Pelo contrário, segurança psicológica é sobre franqueza e disposição para se envolver em um conflito produtivo, assim como aprender por meio de diferentes pontos de vista.

Segurança Psicológica Não é Um Aspecto da Personalidade

Alguns devem ter interpretado segurança psicológica como sinônimo de extroversão. Devem ter concluído previamente que as pessoas não se expressam no trabalho porque são tímidas ou têm pouca confiança, ou, simplesmente, porque preferem se resguardar. Entretanto, pesquisas mostram que a experiência de segurança psicológica no trabalho não está relacionada à introversão ou extroversão.[17] Isso porque a segurança psicológica se refere ao clima do trabalho e o clima afeta pessoas com diferentes traços de personalidade de maneiras mais ou menos semelhantes. Em um clima psicologicamente seguro, pessoas darão ideias e verbalizarão suas preocupações independentemente de sua tendência à introversão ou extroversão.

Segurança Psicológica Não é Somente Outra Palavra Para Confiança

Embora confiança e segurança psicológica tenham muito em comum, não são conceitos recíprocos. A principal diferença é que a segurança psicológica é experimentada em grupo. Pessoas trabalhando juntas tendem a ter percepções parecidas em relação ao clima ser psicologicamente seguro ou não. Confiança, por outro lado, refere-se a interações entre dois indivíduos ou partes. A confiança está na mente de um indivíduo e pertence a um objetivo individual específico ou da organização. Por exemplo, pode-se confiar em um colega, mas não em outro. Ou, para demonstrar confiança em uma organização, deve-se confiar em uma empresa em particular para manter altos padrões.

Além do mais, segurança psicológica descreve uma experiência temporariamente imediata. Ao passo que confiança descreve uma expectativa sobre a possibilidade de confiar que outra pessoa ou organização fará o que prometeu em algum momento no futuro, a experiência psicológica de segurança concerne a expectativas sobre consequências interpessoais imediatas. Por exemplo, quando Christina falha em perguntar ao médico sobre o remédio que acredita ser necessário, ela está preocupada com a consequência imediata de fazer a pergunta — o risco de ser repreendida ou humilhada.

A confiança, por sua vez, está relacionada ao fato de Christina acreditar ou não que o médico pode e fará a coisa certa pelos pacientes. Uma forma de colocar isso é que confiança tem a ver com dar aos outros o benefício da dúvida quando, por exemplo, pediu ajuda ou admitiu um erro.

Segurança Psicológica Não é Aumentar os Níveis de Desempenho

Segurança psicológica não é um ambiente "vale-tudo" em que não se espera que as pessoas se adaptem a altos padrões ou cumpram prazos. Não é sobre ficar "à vontade" no trabalho. Isso é particularmente importante de entender porque muitos gerentes apreciam o recurso de relatório de erros, busca por auxílio e outros comportamentos proativos para ajudar no aprendizado das organizações. Ao mesmo tempo, equacionam implicitamente a segurança psicológica com padrões descontraídos de desempenho – isto é, com uma incapacidade de "responsabilizar as pessoas", em suas palavras. Isso expressa um equívoco na natureza do fenômeno. Segurança psicológi-

	Baixos Padrões	**Altos Padrões**
Alta Segurança Psicológica	*Zona de Conforto*	*Aprendizado e Zona de Alto Desempenho*
Baixa Segurança Psicológica	*Zona de Apatia*	*Zona de Ansiedade*

Figura 1.1 Como a Segurança Psicológica se Relaciona com Padrões de Desempenho.[18]

ca possibilita sinceridade e abertura e, como tal, prospera em um ambiente com respeito mútuo. Isso significa que as pessoas acreditam que podem – e devem — ser comunicativas no trabalho. De fato, a segurança psicológica favorece o estabelecimento de objetivos ambiciosos e o trabalho em conjunto para realizá-los. A segurança psicológica prepara o terreno para um ambiente de trabalho mais honesto, mais desafiador, mais colaborativo e, portanto, também mais eficiente. Como o Capítulo 2 explicará, pesquisadores em todo o mundo descobriram que a segurança psicológica promove alto desempenho em uma grande variedade de setores e ambientes de trabalho. Em resumo, como representado na Figura 1.1, segurança psicológica e padrões de desempenho são duas dimensões separadas, porém igualmente importantes — ambas afetam o desempenho da equipe e da organização em um complexo ambiente interdependente.

Quando tanto a segurança psicológica quanto os padrões de desempenho são baixos (lado inferior esquerdo), o local de trabalho torna-se um tipo de "zona de apatia". As pessoas aparecem no trabalho, mas seus corações e mentes estão em outro lugar. Eles sempre preferem autoproteção ao esforço. Pode-se despender esforço voluntário examinando mídias sociais ou tornando infeliz a vida dos outros.

Logo, nos locais de trabalho com alta segurança psicológica, mas baixos padrões de desempenho (lado superior esquerdo), as pessoas geralmente gostam de trabalhar umas com as outras; elas estão abertas e há coleguismo, mas não são desafiadas pelo trabalho. Vamos chamá-la de "zona de conforto". Hoje, menos locais de trabalho ao redor do mundo entram nesse quadrante. Ainda bem. Quando empregados estão à vontade em serem como são, mas não veem uma razão convincente para buscar desafios adicionais, não haverá muito aprendizado ou inovação — nem muito comprometimento ou satisfação.

Mas não é a zona de conforto ou a de apatia que me preocupam mais. O que tira meu sono é o quadrante inferior direito. Quando padrões de desempenho são altos, mas a segurança psicológica é baixa – uma situação extremamente comum nos locais de trabalho atuais –, empregados ficam aflitos em se expressar abertamente e tanto a qualidade como a segurança do trabalho sofrem. Nos Capítulos 3 e 4, você verá muitos locais de trabalho assim. Gerentes dessas organizações infelizmente têm confundido estabelecer altos padrões com boa gestão. Altos padrões em um contexto em que há incerteza ou interdependência (ou ambos), aliadas a uma falta de segurança psicológica, comprometem a receita em desempenho subaproveitado. Algumas vezes, como você verá nos capítulos adiante, é uma receita para o desastre. Chamo-a de "zona de ansiedade". Aqui, não estou me referindo à ansiedade sobre ser capaz de realizar uma meta competitiva ou sobre um ambiente de negócios competitivo, mas sim à ansiedade interpessoal. A experiência de ter uma pergunta ou uma ideia e não se sentir capaz de compartilhá-la pode ser profundamente insatisfatória no trabalho. Esse é um sério fator de risco em qualquer empresa enfrentando volatilidade, incerteza, complexidade e ambiguidade, ou VICA — o acrônimo apresentado pela Faculdade de Guerra do Exército dos EUA e amplamente usado no mundo dos negócios hoje.[19]

Finalmente, quando padrões e segurança psicológica estão altos (lado superior direito da Figura 1.1), chamo de zona de aprendizado. Se o trabalho é incerto, interdependente ou ambos, essa também é uma zona de alto desempenho. Aqui, pessoas podem colaborar, aprender umas com as outras e realizar trabalhos complexos e inovadores. Em um mundo VICA, o alto desempenho ocorre quando pessoas estão aprendendo ativamente à medida que prosseguem.

Medindo a Segurança Psicológica

Pesquisadores e gerentes têm ferramentas úteis à disposição para medir segurança psicológica que são de domínio público. Entrevistas são certamente as mais populares entre elas. A Figura 1.2 apresenta sete itens de entrevistas, introduzidos em minha tese e amplamente utilizados na comunidade científica desde então. Para obter respostas, uso uma escala Likert de sete pontos (desde "concordo plenamente" a "discordo plenamente"), mas uma escala de cinco pontos funciona da mesma forma. Note que três dos sete itens são positivamente expressos — essa concordância indica melhor segurança psicológica, e três são expressos negativamente (representados na Figura 1.2 com um "R" de reverso) — essa discordância é consistente com uma segurança psicológica mais elevada. Na análise dos dados, portanto, é importante "reverter a pontuação" dos dados dos itens formulados negativamente, em que um 1 no conjunto de dados é convertido a 7, um 7 para um 1, um 2 para um 6, e assim por diante.

Felizmente, a medição da segurança psicológica tem se provado forte, apesar das variações tanto em números como na redação dos itens usados. Por forte entende-se que os dados coletados demonstram as propriedades estatísticas necessárias, tais como confiabilidade entre os itens, conforme medido pelo alfa de Chronbach, e validade preditiva, conforme medido por correlações com outras variáveis de interesse. O apêndice no final do livro mostra algumas variações de itens de entrevista aos quais me atentei. A medida também foi traduzida em várias outras línguas, incluindo alemão, espanhol, russo, japonês, chinês e coreano, todas as quais renderam fortes descobertas de pesquisa.

Em pesquisas de estudo de caso puramente qualitativas, dados de entrevistas podem ser codificados para detectar a presença ou a ausência de segurança psicológica.

Vários exemplos de pesquisa em que essa abordagem foi utilizada são encontrados no Capítulo 2. Outra abordagem frutífera é fornecer aos entrevistados cenários hipotéticos, que entram na categoria de áreas de indefinição no trabalho, e perguntar a eles ou aos colegas o que fariam nessa situação. Quando as pessoas acreditam que suas respostas serão mantidas em sigilo, elas reportarão com toda franqueza o que guardariam somente

1. Caso se cometa um erro nesta equipe, isso costuma ser usado contra você. (R)
2. Membros desta equipe são capazes de trazer à tona problemas e assuntos difíceis.
3. Pessoas nesta equipe algumas vezes rejeitam outras por serem diferentes. (R)
4. É seguro assumir riscos nesta equipe.
5. É difícil pedir ajuda para outras pessoas nesta equipe. (R)
6. Ninguém desta equipe agiria deliberadamente de forma a minar meus esforços.
7. Trabalhando com os membros desta equipe, minhas habilidades e talentos únicos são valorizados e utilizados.

Figura 1.2 Uma Medida de Pesquisa sobre Segurança Psicológica.[20]

para si, a não ser que tivessem extrema confiança em que o que têm a dizer será bem recebido. Vinhetas bem projetadas, com perguntas sobre como as pessoas reagiriam, também podem ser usadas para coletar dados de um maior número de empregados do que possibilitam as entrevistas individuais. No Capítulo 2, mencionarei exemplos de ambas as abordagens.

Segurança Psicológica Não é o Suficiente

Não pretendo insinuar que a segurança psicológica é tudo aquilo de que você precisa para um alto desempenho. Nem de perto. Gosto de dizer que a segurança psicológica tira os freios que impedem as pessoas de realizar o que é possível, mas não é o combustível que alimenta o carro. Em qualquer cenário desafiador na indústria, líderes têm duas tarefas vitais. Primeira: eles devem construir segurança psicológica para estimular o aprendizado e fugir de falhas evitáveis; segunda: devem estipular altos padrões e inspirar e possibilitar pessoas a alcançá-los. Estabelecer altos padrões continua sendo uma tarefa crucial de gerenciamento. O mesmo ocorre com compartilhar, aperfeiçoar e enfatizar continuamente um propósito valioso.

A principal percepção que se deve extrair deste capítulo é que hoje, em muitos locais de trabalho, simplesmente não é possível garantir excelência em examinar ferramentas conhecidas. Em um trabalho de conhecimento, a excelência não pode ser medida com facilidade e simplicidade ao longo do caminho. Acima de tudo, é quase impossível determinar se as pessoas falharam em alcançar os mais altos padrões possíveis. Leva tempo para os resultados de programas incertos se tornarem claros. Medir um bom processo de maneira confiável é difícil. Em outras palavras, os líderes de hoje devem motivar pessoas a fazer seu melhor trabalho, inspirando-as, treinando-as, dando *feedbacks* e fazendo da excelência uma experiência gratificante. Motivação e treinamento já recebem atenção substancial. O que espero que você aproveite deste capítulo é que tornar um ambiente seguro para comunicação aberta relacionada a desafios, preocupações e oportunidades é uma das mais importantes responsabilidades de liderança no século XXI.

Conclusões do Capítulo 1

- As pessoas constantemente gerenciam o risco interpessoal no trabalho, de maneira consciente ou não, inibindo o livre compartilhamento de ideias, perguntas e preocupações.
- Quando as pessoas não se pronunciam, a habilidade da organização de inovar e crescer é ameaçada.
- Segurança psicológica descreve um clima no qual as pessoas se sentem seguras o suficiente para correr riscos interpessoais, pronunciando-se e compartilhando preocupações, perguntas ou ideias.
- Líderes de equipes, departamentos, filiais ou outros grupos em empresas desempenham um papel importante na configuração da segurança psicológica.

Referências

1. Rozovsky, J. "The five keys to a successful Google team." *re:Work Blog*. 17 de Novembro de 2015. https://rework.withgoogle.com/blog/five-keys-to-a-successful-google-team. Acessado em 13 de Junho de 2018.
2. Goffman, E. *A Representação do Eu na Vida Cotidiana*. Editora Vozes, 1996. Impresso.
3. Edmondson, A.C. "Managing the risk of learning: Psychological safety in work teams." *Manual Internacional de Trabalho em Equipe e Trabalho Cooperativo* [tradução livre]. Ed. M. West. London: Blackwell, 2003, 255–276.
4. Merchant, N. "Your Silence is Hurting Your Company." [tradução livre] *Harvard Business Review*. 7 de Setembro de 2011. https://hbr.org/2011/09/your-silence-is-hurting-your-company. Acessado em 13 de junho de 2018.
5. Milliken, F.J., Morrison, E.W., & Hewlin, P.F. "An Exploratory Study of Employee Silence: Issues that Employees Don't Communicate Upward and Why." *Journal of Management Studies* 40.6 (2003): 1453–1476.
6. Edmondson, A.C. "Psychological Safety and Learning Behavior in Work Teams." *Administrative Science Quarterly* 44.2 (1999): 350–83.
7. Edmondson, A.C. "Learning from Mistakes Is Easier Said Than Done: Group and Organizational Influences on the Detection and Correction of Human Error." *The Journal of Applied Behavioral Science* 32.1 (1996): 5–28.
8. O assistente de pesquisa, Andy Molinsky, é agora um talentoso estudante e professor de Gerenciamento Internacional e Comportamento Organizacional na Universidade Brandeis.
9. Schein, E.H. & Bennis, W.G. *Personal and Organizational Change through Group Methods: The Laboratory Approach*. Wiley, 1965. Impresso.
10. Schein, E.H. "How Can Organizations Learn Faster? The Challenge of Entering the Green Room." *Sloan Management Review* 34.2 (1993): 85–92. Impresso.
11. Kahn, W.A. "Psychological Conditions of Personal Engagement and Disengagement at Work." *Academy of Management Journal* 33.4 (1990): 692–724.
12. Edmondson, A.C. "Learning from Mistakes Is Easier Said Than Done: Group and Organizational Influences on the Detection and Correc-

tion of Human Error." *The Journal of Applied Behavioral Science* 32.1 (1996): 5–28.

13. Edmondson, A.C. (1999), op cit.
14. Todes, D.P. *Ivan Pavlov: A Russian Life in Science.* Oxford University Press, 2014. Impresso.
15. Rock, D. "Managing with the Brain in Mind." *strategy+business.* 27 de Agosto de 2009. https://www.strategy-business.com/article/09306?gko=5df7f. Acessado em 13 de Junho de 2018.
16. Zink, C.F., Tong, Y., Chen, Q., Bassett, D.S., Stein, J.L., & Meyer--Lindenberg, A. "Saiba Seu Lugar: Processamento Neural da Hierarquia Social em Humanos." *Neuron* 58.2 (2008): 273–83.
17. Edmondson, A.C. & Mogelof, J.P. "Explaining Psychological Safety in Innovation Teams: Organizational Culture, Team Dynamics, or Personality?" *Creativity and Innovation in Organizational Teams.* Ed. L. Thompson & H. Choi. Mahwah, NJ: Lawrence Erlbaum Associates Press, 2005: 109–36.
18. Esta é uma versão modificada da estrutura antes publicada por Edmondson, , A.C. "The Competitive Imperative of Learning." *Harvard Business Review.* Julho–Agosto, 2008. Impresso. Antes publicada por Edmondson, A.C. *Formando Equipes: Como as Organizações Aprendem, Inovam e Competem numa Economia de Conhecimento* [tradução livre]. San Francisco: Jossey-Bass, 2012. Impresso.
19. Stiehm, J.H. & Townsend, N.W. *A Faculdade de Guerra do Exército dos EUA: Educação Militar Numa Democracia* [tradução livre] .Temple University Press, 2002. Impresso.
20. Veja Edmondson, A.C. "Segurança Psicológica e Comportamento de Aprendizado em Equipes de Trabalho" [tradução livre]. *Administrative Science Quarterly* 44.2 (1999): 350–83.

2 A Auditoria

"Seu maior medo como CEO é que as pessoas não estejam lhe contando a verdade."

— Mark Costa[1]

Mark Costa, CEO da Empresa Eastman Chemical, discursava para uma sala de aula cheia de estudantes de MBA do segundo ano da Harvard Business School, no final da primavera de 2018. Os estudantes estavam excepcionalmente atentos; havia algo em sua confiança, sua energia – e, na verdade, na maneira como dedicava o tempo em compartilhar seu conhecimento com eles — que exalava "exemplo". Ex-aluno da escola, Costa passou muitos anos em consultoria estratégica antes de assumir um cargo executivo na Eastman — do qual, mais tarde, foi promovido para administrar a empresa. Há quatro anos no cargo de CEO, ele claramente desfruta da oportunidade e da responsabilidade de liderar um fabricante global de especialidades químicas de dez bilhões de dólares, sediado em Kingsport, Tennessee. Sob liderança de Costa, a parte das vendas creditada por produtos especiais inovadores, em vez de produtos básicos, tem crescido continuamente, condizente com o objetivo estratégico fundamental que articulou para a empresa. O desempenho financeiro foi proporcionalmente forte. Para realizar isso, envolver a competência, ideias e conhecimento de mercado dos quinze mil empregados da Eastman ao redor do mundo foi a missão decisiva.

Em prol dos estudantes cujos diplomas e novos empregos eram eminentes, Costa refletiu sobre o que aprendeu nos 25 anos desde que se graduou na faculdade de administração. Como transmitido na citação de abertura do capítulo, ele declarou — provavelmente surpreendendo muitos deles — que seu maior medo como CEO era não saber o que realmente estava acontecendo. Ele se esforçou para deixar claro a seus empregados que queria a verdade – boa, má, feia ou decepcionante. Explicou para a classe que, como um líder, você tem de "se dispor a estar vulnerável e aberto sobre seus erros para que os outros se sintam seguros" para relatar os próprios.[2] Aludindo ao risco de presunção, Costa acrescentou: "Se pensa que tem todas as respostas, você deve desistir, porque estará errado."[3]

Nas organizações de hoje, segurança psicológica não é algo "bom de se ter". Não é um benefício do funcionário, como almoço gratuito ou sala de jogos, com que você deve se preocupar para manter as pessoas felizes no trabalho. Em contrapartida, argumentarei que a segurança psicológica é *essencial* para desencadear talento e criação de valor. Contratar talento simplesmente não é mais suficiente. As pessoas têm de estar em locais de trabalho onde se sintam capazes e dispostas a *usar* seu talento. Em qualquer organização que requer conhecimento — e, especialmente ,naquela que requer conhecimento integrado de diversas áreas de especialidades —, segurança psicológica é um requisito para o sucesso. Em resumo, quando empresas confiam no conhecimento e colaboração para inovação e crescimento, investir ou não em construir um clima seguro psicologicamente não é mais uma escolha. Todos os gerentes devem seguir o exemplo de Mark Costa.

Não é um Benefício

Em qualquer empresa, confrontar condições que possam ser caracterizadas como volatilidade, incerteza, complexidade e ambiguidade (VICA), a segurança psicológica está diretamente ligada ao ponto principal. Isso porque observações, perguntas, ideias e preocupações dos funcionários podem

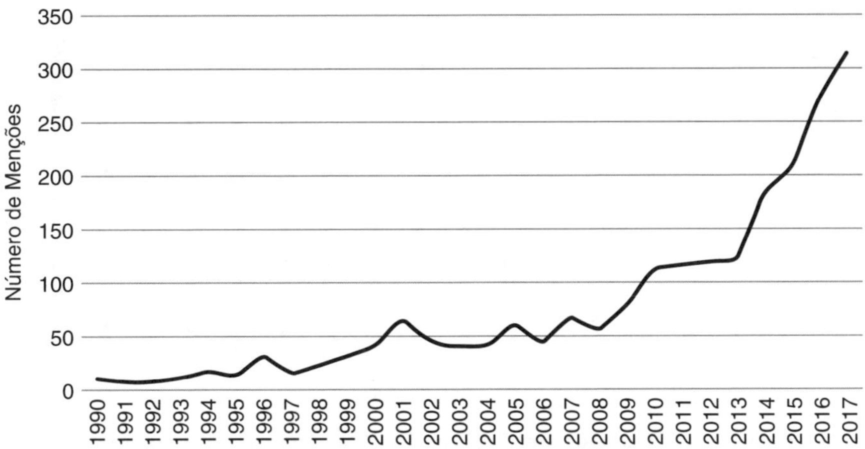

Figura 2.1 Menções de Segurança Psicológica na Mídia Popular.[4]

fornecer informações vitais sobre o que está acontecendo — no mercado e na organização. Acrescente a isso o atual crescimento em diversidade, inclusão e a sensação de pertencimento no trabalho, fica claro que a segurança psicológica é responsabilidade de liderança vital. Ela pode ser um momento de "ou vai ou racha" na habilidade do funcionário em contribuir, crescer, aprender e colaborar.

Uma medida de interesse profissional na segurança psicológica pode ser encontrada na frequência com que o termo é utilizado na mídia popular. A fim de avaliar a popularidade do conceito, usei o Factiva para ver quantas vezes o termo foi mencionado em jornais, artigos, blogs e outros veículos de comunicação. O gráfico na Figura 2.1 representa os resultados, indicando menções de "segurança psicológica" e suas variações (i.e. psicologicamente seguro) a cada ano desde 1990.

Acredito que o aumento nas citações nos anos recentes refletem o aumento do reconhecimento de que a segurança psicológica é importante em qualquer ambiente em que as pessoas estão tentando fazer algo original ou desafiador. Desde liderar uma equipe de projetos no escritório[5] a cuidar de pacientes na enfermaria do hospital,[6] desde treinar um time de críquete em campo[7] a ensinar e orientar jovens estudantes na escola,[8] desde encorajar outros a falarem sobre irregularidades[9] até, inclusive, chegar em Marte(!),[10] a segurança psicológica é essencial para se comunicar, colaborar, experi-

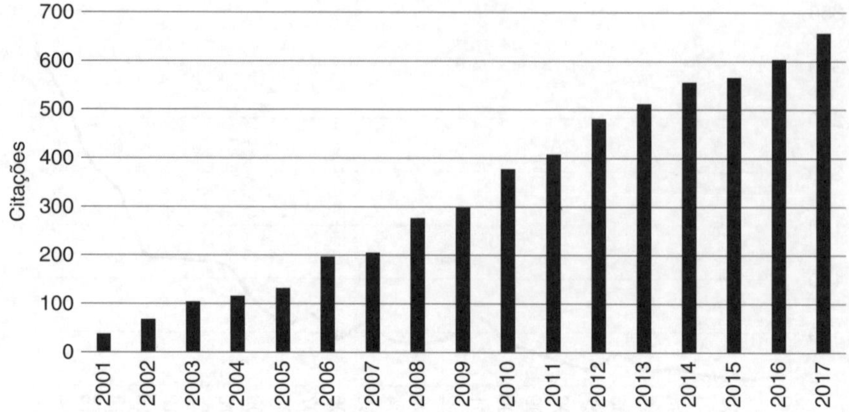

Figura 2.2 Citações de Artigo de 1999 Introduzindo Segurança Psicológica na Equipe.[12]

mentar e assegurar o bem-estar dos outros em uma grande variedade de equipes e cenários organizacionais.

Outra medida de interesse de parte dos pesquisadores pode ser encontrada em citações acadêmicas para artigos que introduziram o conceito e medida da segurança psicológica em equipe.[11] Como mostrado na Figura 2.2, o artigo tem sido citado frequentemente e, cada ano desde sua publicação, em 1999, mostra mais citações que no ano anterior. Esse é um rápido e simples índice do grau em que a pesquisa acadêmica descobriu que a variável segurança psicológica explica resultados de interesse.

Este capítulo revisa a evidência dos benefícios da segurança psicológica de duas décadas de pesquisa, estabelecendo a base para histórias concretas de locais de trabalho com baixa e alta segurança psicológica que nos esperam na Parte II. Nos últimos 20 anos, estudiosos, consultores e membros de empresas têm publicado dúzias de estudos rigorosos mostrando os efeitos da segurança psicológica em uma variedade de cenários industriais. Compartilhando alguns destaques, espero proporcionar ao leitor confiança na importância da segurança psicológica no local de trabalho moderno. Minha esperança é que, sabendo que as ideias e as histórias neste livro estão respaldadas por dados, muito leitores serão motivados a agir com base nesse conhecimento.

A Pesquisa

Meus colegas e eu analisamos a literatura acadêmica sobre segurança psicológica. Ficamos surpresos com o número de estudos que descobrimos e com a variação de cenários em que a segurança psicológica foi examinada. Estudos conduzidos em empresas, organizações governamentais ou beneficentes, sistemas escolares, hospitais e salas de aula destacam o crescimento do interesse entre os setores na segurança psicológica.

Lendo mais de 100 artigos, encontramos evidências suficientes de que a segurança psicológica é importante. Afeta resultados mensuráveis, variando de relatos de erros de funcionários[13] a retorno de investimentos da empresa.[14] Infelizmente, a pesquisa também deixa claro que muitos locais de trabalho carecem de segurança psicológica, eliminando todos os tipos de contribuições dos funcionários, envolvimento e aprendizado que são extremamente vitais ao sucesso em um mundo complexo e turbulento.

Organizei os estudos em cinco categorias. O Grupo 1 revela o nível de ausência de segurança psicológica em muitos locais de trabalho. O Grupo 2, que é o maior, investiga relações entre segurança psicológica e aprendizado. Nesses estudos, encontramos a evidência de que segurança psicológica tem como resultados, entre outros, a criatividade, o relato de erros e o compartilhamento de conhecimentos, assim como comportamentos que detectam a necessidade de mudança ou que ajudam equipes e organizações a realizarem mudanças. O Grupo 3 revela relações positivas entre segurança psicológica e desempenho, o Grupo 4 revela relações positivas entre segurança psicológica e comprometimento do funcionário.

Por fim, o Grupo 5 abrange o que os pesquisadores chamam de "estudos moderadores", em que a segurança psicológica altera o relacionamento entre outro atributo de equipe e um resultado, tal como desempenho de equipe. Um atributo de equipe pode ser uma especialidade diversificada, que naturalmente desafiaria a equipe a descobrir como fazer o trabalho de maneira eficaz. Da mesma forma, uma equipe com membros localizados em múltiplas regiões geográficas pode ser difícil de coordenar. Estudos mostram que segurança psicológica torna fácil para as equipes gerenciarem tais desafios. Quando as pessoas falam abertamente, fazem perguntas e conseguem a ajuda de que precisam para resolver os problemas, ficam mais propensas a superar as barreiras criadas por trabalhar juntas através de diversas disciplinas ou fusos horários.

1. Uma Epidemia de Silêncio

É provável que você tenha vivenciado no trabalho um momento em que não fez uma pergunta que realmente gostaria de ter feito ou em que quis dar uma ideia, mas, em vez disso, ficou quieto. Vários estudos mostram que esses tipos de silêncio são dolorosamente comuns. Ao coletar e analisar dados de entrevistas com funcionários adultos, estudos têm investigado quando e por que as pessoas se sentem incapazes de se expressar abertamente no local de trabalho. Com esse estudo, aprendemos, antes de mais nada, *que as pessoas frequentemente se contêm mesmo quando acreditam que o que têm a dizer poderia ser importante para a organização, para o cliente ou para si mesmas.*

Há uma pungência nessas descobertas. Ninguém ganha com o silêncio. Equipes perdem em percepções. Aqueles que falham em se expressar abertamente com frequência relatam arrependimento ou dor. Alguns desejam que tivessem falado. Outros reconhecem que poderiam experimentar mais satisfação e sentido em seus trabalhos se fossem mais capazes de contribuir. Esses que se privaram de ouvir comentários de colegas podem não saber o que estão perdendo, mas o fato é que problemas não são reportados, oportunidades de melhoria são perdidas e, ocasionalmente, ocorrem falhas trágicas que poderiam ter sido evitadas.

Em um primeiro estudo sobre silêncio no local de trabalho, os gerentes de pesquisa da Universidade de Nova York, Frances Miliken, Elizabeth Morrison e Patricia Hewlin, entrevistaram 40 funcionários trabalhando em período integral em consultoria de serviços financeiros, meios de comunicação, farmacêuticos e publicidade para entender por que esses funcionários não conseguiam se expressar abertamente no trabalho e quais assuntos não conseguiam abordar com maior frequência.[15] Quando pressionados a explicar por que permaneceram em silêncio, muitas vezes disseram que não queriam ser malvistos. Outra razão comum foi não querer envergonhar ou aborrecer alguém. Ainda outros expressaram um senso de futilidade — algo como "não vai importar de qualquer forma, por que me preocupar?" Poucos mencionaram medo de retaliação. Mas as duas razões mencionadas com mais frequência para permanecer em silêncio foram, em primeiro lugar, o medo de serem vistos ou rotulados negativamente e, em segundo, o medo de prejudicar relacionamentos de trabalho. Esses medos, que são por definição o oposto de segurança psicológica, não têm lugar em uma organização sem medo.

Os assuntos sobre os quais os funcionários quiseram falar foram tanto organizacionais como pessoais. Eles variavam de preocupações que são compreensivelmente difíceis de se abordar, por exemplo, assédio, até a competência de um supervisor ou o fato de ter cometido um erro. Mais surpreendentemente, no entanto, eles também se contiveram em sugestões para melhorias em um processo de trabalho. Em resumo, conforme a pesquisa anterior demonstraria de maneira mais sistemática, pessoas no trabalho não estão somente falhando em falar abertamente sobre conteúdos potencialmente ameaçadores ou constrangedores, também estão deixando de dar ideias para melhorias. Notavelmente, todo entrevistado em particular reportou não conseguir falar abertamente em pelo menos uma ocasião. Muitos se acharam em situações em que estavam muito preocupados com um problema e, mesmo assim, não o levaram a um supervisor.

Um estudo subsequente e maior, realizado em uma empresa de manufatura, usou dados de pesquisa para identificar razões muito similares para o silêncio.[16] Especificamente, funcionários que não se sentiam seguros psicologicamente para falar com abertura citaram razões que incluíam medo de prejudicar um relacionamento, ausência de confiança e autodefesa. Em outro estudo, a psicóloga social Renee Tyran entrevistou estudantes da faculdade de administração sobre as relações que tinham com os chefes anteriores, para ter uma compreensão de quando e por que as pessoas comunicavam (ou não) seus pensamentos para os superiores. Ela descobriu que, quando as pessoas se sentiam seguras em termos psicológicos, elas falavam abertamente com seus chefes. Elas eram capazes de pedir ajuda e admitir erros, apesar do risco interpessoal. Quando não se sentiam seguras psicologicamente, tendiam a ficar quietas ou distorcer a mensagem para não aborrecer seus chefes.

Alguns anos atrás, o Professor Jim Detert, da Universidade de Virginia, e eu entrevistamos mais de 230 empregados em uma grande empresa multinacional de alta tecnologia.[17] Pedimos aos entrevistados, que abrangiam todos os níveis, regiões e funções, que descrevessem ocasiões nas quais falaram abertamente ou não com seus gerentes ou qualquer outra pessoa de nível mais alto na empresa. Também nesse caso, todos os indivíduos conseguiram descrever prontamente um momento em que falharam em falar abertamente sobre algo que acreditavam ser importante. Jim e eu vasculhamos milhares de páginas de respostas para achar o que levava as pessoas a falarem abertamente e, talvez o mais importante, o que as levava a se conterem. Considere o técnico em manufatura, em uma fábrica nos EUA, que nos contou que não compartilhou uma ideia que teve sobre acelerar o processo de produção. Quando perguntamos o porquê, ele respondeu: "Eu tenho filhos na faculdade." À primeira vista, uma resposta sem sentido. Mas seu significado estava claro. Ele sentiu que não poderia correr o risco de falar abertamente porque não poderia arcar com a perda do trabalho. Quando investigamos mais a fundo, esperando ouvir uma história sobre alguém perder um trabalho por ter falado abertamente, o sócio admitiu que realmente não funcionava dessa maneira. De fato, ele respondeu: "Ah, todos sabem que nunca demitimos ninguém." Ele não falava com sarcasmo, estava admitindo que sua reticência em não arrumar problemas com o que achava ser uma boa ideia era irracional e, no fundo, ele entendeu isso. Contudo a atração gravitacional do silêncio — mesmo quando os chefes são bem-intencionados e não se consideram intimidadores — pode ser esmagadora. Pessoas no trabalho estão vulneráveis a um tipo de lógica implícita, na qual era melhor estar seguro que arrependido. Muitos simplesmente herdaram crenças de seus primeiros anos de formação ou treinamento. Se eles parassem para pensar com mais profundidade, poderiam se dar conta de que erraram demais por causa de precaução. No entanto esse tipo de reflexão é raramente estimulado.

Por fim, descobrimos um pequeno conjunto de benefícios comuns, amplamente menosprezados, sobre falar abertamente no trabalho. Nós os chamamos de *teoria implícita da voz*. Mostrados na Tabela 2.1, são, essencialmente, crenças sobre quando é e quando não é apropriado falar com os superiores em uma organização. Para testar essas teorias implícitas, recolhidas de uma empresa, Jim e eu conduzimos um estudo de vinheta com gerentes de muitas outras empresas. Projetamos vinhetas fictícias para testar quando e se as pessoas poderiam empregar regras de decisão específicas para determinar quando falar abertamente ou não. Por exemplo,

Tabela 2.1 Regras Aceitadamente Aplicáveis por Voz no Trabalho.

Regra Aceitadamente Aplicável sobre Quando Falar ou Permanecer em Silêncio	Exemplos de Entrevistas
Não criticar algo que o chefe pode ter ajudado a criar.	"É inerentemente arriscado, pois os chefes podem sentir que a autoria pessoal das tarefas que estou sugerindo é problemática." "O chefe deve ter criado estes processos e pode se sentir ofendido, porque ele está apegado a eles."
Não fale a não ser que tenha dados sólidos.	"Eu penso que apresentar uma ideia subdesenvolvida e subpesquisada nunca é uma boa ideia." "Você está questionando suas ideias e teve melhores provas para sustentar suas declarações."
Não fale se o chefe do chefe está presente.	"Se um indivíduo de maior nível está presente, é arriscado, porque você pode estar com medo de que seu chefe direto possa se sentir como se você estivesse passando por cima dele." "Meu chefe veria [falando com seu chefe] como prejudicial e insubordinado."
Não fale em um grupo sobre qualquer coisa negativa relativo ao trabalho para evitar a humilhação do chefe.	"Gerentes odeiam ser colocados na berlinda na frente dos outros. É melhor resumir em particular, para que o chefe não seja malvisto diante do grupo." "Primeiro, você deveria passar para o chefe em particular, para que não o deixe sem chão."
Expressar-se abertamente traz consequências à carreira.	"Parar ou criticar um projeto seria o fim de carreira em nossa posição." "As consequências a longo prazo são ruins, porque [os superiores] vão se ressentir por terem sido colocados na berlinda."

uma vinheta incluiu uma correção importante que um empregado queria compartilhar com seu chefe. Em uma das versões da vinheta, o chefe do chefe estava presente. Na outra vinheta, somente o chefe estava presente. Os gerentes que estudamos estavam significativamente mais propensos a apontarem as correções se o chefe dos chefes não estivesse presente.

De um modo geral, essas crenças (regras aceitas) sobre falar abertamente tornam difícil alcançar a produtividade, inovação ou comprometimento do funcionário. É um velho lugar-comum o de que más notícias não alcançam a hierarquia. Mas o que descobrimos é que as pessoas até agora pecam por precaução no trabalho ao rotineiramente deixarem de divulgar grandes ideias – não somente más notícias. Elas intuitivamente reconhecem o que Jim e eu chamamos de assimetria de voz e silêncio. Considere o cálculo automático que governa a fala. Como retratado na Tabela 2.2, voz exige mais esforço e poderia (ou não) fazer uma real diferença em um momento crucial. Infelizmente, na maioria das vezes, o benefício potencial vai levar um tempo para se materializar e pode não acontecer. Silêncio é instintivo e seguro; oferece autoproteção e benefícios, e esses são tanto imediatos como certos.

Tabela 2.2 Por que o Silêncio Vence no Cálculo Voz–Silêncio.

	A Quem beneficia	Quando Ocorre o Benefício	Certeza do Benefício
Voz	A organização e/ou seus consumidores	Depois de algum atraso	Baixa
Silêncio	A si mesmo	Imediatamente	Alta

Outra forma de pensar na assimetria de voz e silêncio está registrada na frase “ninguém foi demitido por ter ficado em silêncio”. O instinto em não se arriscar é poderoso. Pessoas em organizações não correm riscos interpessoais espontaneamente. Não queremos nos deparar com um tabu. Podemos ter total confiança em que estaremos seguros se estivermos em silêncio e ter pouca confiança em que nossas vozes realmente farão alguma diferença — um grupo de vozes inibidas.

Outra teoria implícita da voz que Jim e eu encontramos que explica por que as pessoas retêm boas ideias, e não somente as más notícias, está relacionada ao medo de insultar alguém em nível superior na organização por insinuar que os atuais sistemas ou processos são problemáticos. O quê, se o sistema atual é efetivamente o queridinho do chefe? Sugerindo uma mudança, talvez estivéssemos chamando o queridinho de feio. Melhor ficar em silêncio.

Ao não conseguir desafiar essas regras de fala amplamente aceitas, funcionários ao redor do mundo nessa empresa em particular (que, ironicamente, era dependente da perícia e ideias dos empregados para seu sucesso futuro) estavam privando seus colegas de suas ideias e inventividade. Eles estavam privando a si próprios também — perdendo a satisfação de agir de acordo com suas ideias e criar mudanças. Em vez de ajudar a criar uma organização de aprendizado, eles estavam somente presentes e fazendo seus trabalhos.

2. Um Ambiente de Trabalho que Apoia o Aprendizado

Considerando essa tendência bem documentada que as pessoas têm de preferir o silêncio à voz no local de trabalho, algumas vezes parece surpreendente que alguém fale de maneira aberta sobre algo potencialmente sensível ou com um conteúdo ameaçador em termos interpessoais. É onde entra a segurança psicológica. Uma quantidade crescente de estudos mostra que segurança psicológica *pode* existir no trabalho e, quando existe, as pessoas de fato falam abertamente, oferecem ideias, reportam erros e exibem muito mais do que podemos categorizar como "comportamento de aprendizado".

Aprendendo Com os Erros

Por exemplo, em um estudo com enfermeiras em quatro hospitais belgas, uma equipe de pesquisadores liderada por Hannes Leroy explorou como as enfermeiras-chefe estimulavam outras enfermeiras a reportarem erros, enquanto também reforçavam altos padrões de segurança.[18] Aqui, o desafio é pedir às pessoas que executem a qualidade mais alta (possivelmente, livre de erros) de trabalho e, ainda assim, estejam dispostas a falar sobre erros que podem ocorrer. Leroy e seus colegas entrevistaram as enfermeiras em 54 departamentos, medindo o conjunto de fatores inter-relacionados: segurança psicológica, relatórios de erros, o número atual de erros cometidos, a opinião das enfermeiras sobre quanto o departamento priorizava a segurança do paciente e sobre se a enfermeira-chefe praticava os protocolos de segurança.

Leroy descobriu que os grupos com maior segurança psicológica reportavam mais erros para as enfermeiras-chefe. Esse achado era consistente com o que havia visto na faculdade em meu estudo de erros de medicação.[19] Mais curiosamente, eles descobriram que, quando as enfermeiras pensavam que a segurança do paciente tinha prioridade alta no departamento *e* quando a segurança psicológica era alta, menos erros eram cometidos. Em contrapartida, quando a segurança psicológica era baixa, apesar de acreditar no comprometimento declarado do departamento com a segurança do paciente, os funcionários cometiam mais erros. Em resumo, equipes psicologicamente seguras cometiam menos erros e falavam abertamente sobre eles com maior frequência. O que encontrei em cenários similares é que uma boa liderança (por exemplo, por parte das enfermeiras-chefe que demonstravam um compromisso com a segurança e com a sinceridade), aliada a uma compreensão clara e compartilhada de que o trabalho é complexo e interdependente, pode ajudar os grupos a construir segurança psicológica, que, por sua vez, gera a franqueza por demais essencial para garantir a qualidade do cuidado com o paciente nos hospitais modernos.

Melhoria da Qualidade: O Que Aprender e Como Aprender

Quase todas as organizações querem melhoria na qualidade. Hospitais, sobretudo, buscam esforços constantemente para melhorar inumeráveis processos de cuidado com o paciente. Faz diferença se um supervisor de unidade cria condições para segurança psicológica ou simplesmente comanda os funcionários a trabalhar em projetos de melhoria?

Com a Professora da Universidade de Wharton, Ingrid Nembhard, e a Professora da Universidade de Boston, Anita Tucker, estudei mais de cem equipes de projetos de melhoria de qualidade (MQ) em unidades de tratamento intensivo neonatal (UTI Neonatal) em 23 hospitais estadunidenses. Ao pedir aos membros da equipe de MQ que reportassem o que fizeram para melhorar o processo da unidade, descobrimos que eles se agregaram em dois grupos distintos de comportamento de aprendizado, os quais chamamos de *o que aprender* e *como aprender*. O que aprender descrevia amplamente atividades independentes, como leitura de literatura médica para se atualizar com as últimas descobertas de pesquisa. Como aprender, por outro lado, era um aprendizado com base em equipe que incluía compartilhar conhecimento, oferecer sugestões e *brainstorming* das melhores abordagens.

Ficamos intrigados por descobrir que a segurança psicológica previu um aumento em comportamentos de como aprender (os que vêm com risco interpessoal), mas não tinha qualquer relacionamento estatístico com relacionamentos independentes capturados pelas atividades do aprender o quê. Não é de se surpreender que, para os tipos de aprendizados que podem ser feitos sozinhos (ler um livro, fazer um curso online), a segurança psicológica não é essencial. Os resultados também oferecem suporte para o porquê de a segurança psicológica não ter sido tão importante no passado, quando o trabalho consistia primariamente em tarefas bem definidas, como digitar cartas para o chefe ou passar o bisturi correto para o cirurgião.

Reduzindo Gambiarras

"Gambiarras," um fenômeno identificado por Anita Tucker em seu notável estudo etnográfico sobre enfermeiras no início dos anos 2000, são atalhos que as pessoas pegam no trabalho quando confrontam um problema que interrompe sua habilidade de realizar uma tarefa obrigatória.[21] Uma gambiarra realiza o objetivo imediato, mas não faz nada para diagnosticar ou resolver o problema que, desde o início, provocou-a.

O problema com as gambiarras é que, bem, elas funcionam. Elas fazem parecer que o trabalho está feito, mas, desse modo, criam problemas novos, sutis. Primeiro, algumas vezes as gambiarras criam riscos não intencionais ou problemas em outras áreas. Por exemplo, confrontado sobre a falta de entrada de material necessário (digamos, roupas de cama em uma unidade hospitalar), um trabalhador pode simplesmente encontrar um suprimento de roupas de cama em outra unidade, pegando, assim, aquilo de que precisa, mas deixando seus colegas sem nada, que mais tarde vão se deparar com um déficit. Segundo, gambiarras atrasam ou impedem processos de melhoria. Os problemas que acionam gambiarras podem ser vistos como pequenos sinais de uma necessidade de mudança em um sistema ou processo. A gambiarra contorna o problema, silenciando, desse modo, o sinal, por fazer o trabalho imediato — mas após fazê-lo de uma forma ineficiente a longo prazo. Para os enfermeiros, seria mais difícil inventar um novo sistema de suprimento de roupas de cama para todas as unidades, porque exigiria trabalhar em silos.

Gambiarras podem ocorrer quando os trabalhadores não se sentem seguros o suficiente para falar abertamente ou fazer sugestões para melhorar o sistema. De fato, em outro estudo de hospitais, Jonathon Halbesleben e Cheryl Rathert descobriram que equipes de oncologia com baixa segurança psicológica confiavam mais em gambiarras, enquanto equipes com alta segurança psicológica focaram mais em diagnosticar o problema e melhorar o processo que o causou, para que não acontecesse de novo.[22] Halbesleben e Rathert nos forneceram evidência adicional de que a segurança psicológica é importante para organizações interessadas em alcançar melhorias de processo. Seu trabalho mostra que a segurança psicológica torna mais fácil para as pessoas se expressarem abertamente sobre problemas e alterar e melhorar processos de trabalho, em vez de se envolver em gambiarras contraproducentes.

Outro estudo de projetos de melhoria de processo, desta vez em uma empresa de manufatura, também descobriu que projetos com maior segurança psicológica eram mais bem-sucedidos. Aqui, os pesquisadores estudaram 52 equipes de melhoria de processo seguindo os princípios de gerenciamento total da qualidade (GTQ). Descobriram que, mesmo quando empregavam uma técnica de processo de melhoria altamente estruturada, o clima interpessoal é importante para o sucesso.[23]

Compartilhando Conhecimento Quando a Confiança é Baixa

Você deve pensar que falar abertamente com ideias criativas é mais fácil que falar abertamente sobre erros. Agora, imagine que está no trabalho, tem uma ideia e está 95% confiante de que ela é criativa ou interessante. É provável que você não tenha problema em falar abertamente. Agora, imagine a mesma situação, mas você está somente 40% confiante em sua ideia.

A maioria das pessoas vai hesitar, talvez tentando avaliar a receptividade de seus colegas. Em outras palavras, quando você se sente extremamente confiante no valor ou veracidade de algo que quer dizer, está mais propenso a simplesmente abrir sua boca e dizê-lo. Mas, quando sua confiança em sua ideia ou seu conhecimento é baixo, você irá se conter.

Em um estudo particularmente persuasivo e em várias empresas de manufaturas e de serviços, o Professor Enno Siemsen, da Universidade de Minnesota, e seus colegas descobriram uma relação intuitivamente interessante entre confiança e segurança psicológica.[24] Como esperado, quanto mais confiança as pessoas tinham em seu conhecimento, mais elas falavam abertamente. O mais interessante é que um local de trabalho psicologicamente seguro ajudava as pessoas a superarem a falta de confiança. Em outras palavras, se seu local de trabalho é psicologicamente seguro, você é mais capaz de falar abertamente, mesmo quando tem pouca confiança. Tendo em conta que a confiança do indivíduo e o valor de sua ideia não estão fortemente ligados, a utilidade da segurança psicológica para facilitar o compartilhamento de conhecimento pode ser imensa. A frequência da comunicação entre os colegas de trabalho também leva à segurança psicológica. Em outras palavras, quanto mais falamos uns com os outros, mais à vontade ficamos em fazer isso.

3. Por que a Segurança Psicológica é Importante Para o Desempenho

Para entender por que a segurança psicológica promove o desempenho, temos de dar um passo para trás a fim de reconsiderar a natureza de muitos trabalhos nas organizações de hoje. Com o declínio do trabalho modular, rotineiro e previsível, há cada vez mais tarefas que demandam julgamento, lidar com incerteza, sugerir novas ideias, coordenar e comunicar com outros. Isso significa que a missão da voz é decisiva. Assim, para qualquer coisa, menos para o trabalho mais independente ou rotineiro, a segurança psicológica está intimamente ligada a libertar as pessoas para perseguir a excelência.

Quando dei início a um estudo de 50 equipes — incluindo vendas, produção, desenvolvimento de novo produto e equipes de gerência — em uma empresa de manufatura em meados da década de 1990, meu objetivo era estabelecer uma relação entre segurança psicológica e comportamento de aprendizado. Enquanto estava nela, avaliei o desempenho. Fiz isso de duas maneiras. O primeiro foi uma autoavaliação, significando que os membros da equipe avaliaram confidencialmente o desempenho de sua equipe em uma escala de um a sete. A outra foi mais objetiva, de certa forma. Pedi aos gerentes que avaliaram o trabalho da equipe, assim como aos clientes (internos) que receberam o trabalho, que avaliassem cada desempenho de equipe em uma escala similar, também com total confidencialidade. Felizmente, os dados mostraram que as equipes com segurança psicológica também tinham alto desempenho — um resultado que se manteve em ambos os tipos de medidas de desempenho.[25]

Os pesquisadores Markus Baer e Michael Frese levaram essa questão ao próximo nível de análise, mostrando que a segurança psicológica aumentou o desempenho da empresa em uma amostra de 47 firmas alemãs de médio porte, tanto em setores industriais como de serviços. O desempenho foi medido de duas formas: mudança longitudinal de retorno em ativos (controlando prévio retorno constante dos ativos) e avaliações executivas de realização de objetivos da empresa.[26] Todas as empresas estavam comprometidas com processos de inovação. Mas os esforços do processo de inovação somente levavam ao alto desempenho quando a organização tinha segurança psicológica. Em resumo, o processo de inovação pode ser uma boa maneira de estimular o desempenho da empresa, mas um ambiente psicologicamente seguro ajuda a compensar o investimento.

A pesquisa também mostra a relação entre segurança psicológica e inovação. Por exemplo, Chi-Cheng Huang e Pin-Chen Jiang coletaram dados de entrevista de 245 membros de 60 equipes de Pesquisa e Desenvolvimento (P&D) em várias empresas de tecnologia taiwanesas e descobriram que equipes psicologicamente seguras superavam as outras.[27] Sem segurança psicológica, explicaram os pesquisadores, os membros da equipe ficavam relutantes em demonstrar suas ideias ou conhecimento, por causa do medo de serem rejeitados ou constrangidos. Eles enfatizaram a importância da segurança psicológica para equipes de P&D, porque eles têm, necessariamente, que correr risco e confrontar falhas antes de obter sucesso.

Finalmente, um estudo de vários anos em equipes do Google, com o codinome Projeto Aristóteles, descobriu que a segurança psicológica era o fator decisivo que explicava por que algumas equipes superavam outras, conforme relatado em um artigo exaustivo de Charles Duhigg na Revista New York Times, em 2016, e amplamente discutido na blogosfera.[28] Pesquisadores do Google, do sofisticado grupo da empresa de "análise de pessoas", revisaram a literatura acadêmica sobre eficácia da equipe. Sua primeira linha de ataque foi considerar a composição da equipe – uma variável considerada importante na pesquisa histórica em equipes, principalmente em matéria de as habilidades dos membros da equipe terem uma boa combinação para o trabalho que é esperado que façam. Liderados por Julia Rozovky, os pesquisadores consideraram a formação acadêmica, hobbies, amigos, traços de personalidade das pessoas e mais, em sua análise de um conjunto de 180 equipes em toda a empresa. Nada foi descoberto. Não surgiu nenhuma mistura de tipos de personalidade, habilidades ou formação que pudesse ajudar a explicar quais equipes tiveram bom desempenho e quais não tiveram. Parecia que não havia resposta para a pergunta sobre por que algumas equipes prosperam e outras falham. Então, como Duhigg escreveu, "quando Rozovsky e seus colegas do Google encontraram o conceito da segurança psicológica em documentos acadêmicos, foi como se tudo de repente tivesse se encaixado."[29] O que eles descobriram foi que mesmo os funcionários extremamente inteligentes e de alta capacidade do Google precisavam de um ambiente de trabalho seguro psicologicamente para contribuir com as habilidades que tinham a oferecer. A equipe também encontrou outros quatro fatores que ajudaram a explicar o desempenho da equipe – objetivos claros, colegas confiáveis, trabalho individualmente relevante e uma crença em que o trabalho tem impacto. Como Rozovsky colocou, porém, reiterando a citação do começo do Capítulo 1, "a segurança psicológica era de longe a mais importante... era o alicerce das outras quatro."[30]

4. Funcionários Psicologicamente Seguros são Funcionários Comprometidos

O interesse dos executivos no comprometimento dos funcionários tem acontecido nos últimos anos, construído sobre muito tempo de foco na satisfação do funcionário como uma medida importante para prever a rotatividade. Hoje, muitos gerentes entendem que a satisfação do funcionário é importante, mas incompleta. A satisfação, que se refere a quão felizes ou contentes os funcionários estão, não capta o comprometimento emocional com o trabalho ou a motivação de se dedicar a fazer um bom trabalho. O comprometimento, definido como o grau de entusiasmo que o funcionário sente pelo trabalho e de comprometimento com a organização, é visto como um índice de disposição de colocar esforço voluntário no trabalho. Medidas válidas de comprometimento de funcionários estão amplamente disponíveis, e muitos executivos reconhecem o comprometimento do funcionário como um elemento vital de forte desempenho da empresa.

Estudos recentes de comprometimento de funcionários dão ênfase à segurança psicológica. Por exemplo, um estudo em uma empresa de seguros do Centro-Oeste americano descobriu que a segurança psicológica previu o comprometimento dos trabalhadores. Por sua vez, a segurança psicológica foi impulsionada por relações de apoio com colaboradores.[31] Outro estudo observou a relação entre a confiança do empregado na alta gerência e o comprometimento do empregado. Com os dados de entrevista de 170 pesquisadores científicos trabalhando em seis centros de pesquisas irlandeses, os autores mostraram que a confiança na alta gerência leva à segurança psicológica, que, em troca, promove comprometimento no trabalho.[32] Finalmente, um estudo com imigrantes turcos trabalhando na Alemanha descobriu que a segurança psicológica estava associada ao comprometimento com o trabalho, saúde mental e intenções de faturamento. Além disso, eles descobriram que os efeitos positivos da segurança psicológica eram maiores para imigrantes do que para os empregados alemães na mesma empresa.[33]

Um lugar onde o comprometimento do trabalhador realmente importa é o sistema de saúde. Os funcionários da linha de frente enfrentam alto estresse e um trabalho emocionalmente pesado por lidarem com consequências de vida ou morte. Empregados desmotivados levam a riscos de segurança e rotatividade de funcionários. Rotatividade significa aumentar os custos com recrutamento e treinamento, assim como uma maior porcentagem de pessoas menos experientes na equipe. As preocupações dos especialistas sobre rotatividade de equipes suscitaram interesse em melhorar o ambiente de assistência médica como uma estratégia para retenção de funcionários. Em um estudo recente, uma pesquisa de uma equipe clínica de um grande hospital metropolitano descobriu que a segurança psicológica estava relacionada ao comprometimento com a organização e à segurança do paciente. Os autores notaram que o ambiente de trabalho onde os trabalhadores se sentiam seguros para falar abertamente sobre problemas era importante sobretudo na área de assistência médica, por ajudar as pessoas a se sentirem capazes de prover cuidados seguros com a saúde e estarem comprometidas no trabalho.[34]

5. Segurança Psicológica como Ingrediente Extra

O quinto e último grupo de estudos enfatiza o papel da segurança psicológica em ajustar a força de relações entre outras variáveis. Nesses estudos, a segurança psicológica age (usando uma linguagem estatística) como um moderador que faz outras relações mais fracas ou mais fortes. Descobriu-se que a segurança psicológica ajudava as equipes a superarem os desafios de dispersão geográfica, fazia bom uso do conflito e potencializava a diversidade.

Superando a Dispersão Geográfica

É cada vez mais comum que as equipes tenham membros trabalhando em diferentes lugares ao redor do mundo e que, inclusive, nem tenham se visto pessoalmente. Essas equipes, chamadas de equipes virtuais, encaram os desafios de comunicação relatados através de mídias eletrônicas, gerenciando diversidade cultural nacional, cobrindo diferentes fusos horários e lidando com a variação de associados ao longo do tempo. Mostrou-se que a segurança psicológica ajudou as equipes a gerenciar essas mudanças. Por exemplo, em um ambicioso estudo de 14 equipes de inovação com membros espalhados por 18 países, a Professora Cristina Gibson, da Universidade do Oeste da Austrália, e a Professora Jennifer Gibbs, da Universidade de Rutgers, mostraram que a segurança psicológica ajudou esses times espalhados a passar pelos desafios da dispersão.[35] Com segurança psicológica, os membros da equipe se sentiram menos ansiosos sobre o que os outros poderiam pensar deles e foram mais capazes de se comunicar abertamente.

Fazendo Bom Uso do Conflito

O conflito é outro desafio que muitas equipes confrontam – seja trabalhando frente a frente ou espalhadas pelo globo. Na teoria, o conflito promove uma melhor tomada de decisões e estimula a inovação, porque assegura a consideração de diversas visões e perspectivas. Na prática, entretanto, nem sempre as pessoas são boas em gerir conflitos e fazer bom uso deles.[36] É fácil se aborrecer e se recusar a mudar de opinião, desperdiçando efetivamente a oportunidade de melhorar o trabalho enfrentando as diferenças. Algumas pesquisas recentes descobriram que a segurança psicológica pode fazer a diferença entre fazer bom uso dos conflitos e ter conflitos como obstáculo no desempenho da equipe. Por exemplo, em um estudo de 117 equipes de estudantes de projeto, Bret Bradley e seus colegas mostraram que a segurança psicológica moderou a relação entre conflito e desempenho a tal ponto que o conflito levou ao bom desempenho de equipes quando elas tinham alta segurança psicológica e, por outro lado, baixo desempenho.[37] Eles atribuíram esse resultado à habilidade de expressar ideias relevantes e discussões decisivas sem constrangimento ou conflito pessoal excessivo entre os membros da equipe.

Como podemos ver, estudos que observam a segurança psicológica têm sido feitos em muitos cenários, incluindo fábricas, hospitais e salas de aula. No entanto, também os executivos que lutam com decisões estratégicas podem se beneficiar da atenção na criação de um clima de curiosidade e franqueza — em outras palavras, segurança psicológica. Quando estudei equipes de alta gerência com a cientista Diana Smith, analisamos detalhadamente transcrições de suas conversas para mostrar como pode ser criado um clima psicologicamente seguro para uma discussão franca sobre discordância estratégica, mesmo em equipes de alto nível que confrontam desafios estratégicos, e como isso pode possibilitar uma tomada de decisão produtiva.[38]

Ganhando Valor em Diversidade

Equipes são frequentemente reunidas para alavancar assuntos diversos. Mas, com a mesma frequência, o desafio de integrar conhecimento diverso, perspectivas e habilidades é subestimado. A sinergia esperada nunca se concretiza. Um estudo recente mostrou que a segurança psicológica pode fazer ou interromper o desempenho da equipe em grupos diversificados. Os pesquisadores entrevistaram estudantes de mestrado que participaram de 195 equipes em uma universidade francesa e descobriram que equipes de diversas especialidades tiveram bom desempenho quando a segurança psicológica era alta e desempenho ruim quando não era.[39]

Finalmente, vários estudos têm investigado efeitos da diversidade demográfica no desempenho de equipe. Alguns têm mostrado que a diversidade ajuda no desempenho, enquanto outros descobriram uma relação negativa entre diversidade e performance. Quando diferentes estudos mostram resultados conflitantes como esse, geralmente é um sinal de ausência de um mediador. Nesse caso, a segurança psicológica poderia ser o ingrediente que faltava — o fator que poderia produzir ou destruir a habilidade de uma equipe diversificada em ter um bom aproveitamento das diferentes perspectivas. De fato, em um estudo em uma empresa de manufatura do meio-oeste de médio porte, um clima positivo para diversidade e segurança psicológica em conjunto levou a um maior esforço espontâneo. Essas relações eram mais fortes para minorias do que para os brancos, sugerindo que a segurança psicológica pode desempenhar um papel especialmente crucial para as minorias, criando comprometimento e um sentimento de ser valorizado no trabalho.[40]

Trazendo a Pesquisa à Prática

A pesquisa aqui resumida, que está constantemente crescendo com observações consistentes através de diversos cenários industriais, traz ainda mais certeza de que a segurança psicológica de fato oferece benefícios para organizações e países ao redor do mundo. Não mais confinada ao interesse acadêmico, a segurança psicológica tem reunido atenção de praticantes em quase todos os setores — especialmente como resultado do Projeto Aristóteles do Google, com seus artigos no *New York Times* e no *Fareed Zakaria GPS* na CNN.[41] Cada vez mais é possível encontrar profissionais — consultores, gerentes, médicos, enfermeiras, engenheiros — falando sobre segurança psicológica. Ainda poucos podem estar cientes da importância de todo o peso das evidências de apoio e menos ainda podem ter parado para refletir sobre o que suas empresas perdem quando falta segurança psicológica.

Uma das coisas mais importantes para se ter em mente, onde quer que você trabalhe, é que a falha de um funcionário em falar abertamente em um momento crucial pode não ser percebida. Isso vale tanto para aquele funcionário que está na linha de frente do atendimento ao cliente quanto para o que está sentado próximo a você na sala da diretoria executiva. Por conta da invisibilidade do ato de *não* se oferecer uma ideia, é difícil dar andamento a uma correção em tempo real. Isso significa que locais de trabalho psicologicamente seguros têm uma poderosa vantagem em indústrias competitivas.

Os quatro capítulos adiante, na Parte II, retratam vividamente as consequências do medo do local de trabalho (Capítulos 3 e 4) e os benefícios da segurança psicológica (Capítulos 5 e 6), tanto para o desempenho organizacional como para a segurança humana. Visitaremos mais de 20 organizações — velhas e novas, grandes e pequenas, privadas e do setor público, domésticas e estrangeiras. Examinando eventos que aconteceram em empresas tão diversas quanto a Volkswagen e a Wells Fargo, espero transmitir uma compreensão visceral do que são locais de trabalho baseados no medo, que são, lamentavelmente, padrão frequente de organizações ao redor do mundo, mesmo após duas décadas de pesquisa fornecendo provas de seus custos. Dando uma olhada em várias organizações em que não há medo, tais como a Pixar Animation Studios e a DaVita Kidney Centers, eu também espero transmitir tudo o que foi conquistado.

Lições do Capítulo 2

- Segurança psicológica não é um benefício; é essencial para produzir alto desempenho em um mundo VICA.
- Segurança psicológica está frequentemente em falta nas organizações atuais.
- Vinte anos de pesquisa em segurança psicológica descobriram benefícios positivos para aprendizado, comprometimento e desempenho em uma ampla variedade de organizações.

Referências

1. Mark Costa, CEO da Eastman Chemical, elogios de classe da Harvard Business School. 18 de abril de 2018.
2. Idem.
3. Idem.
4. A data nessa tabela veio da procura com a Factiva, realizada em 25 de maio de 2018. Factiva, Inc. é uma ferramenta de informação de negócios e de pesquisa pertencente à Dow Jones & Company. A Factiva fornece acesso a mais de 30.000 pesquisas, tais como jornais, periódicos, revistas e outros, de quase todos os países do mundo. Assim, a pesquisa foi consideravelmente abrangente.
5. Corcoran, S. "Um Bom Chefe Contribui Para Uma equipe Feliz" [tradução livre]. *The Sunday Times*. 24 de setembro de 2017. https://www.thetimes.co.uk/article/a-good-boss-makes-for-a-happy-team-r30ndjjfv. Acessado em 13 de junho de 2018.
6. Blumental, D. & Ganguli, I. "Segurança do Paciente: da Conversa ao Currículo" [tradução livre]. *The New York Times*. 26 de janeiro de 2010. https://www.nytimes.com/2010/01/26/health/26error.html. Acessado em 13 de junho de 2018.
7. "Seis e Fora? O Que o Escândalo do Críquete da Austrália nos diz Sobre as Seis Leis de Ouro da Integridade" [tradução livre]. *The Mandarin*, 28 de março de 2018. https://www.themandarin.com.au/90552-australian-cricket-scandal-six-golden-rules-integrity. Acessado em 13 de junho de 2018.
8. Vander Ark, T. "Promovendo Segurança Psicológica nas Salas de Aula Para o Sucesso dos Alunos" [tradução livre]. *GettingSmart.com*, 29 de dezembro de 2016. http://www.gettingsmart.com/2016/12/promoting-psychological-safety-in-classrooms. Acessado em 13 de junho de 2018.
9. Wallace, K. "Depois da #MeToo, Mais Mulheres se Sentem Empoderadas" [tradução livre]. *CNN Wire*, 27 de dezembro de 2017. https://www.cnn.com/2017/12/27/health/sexual-harassment-women-empowerment/index.html. Acessado em 13 de junho de 2018.
10. Landon, L.B., Slack, K.J., & Barrett, J.D. "Trabalho em Equipe e Colaboração em Missões Espaciais de Longa Duração: Alcançando Extremos" [tradução livre]; *American Psychologist* 73.4 (2018): 563–575.

11. Edmondson, A.C. "Segurança Psicológica e Comportamento de Aprendizado em Equipes de Trabalho"[tradução livre]. *Administrative Science Quarterly* 44.2 (1999): 350–83.
12. Esse dado de citação foi obtido no Google Acadêmico, acessado em 25 de maio de 2018.
13. Frese, M. & Keith, N. "Erros de Ação, Erros de Gerência e Aprendizado nas Organizações" [tradução livre]. *Annual Review of Psychology* 66.1 (2015): 661–87.
14. Baer, M. & Frese, M. "Inovação Não é o Suficiente: Climas para Iniciativa e Segurança Psicológica, Procedimentos de Inovação e Desempenho da Empresa" [tradução livre]. *Journal of Organizational Behavior* 24.1 (2003): 45–68.
15. Milliken, F.J., Morrison, E.W., & Hewlin, P.F. "Um Estudo Exploratório do Silêncio do Empregado: Assuntos que os Funcionários Não Comunicam aos Superiores e Porquê"[tradução livre]. *Journal of Management Studies* 40.6 (2003): 1453–76.
16. Brinsfield, C.T. "Motivos do Silêncio do Funcionário: Investigação da Dimensionalidade e Desenvolvimento de Medidas" [tradução livre]. *Journal of Organizational Behavior* 34.5 (2013): 671–97.
17. Detert, J.R. & Edmondson, A.C. "Teorias Implícitas da Voz: Regras Subestimadas para Autocensura no Trabalho" [tradução livre]. *The Academy of Management Journal* 54.3 (2011): 461–88.
18. Leroy, H., Dierynck, B., Anseel, F., Simons, T., Halbesleben, J.R.B., McCaughey, D., Savage, G.T., & Sels, L. "Integridade Comportamental para Segurança, Prioridade da Segurança, Segurança Psicológica e Segurança do Paciente: Um Estudo a Nível de Equipe" [tradução livre]. *Journal of Applied Psychology* 97.6 (2012): 1273–81.
19. Edmondson, A.C. "Aprender com os Erros é Mais Fácil Dizer do que Fazer: Influências do Grupo e Organizacionais na Identificação e Correção do Erro Humano" [tradução livre]. *The Journal of Applied Behavioral* Science 32.1 (1996): 5–28.
20. Tucker, A.L., Nembhard, I.M., & Edmondson, A.C. "Implementando Novas Práticas: Um Estudo Empírico do Aprendizado Organizacional em Unidades de Terapia Intensiva em Hospitais" [tradução livre]. *Management Science* 53.6 (2007): 894–907.
21. Tucker, A.L. & Edmondson, A.C. "Por que hospitais não aprendem com as falhas: Dinâmicas Organizacionais e psicológicas que inibem

a mudança do sistema " [tradução livre]. *California Management Review* 45.2 (2003): 55–72.

22. Halbesleben, J.R.B. & Rathert, C. "O Papel da Melhoria Contínua da Qualidade e Segurança Psicológica em Prever as Gambiarras" [tradução livre]. *Health Care Management Review* 33.2 (2008): 134–144.
23. Arumugam, V., Antony, J., & Kumar, M. "Ligando Criação de Aprendizado e Conhecimento para o Projeto Sucesso em Projetos Six Sigma: Uma Investigação Empírica" [tradução livre]. *International Journal of Production Economics* 141.1 (2013): 388–402.
24. Siemsen, E., Roth, A.V., Balasubramanian, S., & Anand, G. "A Influência da Segurança Psicológica e Confiança em Conhecimento no Compartilhamento de Conhecimento do Funcionário" [tradução livre]. *Manufacturing & Service Operations Management* 11.3 (2009): 429–47.
25. Edmondson, A.C. (1999), op cit.
26. Baer, M. & Frese, M. (2003), op cit.
27. Huang, C., & Jiang, P. "Explorando a Segurança Psicológica de Equipes P&D: Uma Análise Empírica em Taiwan" [tradução livre]. *Journal of Management & Organization* 18.2 (2012): 175–92.
28. Duhigg, C. "O que o Google Aprendeu Com Sua Missão de Construir a Equipe Perfeita" [tradução livre]. *The New York Times Magazine*, February 25, 2016. https://www.nytimes.com/2016/02/28/magazine/what-google-learned-from-its-quest-to-build-the-perfect-team.html. Acessado em 13 de junho de 2018.
29. Idem.
30. Rozovsky, J. "As cinco chaves para uma equipe Google bem-sucedida.". [tradução livre] *re:Work Blog* 17 de novembro de 2015. https://rework.withgoogle.com/blog/five-keys-to-a-successful-google-team. Acessado em 13 de junho de 2018.
31. May, D.R., Gilson, G.L., & Harter, L.M. "A Condição Psicológica da Pertinência, Segurança, Disponibilidade e Comprometimento do Espírito Humano no Trabalho" [tradução livre]. *Journal of Occupational and Organizational Psychology* 77.1 (2004): 11–37.
32. Chughtai, A. A. & Buckley, F. "Explorando o impacto da confiança nos cientistas de pesquisa com o comprometimento do trabalho" [tradução livre]. *Personnel Review* 42.4 (2013): 396–421.
33. Ulusoy, N., Mölders, C., Fischer, S., Bayur, H., Deveci, S., Demiral,Y., & Rössler, W. "Uma Questão de Segurança Psicológica: Comprometimento e Saúde Mental em Funcionários Imigrantes Turcos na Ale-

manha" [tradução livre]. *Journal of Cross-Cultural Psychology* 47.4 (2016): 626–645.

34. Rathert, C., Ishqaidef, G., May, D.R. "Melhorando os Ambientes de Trabalho em Serviços de Saúde: Prova de um Enquadramento Teórico" [tradução livre]. *Health Care Management Review* 34.4 (2009): 334–343.
35. Gibson, C.B. & Gibbs, J.L. "Analisando o Conceito de Virtualidade: Os Efeitos da Dispersão Geográfica, Dependência Eletrônica, Estrutura Dinâmica e Diversidade Nacional na Inovação da Equipe" [tradução livre]. *Administrative Science Quarterly* 51.3 (2006): 451–95.
36. Edmondson, A.C. & Smith, D.M. "Quente Demais para Manusear? Como Administrar Conflito de Relações" [tradução livre]. *California Management Review* 49.1 (2006): 6–31.
37. Bradley, B.H., Postlethwaite, B.E., Hamdani, M.R., & Brown, K.G. "Colhendo os Benefícios do Conflito de Tarefas nas Equipes: O Papel Crítico do Clima de Segurança Psicológica da Equipe" [tradução livre]. *Journal of Applied Psychology* 97.1(2012): 151–58.
38. Edmondson, A.C. & Smith, D.M. (2006), op cit.
39. Martins, L.L., Schilpzand, M.C., Kirkman, B.L., Ivanaj, S., & Ivanaj, V. "Uma Visão de Contingência dos Efeitos da Diversidade Cognitiva no Desempenho da Equipe: A Função da Moderação da Segurança Psicológica da Equipe e Conflito de Relacionamentos" [tradução livre]. *Small Group Research* 44.2 (2013): 96–126.
40. Singh, B., Winkel, D.E., & Selvarajan, T.T. "Gerenciando a Diversidade no Trabalho: A Segurança Psicológica é a Chave Para as Diferenças Raciais no Desempenho do Empregado?" [tradução livre]. *Journal of Occupational and Organizational Psychology* 86.2 (2013): 242–63.
41. "Como Construir a Equipe Perfeita" [tradução livre]. *Fareed Zakaria GPS*. CNN, 17 de abril de 2016. https://archive.org/details/CNNW_20160417_170000_Fareed_Zakaria_GPS. Acessado em 1 de junho de 2018.

PARTE II

Segurança Psicológica no Trabalho

3 Falha Evitável

"Eu me sinto mal aproveitado em minha própria empresa."

— Oliver Schmidt, engenheiro da Volkswagen[1]

"Até eu saber o que meu chefe pensa, não quero contar a você."

— Regulador, Federal Reserve Bank de Nova York (FRBNY)[2]

Em maio de 2015, o grupo Volkswagen tinha todos os motivos para se sentir orgulhoso.[3] Havia vendido 10 milhões de veículos a mais que no ano anterior, reivindicando, assim, o título de maior montadora de automóveis do mundo. Um dos maiores empregadores da Alemanha, a empresa recebeu o crédito por ter ajudado o país a se recuperar da crise financeira global de 2008. Ironicamente, como depois se saberia, seu Jetta TDI Clean Diesel ganhou o prêmio Green Car of the Year, em 2008, no Los Angeles Auto Show. Uma empresa com 78 anos de história na Alemanha se tornou famosa pelo icônico Beetle na década de 1960 e, com uma reputação intacta de um feito da engenharia, a estrela da Volkswagen brilhou o suficiente para se tornar ofuscante.

Como diz o ditado, o orgulho vem antes da derrocada. Apenas meses antes, a Volkswagen (VW), a maior empresa automotiva do mundo, estava enfrentando um escândalo inimaginável. Os motores diesel limpo que ancoraram as impressionantes vendas nos EUA foram descobertos como — essencialmente — uma farsa. Agentes alemães invadiram a sede da empresa, em Wolfsburg, procurando por evidências incriminatórias. Investigações criminais foram abertas pelos Estados Unidos e pela União Europeia para descobrir quem sabia o quê, quando e como. A empresa interrompeu as vendas, reportou a primeira perda trimestral em 15 anos e testemunhou um terço de seu valor de mercado desaparecer. O CEO Martin Winterkorn se demitiu em setembro de 2015, tomando "toda a responsabilidade", enquanto negava "irregularidades", e, pelo menos, nove gerentes seniores foram suspensos ou tiraram licença.[4]

Nos anos seguintes, promotores nos Estados Unidos e na Alemanha identificariam mais de 40 pessoas, "espalhadas por pelo menos 4 cidades e trabalhando para três marcas VW", envolvidas em um elaborado esquema para fraudar os reguladores governamentais.[5] O "*Dieselgate*", como foi apelidado o esquema, referia-se à desonestidade da VW em obedecer as regulamentações exigidas pela Agência de Proteção Ambiental dos EUA (APA) para vender automóveis nos Estados Unidos.

Padrões Exigentes

Como isso pôde acontecer? Quando Winterkorn assumiu o controle em 2007, ele estabeleceu um objetivo tanto preciso quanto ambicioso: triplicar as vendas da empresa nos EUA dentro de 10 anos, ultrapassando, desse modo, rivais como Toyota e General Motors, e se tornar a maior montadora de automóveis do mundo. Os veículos conhecidos como diesel limpo da empresa, divulgados por seu alto desempenho e excelente economia de combustível, foram essenciais para essa estratégia. Havia somente um problema: o diesel produzia mais óxido nitroso (NOx) que motores a gasolina e não passaria pelas regulamentações ambientais dos Estados Unidos. Conforme o engenheiro supervisor da VW, Wolfgang Hatz, admitiu em 2007 sobre o desafio de criar um diesel limpo para o mercado dos EUA, O CRAC [Comitê de Recursos Aéreos da Califórnia] não é razoável.

Podemos fazer relativamente pouco e faremos relativamente pouco, mas o impossível nós não podemos fazer."[6]

Em seguida, Hatz e seus colegas de engenharia começaram a trabalhar. Em algum lugar nas milhões de linhas do código do software que escreveram para o que chamara de veículos "diesel limpo", eles incorporaram instruções que tornariam possíveis os carros passarem nos testes de emissões dos EUA. Conceitualmente, o truque era bastante simples. Os engenheiros projetaram e implementaram um software que poderia determinar quando um veículo estava passando por um teste-padrão de emissões em um laboratório, caso em que somente duas rodas giravam, ao contrário das quatro rodas girando, quando o veículo seria dirigido na estrada. Quando testado em laboratório, os motores a diesel cumpriam os níveis aceitáveis de óxido de nitrogênio. Entretanto, essa conformidade sacrificava o desempenho e a economia de combustível, o que tornava os carros aceitáveis para os consumidores. Esse é o motivo por que o software direcionava o controle de escapamento a parar de funcionar, uma vez que o veículo estava fora dos bancos de ensaio da reguladora. Na estrada, os chamados motores diesel limpo lançavam na atmosfera mais de 40 vezes o nível de óxido de nitrogênio permitido pelas normas.[7]

Pelos 10 anos seguintes, tudo parecia estar indo bem. Os dispositivos manipuladores, como foram chamados mais tarde, permitiram à VW alcançar seus ambiciosos objetivos de vendas quatro anos antes de sua data final.[8] Em 2013, um grupo internacional sem fins lucrativos, em parceria com engenheiros do Centro de Combustíveis Alternativos, Motores e Emissões da Universidade de West Virginia e com entidades reguladoras ambientais da Califórnia, ficaram interessados no desempenho dos motores a diesel. Eles decidiram comparar emissões em laboratório e na estrada e desempenho de quilometragem em vários tipos de veículos a diesel, incluindo esses da Volkswagen. Rapidamente, o dispositivo defeituoso apareceu. Pelos próximos dois anos, as agências ambientais dos EUA apresentaram suas descobertas, a VW negou, acobertou e, finalmente, confessou. Winterkorn, então, demitiu-se, dizendo: "Eu não estou ciente de nenhum delito de minha parte."[9] Pelas marcas VW, cerca de 11 milhões de veículos a diesel no mundo tinham o dispositivo fraudador instalado.

Como essa falha poderia ter sido evitada? É natural querer culpar alguém, ou um pequeno grupo, pela responsabilidade de, pelo menos, 59 mortes desnecessárias e 30 casos de bronquite crônica que os pesquisadores estimam ser o resultado da prática enganosa de emissões.

Martin Winterkorn é certamente um bom candidato para o elenco de vilões. Ele tinha a fama de ser um líder arrogante, perfeccionista, com uma atenção obsessiva a detalhes. Como um executivo da VW disse aos repórteres, "Havia sempre uma distância, medo e respeito... Se ele [Winterkorn] viesse e fizesse uma visita ou se você tivesse de ir até ele, sua pulsação aumentaria. Se apresentasse más notícias, esses seriam momentos muito desagradáveis, barulhentos e muito humilhantes." Outros gerentes citaram ocasiões quando Winterkorn culpou engenheiros por pinturas que excederam os regulamentos por menos de um milímetro ou por não oferecer um tom específico de vermelho que estava sendo bem vendido em modelos da concorrência.[10] Um vídeo gravado no Salão do Automóvel de Frankfurt em 2011 e amplamente visualizado no YouTube mostra a irritação de Winterkorn ao descobrir que a Hyundai, uma suposta marca automotiva inferior, conseguiu projetar um volante que era silencioso quando ajustado ao banco do motorista — um feito que a VW não foi capaz de dominar.[11] "Bischoff!", gritou Winterkorn, como se fosse colocar a culpa em seu chefe de projetos, Klaus Bischoff, e protestando que uma empresa rival conseguiu se livrar do "som barulhento".

Contudo, existem razões para questionar sua explanação tentadoramente simples com sua maldade singular. Primeiro, muitos líderes organizacionais acreditam piamente que "não ter notícias" significa que a coisa vai bem. Eles presumem que, se as pessoas estão lutando para implementar alguma diretriz ou outra, elas falariam abertamente e recuariam. Eles consideram garantido que suas próprias opiniões são bem-vindas e falham em valorizar que outros poderiam se sentir impossibilitados de trazer más notícias para a cadeia de comando. Com certeza, esse tipo de cegueira não constitui uma liderança efetiva, mas também não pode ser chamada de maldosa. Segundo, e mais específico nesse caso, a liderança de Winterkorn não veio do nada. Ele era o protegido do imensamente poderoso Ferdinand Piech, ex-presidente da VW, CEO e acionista majoritário. Engenheiro automotivo brilhante e visionário, Piech foi convencido de que aterrorizar os subordinados era a maneira de alcançar um projeto rentável. O executivo da Chrysler, Bob Lutz, relatou a conversa que teve com Piesch em um jantar de negócios na década de 1990. Quando Lutz expressou admiração pelo design interior do novo modelo Golf da Volkswagen e desejou um sucesso parecido na Chrysler, Piech deu uma explicação que poderia servir como manual de como criar um ambiente psicologicamente inseguro, apesar de parecer motivador:

> Darei a você a receita. Chamei todo o grupo de engenheiros, o pessoal da estamparia, produção e executivos a minha sala de conferência, e disse, "estou cansado destes encaixes malfeitos. Vocês têm seis semanas para conseguir os encaixes de alto nível. Eu tenho todos os seus nomes. Se não tivermos bons encaixes em seis semanas, substituirei todos vocês. Obrigada por seu tempo hoje."[12]

Escrevendo logo após a queda da VW, Lutz especulou que Piech era "muito provavelmente a causa-raiz do escândalo das emissões de diesel da VW", porque ele instigava "um reino de terror e uma cultura na qual o desempenho era guiado por medo e intimidação."[13] Embora talvez em um caso extremo, o fato é que muitos gerentes são simpáticos ao uso do poder para exigir que as pessoas alcancem certos objetivos — oferecendo prazos e métricas de desempenho claras. A crença em que as pessoas não podem se esforçar o suficiente sem uma compreensão clara das consequências negativas de falharem é difundida e tomada como certa em muitas regras administrativas, assim como muitos observadores casuais contemplando a motivação humana no trabalho. O que muitas pessoas não percebem é que essa motivação pelo medo é, de fato, altamente eficaz, mas em criar a *ilusão* de que os objetivos estão sendo alcançados. Porém não é eficaz em garantir que as pessoas tragam criatividade, bons procedimentos e paixão necessária para realizar objetivos desafiadores em locais de trabalho de conhecimento intensivo.

Mas mesmo Piech não era, como Lutz observou, a "causa-raiz" do *Dieselgate*. Assim como as crenças do CEO Martin Winterkorn sobre qual a melhor motivação que as pessoas aprendiam com seu mestre, Ferdinand Piech, as crenças de gerenciamento de Piech foram aprendidas com seu mestre — seu avô, Ferdinand Porsche, que foi o brilhante engenheiro-chefe do Beetle. Tampouco foi Senhor Porsche a causa-raiz. Porsche, de sua parte, teve seus esforços extremamente inspirados por Henry Ford e, em meados da década de 1930, viajou a Detroit para estudar o complexo industrial River Rouge de Ford, usando, no fim, o que teria aprendido para construir a primeira linha de montagem na Alemanha.[14] Essa ainda era a idade de ouro para a indústria de manufatura, quando o medo e a intimidação eram, discutivelmente, uma técnica administrativa provada para motivar velocidade e exatidão nos trabalhadores de fábrica. Quando demandas autoritárias, aliadas a melhorias de processo, conseguiam reduzir a linha de produção de montagem de um automóvel de 12 para 3 horas, como a fábrica da Ford fez, os lucros da empresa eram reais.

A causa-raiz do escândalo *Dieselgate* da VW, em 2015, pode não estar na personalidade ou na liderança de apenas uma pessoa ou de um grupo pequeno. Talvez alguém poderia dizer que a falha foi causada por se ater a uma crença ultrapassada sobre o que motiva os trabalhadores. Uma cena clássica do filme *Tempos Modernos*, de Charles Chaplin, faz uma paródia de como pode ser a aparência dessa motivação antiquada pelo medo. Chaplin representa um trabalhador da linha de montagem que falha em manter o ritmo de ajustar os dispositivos à medida que eles aparecem diante dele na esteira rolante, somente para ser chutado por um colega de trabalho, castigado e golpeado por um gerente e obrigado por um executivo a aumentar a velocidade.[15] Hoje, quando tarefas simples têm cada vez mais se tornado automatizadas e o conhecimento dos trabalhadores não é mais apertar dispositivos, mas, sim, colaborar, sintetizar, tomar decisões e aprender continuamente, tais métodos parecem, sobretudo, cômicos.

Curiosamente, Bischoff, o projetista que foi criticado por Winterkorn por causa do volante barulhento, defendeu seu estilo de gerenciamento, contando a um repórter: "É claro que [Winterkorn] ficava muito zangado quando algo dava errado..." E desculpou o comportamento chamando a atenção ao fato de que seu chefe também poderia ser "extremamente humano, com um ponto fraco pelo destino pessoal das pessoas."[16] O que está em jogo aqui não é se o CEO é extremamente humano ou não. A bondade e os "pontos fracos" de Winterkorn provavelmente estavam dentro da média quando comparados a outros seres humanos. O que está em jogo é o que ele acreditava ser a melhor maneira de motivar seus funcionários — e a relevância dessas crenças para o trabalho de hoje. Considerando o que sabemos agora sobre a relação entre segurança psicológica e aprendizado, um líder que ameaça despedir gerentes e engenheiros, se eles não aparecerem com peças com encaixe de excelência em seis semanas, fica melhor no elenco de um filme mudo.

Como os vapores nocivos emitidos pelos motores a diesel defeituosos da VW, a baixa segurança psicológica afeta qualquer um que a respira. Como afirmou o Professor Ferdinand Dudenhoffer, especialista automotivo da Universidade de Duisburg-Essen, "... há uma pressão especial na VW."[17] As dinâmicas de administração da empresa contribuíram para essa pressão especial. De acordo com Dudenholffer, ao contrário de outras indústrias automobilísticas, em que a diretoria de supervisão era basicamente controlada pelo CEO, na VW a diretoria "não tinha tal autoridade". Talvez seja porque parentes da família que fundou a Porsche detinham um quarto das 20 cadeiras da diretoria; duas cadeiras eram mantidas por políticos da região, ávidos por fazer o que precisasse ser feito para manter seus empregos na região, e duas pertenciam a representantes do fundo soberano de investimento do Catar.

Considerando essa cultura insidiosa do medo, é esperado que, quando encaram um obstáculo técnico aparentemente insuperável — produzir um motor a diesel que possa passar pelo teste ambiental dos EUA — e são pressionados a encontrar uma solução que possa atender aos objetivos da empresa, engenheiros e oficiais reguladores na VW decidiram dar um jeito. Por mais inteligente e lucrativa que tenha sido a ideia na época, e por mais que as vendas e a reputação da VW tenham disparado, a história tem mostrado que essa não era, a longo prazo, uma solução viável.

Pelo menos um membro da diretoria de supervisão não tinha medo de falar abertamente. Bernd Osterloh, um dos dez membros eleitos que representava os funcionários (comparável aos representantes sindicais dos EUA), enviou uma carta para o pessoal da VW em 24 de setembro de 2015, rapidamente após os reguladores americanos terem revelado a fraude. Como se citasse os dogmas centrais da segurança psicológica, Osterloh escreveu: "nós precisamos de um ambiente no futuro em que os problemas não sejam escondidos, mas possam ser comunicados abertamente aos superiores. Precisamos de uma cultura na qual seja possível e admissível argumentar com seus superiores sobre o melhor caminho a seguir."[19]

Depois que o escândalo das emissões vazou, Winterkorn alegou que a empresa precisava de regras mais rigorosas para garantir que esse tipo de erro não acontecesse de novo. Mas não estava claro como regras mais rigorosas teriam construído um motor a diesel ambientalmente seguro ou possibilitado que a empresa atingisse seu objetivo de se tornar a maior montadora do mundo. Em retrospectiva, o objetivo em si parecia suspeito. Poderia a falha ter sido evitada se os engenheiros, ao trabalharem em um ambiente mais seguro psicologicamente, pudessem apresentar um relatório das "más notícias", informando que conseguir um motor diesel limpo sob os termos exigidos seria simplesmente inviável?

Talvez a coisa mais chocante sobre o fiasco das emissões da VW é que ela não foi, de forma alguma, um evento singular. O mesmo roteiro — objetivos com alvos inalcançáveis, uma hierarquia de comando e controle motivada pelo medo e pessoas com receio de perder seus empregos caso falhassem — tem sido repetido várias vezes. Em parte, é porque ele é um roteiro que foi útil no passado quando objetivos eram atingíveis, o progresso era observável diretamente e tarefas eram, em grande parte, executadas individualmente.

Sob essas condições, as pessoas poderiam ser obrigadas a atingi-los simplesmente pelo medo e pela intimidação. O problema é que, em um mundo volátil, incerto, complexo e ambíguo (VICA) como o de hoje, esse não é mais um roteiro bom para os negócios. Em vez de sucesso, é um manual que convida à falha evitável e, muitas vezes, dolorosamente pública.

No restante deste capítulo, veremos um roteiro similar desenrolando-se em três outras organizações: Wells Fargo*, Nokia e Federal Reserve Bank de Nova York. Em cada um desses casos, uma cultura psicologicamente insegura parecia funcionar *por certo período de tempo,* mas, como uma bomba-relógio, mais cedo ou mais tarde ela explodiria por dentro, dizimando reputações de empresas outrora veneradas.

Estendendo o Objetivo Estendido

Um ano antes da famigerada queda, a Wells Fargo ainda poderia se intitular o banco mais valioso, sendo o primeiro na classificação de maior

---

* A Wells Fargo é uma companhia de capital aberto nos Estados Unidos que presta serviços financeiros. A sua rede de subsidiárias ligadas ao crédito pessoal estende-se ao Canadá, às Marianas Setentrionais e às Caraíbas.

valor entre todos os bancos dos EUA e atendendo uma em cada três famílias norte-americanas.[20] Classificada pela *Barron* como uma das "mais respeitadas empresas do mundo", a maior parte do sucesso da Wells Fargo originou-se da divisão de seus bancos. Em 2015, com mais de 6.000 filiais pelos EUA, a divisão contabilizou mais da metade de receita da empresa.[21] O banco proveu uma enorme variedade de serviços financeiros, incluindo conta corrente e poupança, empréstimos e cartões de crédito, para famílias e pequenos negócios.

O banco dependia fortemente da venda casada, a prática de vender produtos adicionais aos clientes existentes, como sua estratégia de crescimento. A Wells Fargo acreditava que poderia ganhar vantagem competitiva por se tornar uma loja única para todas as necessidades financeiras de seus clientes. O banco se orgulhava de sua habilidade de vender produtos adicionais a seus clientes. Na verdade, em uma carta escrita aos acionistas em 2010, o CEO John Stumpf vangloriou-se de que a empresa era "a rainha da venda casada".[22] Em 2015, a reivindicação por esse título parecia forte: era uma média de 6,11 produtos por cliente, comparado à média de mercado de 2,71.[23] Contudo, a venda casada mais alta era para a Wells Fargo o que o diesel limpo era para o Grupo Volkswagen: envolvia um objetivo em última análise inatingível que, no entanto, foi exigido aos funcionários pela alta gerência, sob pena de perderem o emprego.

Em 8 de setembro de 2016, estava tudo acabado. A bomba-relógio havia explodido por dentro, estilhaçando a ilusória rainha das vendas casadas de uma loja única. Após ter sido condenada por extensas práticas de vendas impróprias na divisão de bancos, a Wells Fargo anunciou um acordo de 185 milhões de dólares com o Consumer Financial Protection Bureau [CFPB; em tradução livre, Agência de Proteção Financeira ao Consumidor] e duas outras agências reguladoras. John Stumpf se demitiu no mês seguinte.[24]

O que aconteceu na Wells Fargo foi tanto previsível quanto evitável. Não poderia ter persistido como persistiu sem uma cultura psicologicamente insegura. Vamos ver mais de perto como os eventos se desenrolaram.

No início dos anos 2000, a Wells Fargo adotou uma campanha de vendas casadas chamada "Pegando os oito*", com a intenção de motivar os bancos a venderem, em média, uma quantidade inédita de oito produtos por cliente. Para conseguir isso, esquemas de incentivo foram implementados de cima a baixo na hierarquia: banqueiros pessoais e caixas receberiam uma porcentagem como comissão por cada venda, exigia-se que os gerentes de bairros atingissem um número específico de vendas para ganhar bônus e o sucesso das vendas casadas financiou os bônus anuais dos altos executivos.[25] O rastreamento das métricas foi rigoroso e implacável. Atribuíram-se números ambiciosos de vendas à divisão de filiais, e seu progresso era rastreado de perto em um "Relatório Motivador"[26] diário. Requisitava-se de cada filial um relatório diário de vendas quatro vezes ao dia: às 11, 13, 15 e às 17 horas.[27] Um presidente regional dizia aos funcionários para "fazer qualquer coisa" para vender.[28] Em algumas filiais, os empregados supostamente não poderiam deixar o trabalho até alcançar a sua meta de vendas.[29]

Os funcionários do banco que não conseguissem atingir as metas de venda eram treinados para aumentar seus números, incluindo treino de "manipular a objeção", para coagir as pessoas a comprarem mais produtos. Se ainda assim não conseguissem atingir seus números, eles seriam demitidos da empresa. Gerentes que não se saíssem bem o suficiente eram publicamente criticados ou demitidos.[30]

Iniciando em 2013, os relatórios começaram a mostrar que os funcionários da Wells Fargo estiveram, e ainda estavam, envolvidos em práticas questionáveis para atingir seu número de vendas. Um ex-funcionário relatou que membros de sua filial em Los Angeles abriram contas e cartões de crédito para clientes sem seu consentimento, dizendo que um erro de computador teria ocorrido caso os clientes reclamassem. Ele também relatou que os funcionários mentiam para os clientes, dizendo, para atingir seus números, que certos produtos somente poderiam ser adquiridos em conjunto.[31] Outras táticas para alcançar as metas de vendas incluíam estimular os clientes a abrir múltiplas contas correntes desnecessárias — uma para mercado, outra para viagens, outra para emergências, e assim por

* Refere-se a uma estratégia do Banco Wells Fargo em "pegar" o cliente em um dos oito produtos ofertados. A razão do "eight" rima com "great" ou "grande oito".

diante[32] — e criar endereços de e-mail falsos para cadastrar os clientes no banco eletrônico.[33]

Antes do escândalo vir a público, a Wells Fargo fez uma série de mudanças que pareciam tentar sanar os problemas. A empresa demitiu mais de 5.300 funcionários por violações éticas entre 2011 e 2016,[34] lançou um boletim de "qualidade de vendas", que estabelecia limites nos termos de uma venda,[35] expandiu o treinamento de ética e pediu explicitamente aos funcionários que não criassem contas falsas.[36] Havia, entretanto, uma omissão gritante: nenhuma mudança foi feita no "Pegando os oito". Assim como os engenheiros da VW foram incapazes de projetar um motor diesel limpo da forma que seria "aceitável", os funcionários da Wells Fargo eram incapazes de atingir a meta de vendas sem se envolver em práticas suspeitas. Havia, simplesmente, um limite de quantos produtos seriam permitidos na carteira de cada cliente. Como colocado por um ex-banqueiro, "Eles [os superiores] nos avisaram sobre esse tipo [antiético] de comportamento... mas a realidade era que as pessoas tinham de alcançar suas metas. Elas precisavam de um salário."[37]

Por fim, reguladores federais e estaduais abriram uma investigação sobre as práticas bancárias. Seu relatório descobriu que, entre 2011 e 2016, os funcionários da divisão de bancos, a fim de levantar a estimativa de vendas, abriram dois milhões de contas não autorizadas, emitiram cartões de crédito e venderam produtos e serviços aos clientes sob falsas pretensões.[38] A investigação também descobriu que vários funcionários que testemunharam o comportamento antiético os relataram a seus supervisores ou à linha direta de ética. Um deles ainda alegou ter enviado um e-mail a Stumpf sobre isso. Mais tarde, alguns funcionários foram demitidos pelas delações.[39]

Como a Volkswagen, a falha evitável da Wells Fargo não foi o resultado de uma maçã ruim, mas de um sistema que exigia atingir metas tão ambiciosas que somente poderiam ser alcançadas através da mentira. Funcionários trabalhavam sob uma cultura de medo que não tolerava dissidentes. Em vez de manifestar o interesse das experiências dos vendedores enquanto executavam a estratégia das vendas casadas e usar o que estava sendo aprendido em campo para alterar ou aperfeiçoar a estratégia da empresa,[40] gerentes enviaram uma mensagem simples: produza — caso contrário...

Temendo a Verdade

Um roteiro parecido com o da VW e da Wells Fargo era seguido anos atrás — do outro lado do oceano e em outra indústria. A Nokia, cujas origens como empresa remontam a uma fábrica de papel de 1865 na cidade de Nokia, Finlândia,[41] tornou-se, na década de 1980, a empresa pioneira em telecomunicações na rede de celulares em desenvolvimento no mundo. Liderada pelo CEO Kari Kairamo, no final da década de 1990, a Nokia era a líder mundial na fabricação de telefones móveis, com 23% da parcela do mercado.[42] No início dos anos 2000, como desenvolvedora do sistema operacional Symbian, a empresa parecia bem preparada para o que se tornaria o aumento exponencial dos smartphones.

Em vez disso, a Nokia se tornou outra vítima da falha evitável. Até junho de 2011, a participação do mercado da empresa havia caído drasticamente e, até 2012, seu valor de mercado havia caído mais de 75%.[43] A empresa havia perdido sua vantagem competitiva, precedida como uma fabricante de celulares, e mais de dois bilhões de euros. Em setembro de 2013, a empresa, admitindo a derrota, anunciou a venda de seus dispositivos e comércio de serviços à Microsoft.[44]

Embora não tenha sido uma teia de mentiras que destruiu a Nokia, como na Volkswagen e na Wells Fargo, todas as três empresas tinham a falha da cultura do medo. Por exemplo, uma profunda investigação da ascensão e queda da Nokia na indústria dos smartphones entre 2005 e 2010, que incluiu entrevistas com 76 gerentes e engenheiros da empresa, concluiu que a Nokia perdeu a batalha dos smartphones não como um resultado da visão pobre ou de alguns gerentes ruins, mas, pelo menos parcialmente, devido a um "clima emotivo baseado no medo" que criou uma inércia por toda a empresa, especialmente em resposta às ameaças de concorrentes poderosos.[45] Esse medo, disseram os autores do estudo, foi "baseado em uma cultura de líderes temperamentais e gerentes de nível médio assustados, com medo de dizer a verdade."[46]

A verdade era que, no início das primeiras décadas do século XXI, a indústria dos celulares se tornou cada vez mais competitiva. Tendo reivindicado a concessão no telefone não smart, a Nokia estava relutante ou incapaz de reconhecer o potencial da plataforma de software complexa e cara de desenvolver que se tornou o smartphone de hoje. Em contraste, a Apple e o Google, seguindo a empresa canadense RIM, que introduziu o Blackberry, gastaram milhões desenvolvendo a propriedade das plataformas IOS e Android, que ofuscaram a plataforma Symbian da Nokia, e lançaram, com eficácia, a revolução do smartphone. Em outras palavras, a Nokia se encontrou em uma mudança rápida, em uma indústria de conhecimento intensivo em que colaboração, inovação e comunicação teriam se tornado rapidamente vitais para o sucesso futuro.

Sem um clima psicologicamente seguro no qual a franqueza era esperada, os altos gerentes e gerentes médios se envolveram em uma dança súbita de medo mútuo. Quando os gerentes de nível médio fizeram perguntas sobre a direção da empresa, disseram-lhes para "focar a implementação".[47] Pessoas que não podiam cumprir as solicitações insensatas eram "rotulados como perdedores" ou "colocavam suas reputações em risco".[48] Diz-se que um presidente-executivo "socou a mesa com tanta força que pedaços de frutas saíram voando".[49] Olli-Pekka Kallasvuo, ex-presidente e CEO da Nokia, foi descrito como "extremamente temperamental".[50] Gerentes relataram que regularmente o viam "gritando com as pessoas com toda a força" e "era muito difícil lhe dizer coisas que ele não queria ouvir".[51]

Executivos, por sua vez, com medo das ameaças do mercado externo que a empresa enfrentava, particularmente de desenvolvedores da Apple e do Google, não comunicavam a seriedade dessas ameaças aos gerentes de nível médio. Um alto gerente, confessando o medo que os superiores sentiam e a maneira que influenciava a prática gerencial, disse: "Estava claro que tínhamos medo do iPhone. Então, nós dissemos aos gerentes de nível médio que eles tinham de entregar telefones de *touch* rapidamente."[52] Os gerentes médios, com medo de dar as más notícias, levaram seus superiores a desenvolver uma percepção excessivamente otimista das capacidades técnicas da Nokia em características de telefone e negligenciaram investimentos de longo prazo em desenvolver inovações mais complexas. Como um gerente afirmou, "na P&D [Pesquisa e Desenvolvimento] da Nokia, a cultura era do tipo que queria agradar os níveis superiores, eles queriam lhes dar as boas notícias... não um banho de realidade."[53]

Um banho de realidade teria exigido que os gerentes (tanto o temperamental quanto o amedrontado) colocassem seus medos de lado e falassem francamente um com o outro. No entanto, tal franqueza parecia impossível e a janela para a inovação e a reorientação se fechou. Em 2007, como a indústria se tornou ainda mais dependente de softwares, a empresa finlandesa de telecomunicações afundou ainda mais. Cada vez mais empresas de celulares se transformaram no sistema operacional Android de código aberto do Google. Em 2008, quando a Apple lançou o iPhone 3G e a App Store, era muito tarde para alcançá-los. Embora a Nokia continuasse a desenvolver software e lançar novos produtos, teria um desempenho abaixo do esperado e venderia menos comparado a seus concorrentes mais ágeis.

Claramente, não é possível dizer que a segurança psicológica teria garantido o sucesso da Nokia em uma indústria cada vez mais competitiva. Sucesso requer inovação constante, movida à experiência, engenhosidade e trabalho em equipe. Mas sem segurança psicológica é difícil a experiência e a engenhosidade terem um bom uso. Sem que os executivos seniores da Nokia soubessem onde sua tecnologia realmente estava, a empresa simplesmente não poderia aprender rápido o suficiente para sobreviver. Uma década depois, a Nokia estava apta a fazer um retorno. Como você saberá no Capítulo 7, membros seniores da gerência perceberiam mais tarde que eles teriam de mudar a forma de falar e interagir para desenvolver uma estratégia melhor.

Quem Regula os Reguladores?

Nos casos da Nokia, Wells Fargo e VW, vimos os efeitos prejudiciais de uma cultura do medo dentro das empresas com sonhos ambiciosos. O que fazer quando uma empresa fornece serviços para outra ou revisa suas atividades? Quando as relações *entre* as empresas são inibidas por uma cultura de medo, os riscos se intensificam, tanto para as organizações como para a sociedade.

Seguindo a crise financeira global de 2008–2009, o Federal Reserve Bank de Nova York (FRBNY) recebeu ampla reprovação e crítica do público norte-americano e do Congresso por sua falha em regular com eficácia o excessivo risco financeiro de vários grandes bancos dos EUA.[54] Em resposta, o FRBNY encomendou um relatório para estudar a si mesmo. Bill Dudley, presidente do FRBNY, pediu ao Professor David Beim, da Columbia Business School, que investigasse e avaliasse "a organização e as práticas, com um foco particular na Supervisão Bancária"[55] da FRBNY.

A intenção era revelar lições aprendidas que poderiam ser usadas para melhorar a habilidade dos federais de supervisionar bancos e monitorar o risco sistêmico indo adiante.

Beim e uma pequena equipe entrevistaram aproximadamente duas dúzias de pessoas que trabalharam na FRBNY, a maioria funcionários seniores, sobre coisas que os federais fizeram e não fizeram bem ao lidar com a crise. O resultado da análise foi o *Relatório de Risco Sistêmico e Supervisão Bancária de 2009*. O relatório destinou atenção considerável à cultura e comunicação da FRBNY. Nele, Beim descreveu um local de trabalho repleto de baixa segurança psicológica, onde os agentes reguladores encarregados em monitorar bancos particulares como Goldman Sachs se sentiram "intimidados e impassíveis" e, portanto, não eram "eficazes em se comunicar com outras áreas, formando suas próprias opiniões e sinalizando quando algo importante parecia estar errado". Como resultado, os agentes reguladores "apenas cumpriam ordens". [56]

Como parte de seus trabalhos, os supervisores regulamentares estavam envolvidos em discussões sobre políticas e processos de bancos particulares, às vezes focando transações específicas e de larga escala que o banco fez ou estava considerando fazer. A todo grande banco foi designada uma equipe regulatória da FRBNY, encarregada de decidir se uma transação particular era apropriada. Aqui, Beim descobriu que a tomada real de decisão era bloqueada por um pensamento de grupo ou "luta por consenso" — problemas eram discutidos em pormenores, sem desenvolver medidas construtivas. As discussões eram notavelmente desprovidas de um franco debate e cooperação, sem que as pessoas falassem abertamente sobre problemas e oferecessem soluções, como assegurado em qualquer organização onde processos altamente complexos estão constantemente se desdobrando a uma velocidade estonteante. O relatório enfatizou o medo de falar abertamente como um tema frequente que caracterizou as reuniões e as experiências dos funcionários na FRBNY em todos os aspectos de seu trabalho. Ele apresentava citações cruéis dos entrevistados, tais como "cresça nesta cultura e descobrirá que pequenos erros não são tolerados" e "[você] não quer estar muito longe do pensamento da gerência".[57]

O relacionamento entre os agentes reguladores e os gerentes de banco era identificado especialmente como tenso. Para começar, havia uma informação assimétrica entre os dois grupos que colocava o de reguladores em desvantagem. Porque os agentes tinham de solicitar informações aos bancos, esses poderiam agir como guardiões, por vezes fazendo os reguladores se sentirem dependentes da disposição e boa vontade por informações convenientes e úteis. Como Beim afirmou, isso levou os reguladores a adotarem um estilo não conflitante e excessivamente reverente para obter informações. [58] Mais criticamente, Beim relatou que, em três semanas de investigação, ele viu sinais de *desvios regulamentares*, um fenômeno que o jornalista Ira Glass mais tarde descreveu como "o cão de guarda que lambe o rosto de um invasor e brinca de pega-pega com ele em vez de latir".[59] Os reguladores estavam, de certo modo, impossibilitados de assumir suas funções reguladoras devido a uma cultura do medo e condescendência.

O que torna essa dinâmica especialmente frustrante é que era exigido por lei que os bancos entregassem quaisquer informações solicitadas pelos federais. Carmen Segarra, que trabalhou como agente de regulação após a investigação de Beim, disse: "Os federais tinham o poder tanto de conseguir informações como o de punir um banco se ele escolhesse retê-las." Quando questionada por que achava que escolhiam a condescendência mesmo possuindo esse poder, sua resposta foi sucinta: "Eles estão vindo de um lugar de medo."[60]

Poderia o colapso colossal de um sistema financeiro como o mundo não via desde a década de 1930 ter sido evitado se os bancos e os reguladores tivessem trabalhado em um clima de segurança psicológica? Isso pode ser um exagero. Regulamentações negligentes, ganância e incentivos falhos foram certamente fatores importantes de contribuição. Entretanto, podemos dizer que a cultura do medo silenciou ou inibiu qualquer um que quisesse fazer perguntas ou criticar, desperdiçando, assim, muitas oportunidades de entender e corrigir uma excessiva assunção de riscos e outras fontes de falha econômica.

Evitando as Falhas Evitáveis

A Volkswagen, a Wells Fargo, a Nokia e o Federal Reserve Bank de Nova York servem como exemplos vivos de organizações que se vangloriavam de profundos reservatórios de líderes experientes, motivados, inteligentes e objetivos claramente articulados. Nenhuma delas carecia de funcionários competentes em nenhum dos campos relevantes para a organização obter sucesso no ramo. Em resumo, eles tinham o talento. O que lhes faltava era a liderança necessária para assegurar que o clima de segurança psicológica penetrasse no local de trabalho, permitindo às pessoas que falassem a verdade às autoridades dentro da empresa — e, no caso dos federais, a seus colegas de atividade. O Capítulo 7 focará o que os líderes precisam para criar e recuperar segurança psicológica. Aqui, simplesmente observei que tipos de falhas empresariais de larga escala descritos neste capítulo são evitáveis.

Nenhuma dessas falhas ocorreu do dia para a noite ou do nada. Pelo contrário. As sementes da falha foram criando raízes por meses ou anos, enquanto os gerentes seniores permaneciam alegremente inconscientes. Em muitas organizações, como as abordadas neste capítulo, incontáveis pequenos problemas ocorriam rotineiramente, apresentando sinais precoces de que a estratégia da empresa pode não estar sendo alcançada e precisa ser revisada. No entanto, esses sinais são frequentemente desperdiçados. Desse modo, prevenir a falha evitável começa com encorajar as pessoas por toda uma empresa a recuar, compartilhar dados e relatar ativamente o que está acontecendo de fato no laboratório ou no mercado, para, então, criar um ciclo de aprendizado e execução ágeis.

Cada uma dessas histórias neste capítulo pode ser vista como um caso de falha estratégica. O que começou como pequenas brechas na execução, aumentou para falhas dramáticas, criadora de manchetes quando novas informações criadas por experiências verdadeiras — seja de engenheiros ou de vendedores — não eram captadas e colocadas em uso para repensar e redirecionar os esforços da empresa.[61]

Por exemplo, a estratégia de vendas casadas da Wells Fargo elevou o real poder de compra dos clientes, plantando a semente da falha estratégica. Mas o que consolidou a falha foi a crença dos vendedores em que os gerentes seniores não tolerariam um desempenho ruim, de modo que acharam mais fácil fabricar contas falsas do que relatar que o que estavam aprendendo em campo é um sinal poderoso de como a segurança psicológica pode ser baixa.

Focando nossa atenção na segurança psicológica, não pretendo dispensar as dimensões éticas de quaisquer desses casos. A Wells Fargo, por exemplo. Ver a fraude das contas dos clientes como o resultado de vendedores individualmente corruptos não se enquadra na natureza de comportamento difundida na empresa, que aponta para um sistema preparado para falhar. A preparação para a falha foi a combinação perniciosa de uma estratégia hierárquica e segurança psicológica insuficiente para encorajar o compartilhamento de más notícias para os superiores. Um argumento parecido pode ser provado sobre os casos da VW e do banco federal. Como afirmado anteriormente neste capítulo, qualquer explicação que procura somente por um indivíduo corrupto ou irresponsável ou indivíduos seria incompleta, dada a complexa dinâmica em jogo.

O que é interessante considerar, entretanto, é a dimensão de como ter informação sobre falhas se tornarem conhecidas tão cedo quanto possível pode praticamente atenuar o tamanho do impacto das falhas e, algumas vezes, evitá-las.

Adotando uma Abordagem Ágil para a Estratégia

Em conjunto, esses quatro casos sugerem a necessidade de adotar perspectivas alternativas na estratégia, que são mais uma sintonia com a natureza da criação de valor no mundo VICA de hoje. O professor Paul Verdin, da Solvay Business School, e eu desenvolvemos uma perspectiva que enquadra uma estratégia da organização como uma hipótese em vez de um plano.[62] Como todas as hipóteses, começa-se com uma situação de avaliação e análise — ferramentas clássicas de estratégia. Como todas as hipóteses, também deve ser *testada* através de ação. Quando a estratégia é vista como uma hipótese a ser testada continuamente, deparamos com os valiosos dados disponibilizados pelos clientes de interesse contínuo para os executivos seniores. Imagine se a Wells Fargo tivesse adotado uma estratégia de abordagem ágil: a alta gerência da empresa teria, então, casos repetidos de metas não alcançadas ou contas falsas como dados úteis para ajudá-los a avaliar a eficácia da estratégia original de vendas casadas. Esse aprendizado teria, portanto, provocado uma adaptação estratégica necessária.

É claro que, algumas vezes, desempenho ruim é simplesmente desempenho ruim. Pessoas têm desempenho ruim. Não se esforçam o suficiente. Algumas vezes, de fato, as empresas precisam achar maneiras de motivar melhor e gerenciar funcionários, ajudando-os a alcançar os padrões de desempenho desejados. Entretanto, em um mundo VICA, essa não é a única explicação para não alcançar a meta desejada, essa não é nem a explicação mais provável. Sinais precoces de brechas entre resultados e planos devem ser vistos *primeiro* como dados — análise do gatilho — antes de concluir que as brechas são evidências claras e óbvias do mau desempenho do funcionário.

Trapacear e acobertar são subprodutos de uma cultura hierárquica que não aceita "não" e "não pode ser feito" como respostas. No entanto aliar essa cultura a uma crença em que uma estratégia brilhante formulada no passado servirá indefinidamente no futuro torna-se uma receita certeira para a falha. Tanto na VW como na Wells Fargo os sinais de que as arestas estavam sendo aparadas eram ignorados reiteradamente. Assim, a ilusão de que essas estratégias hierárquicas estavam funcionando persistia — por um tempo. Particularmente comovente é que esses dados que invalidam estavam disponíveis por um tempo surpreendentemente longo, mas não foi feito bom uso deles.

O sucesso em um mundo VICA requer dos executivos seniores que se envolvam de maneira atenciosa e frequente com as operações da empresa em todos os níveis e departamentos. As pessoas na linha de frente que criam e entregam produtos de serviços são privadas dos dados estratégicos que a empresa tinha à disposição. Eles sabem o que os clientes querem, o que os competidores estão fazendo e o que a mais recente tecnologia permite. O aprendizado organizacional — apoiado pelos líderes da empresa, mas encenado por todos — requer procura ativa de divergências que desafiem as premissas que suportam uma estratégia atual. Então, com certeza, essas divergências devem ser bem-vindas por conta de seu valor informativo para adaptar à estratégia original.

Ironicamente, pressionar na "execução" em resposta aos sinais precoces de mau desempenho pode somente agravar o problema se as desvantagens revelarem que a inteligência anterior do mercado ou suposições sobre o modelo de negócio eram falhas.

Finalmente, tão lamentável quanto as falhas de negócios neste capítulo podem ter sido, de várias formas elas são inferiores aos custos humanos de baixa segurança psicológica explorados no Capítulo 4. Aqui veremos ainda mais o papel essencial de se falar abertamente para evitar danos evitáveis.

Lições do Capítulo 3

- Líderes que apreciam somente boas notícias criam um medo que os impede de ouvir a verdade.
- Muitos gerentes confundem estabelecer altos padrões com bom gerenciamento.
- Uma falta de segurança psicológica pode criar uma ilusão de sucesso que, mais cedo ou mais tarde, transforma-se em graves falhas de negócio.
- Informação precoce sobre desvantagens pode quase sempre mitigar o tamanho e impacto de uma falha futura e de larga escala.

Referências

1. Vlasic, B. "Volkswagen Official Gets 7-Year Term in Diesel-Emissions Cheating." *The New York Times*. 6 de dezembro de 2017. https://www.nytimes.com/2017/12/06/business/oliver-schmidt-volkswagen.html. Acessado em 13 de junho de 2018.
2. Kwak, J. "How Not to Regulate." *The Atlantic*. 30 de setembro de 2014. https://www.theatlantic.com/business/archive/2014/09/how--not-to-regulate/380919. Acessado em 13 de junho de 2018.
3. A história da Volkswagen neste capítulo foi extraída de novas fontes citadas individualmente e dos seguintes estudos de caso acadêmicos: Giolito, V., Verdin, P., Hamwi, M., & Oualadj, Y. Volkswagen: A Global Champion in the Making? Case Study. Solvay Brussels School Economics & Management, 2017; Lynch, L.J., Cutro, C., & Bird, E. The Volkswagen Emissions Scandal. Case Study. UVA No. 7245. Charlottesville, VA. University of Virginia, Darden Business Publishing, 2016; e Schuetz, M. Dieselgate — Heavy Fumes Exhausting the Volkswagen Group. Case Study. HK No. 1089. Hong Kong. The University of Hong Kong Asia Case Research Center, 2016.
4. Ewing, J. "Volkswagen C.E.O. Martin Winterkorn Resigns Amid Emissions Scandal." *The New York Times*. 23 de setembro de 2015. https://www.nytimes.com/2015/09/24/business/international/volkswagen-chief-martin-winterkorn-resigns-amid-emissions-scandal.html. Acessado em 13 de junho de 2018.
5. Parloff, R. "How VW Paid $25 Billion for 'Dieselgate' – and Got Off Easy." *Fortune Magazine*. February 6, 2018. http://fortune.com/2018/02/06/volkswagen-vw-emissions-scandal-penalties. Acessado em 13 de junho de 2018.
6. Idem.
7. Sorokanich, B. "Report: Bosch Warned VW About Diesel Emissions Cheating in 2007." *Car and Driver*. 28 de setembro de 2015. https://blog.caranddriver.com/report-bosch-warned-vw-about-diesel-emissions-cheating-in-2007. Acessado em 13 de junho de 2018.
8. Hakim, D., Kessler A.M., & Ewing, J. "As Volkswagen Pushed to Be No. 1, Ambitions Fueled a Scandal." *The New York Times*, 26 de setembro de 2015. https://www.nytimes.com/2015/09/27/business/as-vw--pushed-to-be-no-1-ambitions-fueled-a-scandal.html. Acessado em 13 de junho de 2018.
9. Ewing, J. 2015, op cit.

10. Cremer, A. & Bergin, T. "Fear and Respect: VW's culture under Win--terkorn." *Reuters*. 10 de outubro de 2015. https://www.reuters.com/article/us-volkswagen-emissions-culture/fear-and-respect-vws-cultu-re-under-winterkorn-idUSKCN0S40MT20151010. Acessado em 13 de junho de 2018.
11. https://www.youtube.com/watch?v=YpPNVSQmR5c.
12. Lutz, B. "One Man Established the Culture that Led to VW's Emission Scandal." *Road and Track*. 4 de novembro de 2015. https://www.roa-dandtrack.com/car-culture/a27197/bob-lutz-vw-diesel-fiasco. Acessado em 13 de junho de 2018.
13. Idem.
14. Kiley, D. *Getting the Bugs Out: The Rise, Fall, and Comeback of Volkswagen in America*. John Wiley & Sons, 2002. 38–49. Impresso.
15. https://www.youtube.com/watch?v=DfGs2Y5WJ14.
16. Cremer, A. & Bergin, T, 2015, op cit.
17. Idem.
18. Idem.
19. Idem.
20. Detalhes da história da Wells Fargo vêm de Lynch, L.J., Coleman, A.R., & Cutro, C. The Wells Fargo Banking Scandal. Case Study. UVA No. 7267. Charlottesville, VA. University of Virginia, Darden Business Publishing, 2017.
21. Wells Fargo, relatório anual de 2015.
22. Wells Fargo, relatório anual de 2010.
23. Wells Fargo, relatório anual de 2015.
24. Gonzales, R. "Wells Fargo CEO John Stumpf Resigns Amid Scandal." *NPR*, 12 de outubro de 2016. https://www.npr.org/sections/thetwo--way/2016/10/12/497729371/wells-fargo-ceo-john-stumpf-resigns--amid-scandal. Acessado em 13 de junho de 2018.
25. Reckard, E.S. "Wells Fargo's Pressure-Cooker Sales Culture Comes at a Cost." *The Los Angeles Times*, 21 de dezembro de 2013. http://www.latimes.com/business/la-fi-wells-fargo-sale-pressure-20131222-story.html. Acessado em 13 de junho de 2018.
26. Keller, L.J., Campbell, D., & Mehrotra, K. "While 5,000 Wells FargoEmployees Got Fired, Their Bosses Thrived." *Bloomberg*. 3 de novembro de 2016. https://www.bloomberg.com/news/articles/2016-11-03/

wells-fargo-s-stars-climbed-while-abuses-flourished-beneath-them. Acessado em 13 de junho de 2018.

27. Cao, A. "Lawsuit Alleges Exactly How Wells Fargo Pushed Employees to Abuse Customers." *TIME*. 29 de setembro de 2016. http://time.com/money/4510482/wells-fargo-fake-accounts-class-action-lawsuit. Acessado em 13 de junho de 2018.
28. Mehrotra, K. "Wells Fargo Ex-Managers' Suit Puts Scandal Blame Higher Up Chain." *Bloomberg*. 8 de dezembro de 2016. https://www.bloomberg.com/news/articles/2016-12-08/wells-fargo-ex-managers-suit-puts-scandal-blame-higher-up-chain. Acessado em 13 de junho de 2018.
29. Reckard, E.S. 21 de dezembro de 2013, op cit.
30. Cowley, S. "Voices From Wells Fargo: 'I Thought I Was Having a Heart Attack.'" *The New York Times*. 20 de outubro de 2016. https://www.nytimes.com/2016/10/21/business/dealbook/voices-from-wells-fargo-i-thought-i-was-having-a-heart-attack.html. Acessado em 13 de junho de 2018.
31. Cao, A. 29 de setembro de 2016, op cit.
32. Cowley, S. 20 de outubro de 2016, op cit.
33. Glazer, E. & Rexrode, C. "Wells Fargo CEO Defends Bank Culture, Lays Blame With Bad Employees." *The Wall Street Journal*. 13 de setembro de 2016. https://www.wsj.com/articles/wells-fargo-ceo-defends-bank-culture-lays-blame-with-bad-employees-1473784452. Acessado em 13 de junho de 2018.
34. Egan, M. 8 de setembro de 2016, op cit.
35. Freed, D. & Reckhard, E.S. "Wells Fargo Faces Costly Overhaul of Bankrupt Sales Culture." *Reuters*, 12 de outubro de 2016.
36. Corkery, M. & Cowley, S. "Wells Fargo Warned Workers Against Sham Accounts, but 'They Needed a Paycheck.'" *The New York Times*, 16 de setembro de 2016. https://www.nytimes.com/2016/09/17/business/dealbook/wells-fargo-warned-workers-against-fake-accounts-but-they-needed-a-paycheck.html. Acessado em 13 de junho de 2018.
37. Idem.
38. Comunicado à imprensa da Consumer Financial Protection Bureau. "Consumer Financial Protection Bureau Fines Wells Fargo $100 Million for Widespread Illegal Practice of Secretly Opening Unauthorized Accounts." *ConsumerFinance.gov*, 8 de setembro de 2016. https://

www.consumerfinance.gov/about-us/newsroom/consumer-financial-protection-bureau-fines-wells-fargo-100-million-widespread-illegal--practice-secretly-opening-unauthorized-accounts. Acessado em 13 de junho de 2018.

39. Egan, M. "Wells Fargo Admits to Signs of Worker Retaliation." *CNN Money*. 23 de janeiro de 2017. http://money.cnn.com/2017/01/23/investing/wells-fargo-retaliation-ethics-line/index.html. Acessado em 13 de junho de 2018.
40. Edmondson, A.C. & Verdin, P.J. "Your Strategy Should Be a Hypothesis You Constantly Adjust." *Harvard Business Review*. 9 de novembro de 2017. https://hbr.org/2017/11/your-strategy-should-be-a-hypothesis-you-constantly-adjust. Acessado em 13 de junho de 2018.
41. "Our History." Nokia. https://www.nokia.com/en_int/about-us/who-we-are/our-history. Acessado em 7 de junho de 2018.
42. Nokia Corporation, relatório anual de 1998.
43. Huy, Q. & Vuori, T. "Who Killed Nokia? Nokia Did." *INSEAD Knowledge*. 22 de setembro de 2015. https://knowledge.insead.edu/strategy/who-killed-nokia-nokia-did-4268. Acessado em 13 de junho de 2018.
44. Bass, D., Heiskanen, V., & Fickling, D. "Microsoft to Buy Nokia's Devices Unit for $7.2 Billion." *Bloomberg*. 3 setembro de 2013. https://www.bloomberg.com/news/articles/2013-09-03/microsoft-to-buy--nokia-s-devices-business-for-5-44-billion-euros. Acessado em 13 de junho de 2018.
45. Huy, Q. & Vuori, T. 22 de setembro de 2015, op cit.
46. Idem.
47. Vuori, T. & Huy, Q. "Distributed Attention and Shared Emotions in the Innovation Process: How Nokia Lost the Smartphone Battle." *Administrative Science Quarterly* 61.1 (2016): 23.
48. Idem.
49. Idem.
50. Idem.
51. Idem.
52. Vuori, T. & Huy, Q. (2016): 30.
53. Vuori, T. & Huy, Q. (2016): 32.
54. Protess, B. & Craig, S. "Harsh Words for Regulators in Crisis Commission Report." *The New York Times*. 27 de janeiro de 2011. https://

dealbook.nytimes.com/2011/01/27/harsh-words-for-regulators--in-crisis-commission-report/?mtrref=www.google.com&gwh=-54322022775D2A4C1766CE843F23C604&gwt=pay. Acessado em 13 de junho de 2018.

55. Beim, D. & McCurdy, C. "Report on Systemic Risk and Bank Supervision" *Federal Reserve Bank of New York Report*. 2009. 1. https://info.publicintelligence.net/FRBNY-BankSupervisionReport.pdf. Acessado em 13 de junho de 2018.
56. Beim, D. & McCurdy, C. 2009: 9.
57. Idem.
58. Beim, D. & McCurdy, C. 2009: 19.
59. "The Secret Recordings of Carmen Segarra." *This American Life*. 26 de setembro de 2014. https://www.thisamericanlife.org/536/the-secret--recordings-of-carmen-segarra. Acessado em 13 de junho de 2018.
60. Idem.
61. Edmondson, A.C. & Verdin, P.J. "The strategic imperative of psycho-logical safety and organizational error management." *How could this happen? Managing errors in organizations*. Ed. J. Hagen. Palgrave/MacMillan: in press.
62. Edmondson, A.C. & Verdin, P.J. 9 de novembro de 2017, op cit.

4 Silêncio Perigoso

"O arrependimento pelas coisas que fizemos pode ser amenizado pelo tempo; é o arrependimento pelas coisas que não fizemos que é inconsolável."

— Sydney Harris[1]

Há mais coisas em jogo, além de fracasso empresarial, quando a segurança psicológica é baixa. Em muitos locais de trabalho, as pessoas veem algo psicologicamente inseguro ou errado e têm medo de relatar. Ou se sentem coagidas ou intimidadas por alguém, mas não mencionam a supervisores ou consultores. Infelizmente, essa hesitação pode levar à frustração generalizada, ansiedade, depressão e danos psicológicos. Em resumo, trabalhamos e vivemos em comunidades laborais onde *não* falar abertamente pode ser prejudicial à saúde humana.

Este capítulo explora como o silêncio no trabalho leva ao dano que poderia ter sido evitado. Você lerá histórias que provêm, de maneira predominante, mas não exclusiva, de atividades de alto risco. Nesses casos, os funcionários se percebem incapazes de falar abertamente. O silêncio resultante, então, cria condições para danos físicos e psicológicos. Embora nunca seja fácil, em alguns locais de trabalho, como veremos nos Capítulos 5 e 6, as pessoas se sentem tanto seguras como forçadas a falar abertamente. Isso dá a todos a chance de elaborar soluções construtivas e evitar consequências prejudiciais.

Começaremos com histórias de silêncio que deram origem a graves acidentes em cenários de alto risco, nos quais o risco e a rotina frequentemente existem em um frágil equilíbrio. Depois disso, passaremos para uma cama de hospital, ondas de tsunami e, finalmente, o cenário volátil da opinião pública.

Falhando em Falar Abertamente

No dia 1º de fevereiro de 2003, o ônibus espacial Columbia da NASA vivenciou um reingresso catastrófico na atmosfera da Terra.[2] Todos os sete astronautas morreram. Embora viagens espaciais sejam arriscadas e acidentes fatais façam parte do território, esse acidente em particular não aconteceu "do nada". Duas semanas depois, o engenheiro da NASA chamado Rodney Rocha assistiu à gravação do dia do lançamento, um dia depois do que parecia ser a imagem perfeita do lançamento em uma manhã ensolarada da Flórida. Entretanto, havia algo errado. Rocha assistiu à fita várias vezes. Ele pensou que um pedaço da espuma isolante pudesse ter caído do tanque externo do ônibus e atingido a asa esquerda da nave. As imagens do vídeo eram granuladas, feitas a partir de uma longa distância, e era impossível, de fato, dizer se teria sido ou não a espuma que causou o dano, mas Rocha não conseguiu evitar a preocupação com o tamanho e a posição daquele ponto granulado se movendo na tela. Para resolver a indefinição, Rocha queria obter as fotos do satélite da asa do ônibus, porém isso exigiria que o alto escalão da NASA pedisse ajuda ao Departamento de Defesa.

Rocha enviou um e-mail a seu chefe, para ver se ele conseguiria ajudar a autorizar a solicitação das imagens de satélite. O chefe achou desnecessário e assim o disse. Desestimulado, Rocha enviou um e-mail comovente a seus colegas engenheiros, explicando, mais tarde, que "não era para os engenheiros... enviarem mensagens para pessoas que estavam além de seu próprio nível". [3] Trabalhando com uma equipe de engenheiros *ad hoc* para avaliar o dano, ele era incapaz de aplacar sua preocupação com o possível dano sem obter as imagens. Uma semana depois, quando a possibilidade da colisão da espuma foi brevemente discutida pelos gerentes seniores em uma reunião formal de equipe de gestão da missão, Rocha, sentado em um canto, observava em silêncio.

Uma investigação formal feita por peritos concluiria, mais tarde, que um grande buraco na asa do ônibus ocorreu quando um pedaço de espuma do tamanho de uma mala atingiu a ponta da asa, causando o acidente. Eles também identificaram duas opções de resgate, ainda que difíceis e altamente incertas, que poderiam ter evitado as mortes trágicas. Na reportagem sobre a investigação, o novo âncora da ABC News, Charlie Gibson, perguntou a Rocha por que ele não se pronunciara na reunião. O engenheiro respondeu "eu simplesmente não podia fazer isso. Estou muito abaixo [na organização]... e ela [referindo-se à líder de equipe de gerenciamento da missão, Linda Ham] está bem aqui em cima", fazendo um gesto com sua mão por cima da cabeça.[5]

A afirmação de Rocha capta o aspecto sutil, mas crucial, da psicologia de falar abertamente no trabalho. Considere atentamente suas palavras. Ele não disse "eu escolhi não falar" ou "eu senti que não era certo falar". Ele disse que ele "não podia" falar. Curiosamente, essa definição é adequada. A experiência psicológica de ter algo para dizer ainda que se sinta literalmente incapaz de fazê-lo é extrema e dolorosamente real para muitos funcionários e muito comum em hierarquias organizacionais, como a da NASA em 2003. Todos nós conseguimos reconhecer esse fenômeno. Entendemos o porquê de as mãos dele mostrarem espontaneamente aquele degrau vertical. Quando sondadas, como Rocha foi por Gibson, muitas pessoas relataram uma experiência similar de se sentirem *incapazes* de falar abertamente quando a hierarquia é saliente. Por sua vez, os superiores em condições de ouvir e aprender estão frequentemente cegos para os efeitos do silêncio na presença deles.

O Que Não Foi Dito

Vinte e seis anos atrás, o silêncio no local de trabalho teve um papel fundamental na colisão de dois Boeings 747 em uma pista de decolagem nas Ilhas Canárias em março de 1977.[6] A colisão incendiou os dois jatos e 583 pessoas morreram. Investigações subsequentes sobre o que foi chamado de desastre Tenerife, ainda considerado o pior acidente da história da aviação civil, foram umas das primeiras a estudar os papéis desempenhados por fatores humanos nas fatalidades em companhias aéreas. As mudanças resultantes feitas nos procedimentos de aviação e treinamento em cabine prepararam o terreno para algumas das medidas mais cruciais de segurança psicológica da atualidade.

Vamos analisar o que deu errado naquela tarde de final de março no pequeno Aeroporto de Los Rodeos, na ilha de Tenerife. A pista estava coberta por um forte nevoeiro e o aeroporto era pequeno, o que tornava difícil para os pilotos de ambas as aeronaves verem a pista e um ao outro. Mais cedo, naquele dia, um pouso inesperado em Tenerife por medo de bomba no aeroporto vizinho de Las Palmas deixou a tripulação mais estressada, determinada a manter seus horários de chegada dos voos programados. Talvez a equipe de controle de ar estivesse assistindo a um jogo, distraindo sua atenção. Entretanto, essas condições relativamente comuns, se desfavoráveis, não precisavam ter resultado em uma tragédia. Se examinarmos com mais atenção o que foi dito na cabine da aeronave — e, mais importante, *o que não foi dito e por que não* —, podemos entender melhor o papel importante desempenhado pela segurança psicológica.

O capitão Jacob Veldhuyzen van Zanten, um dos pilotos mais antigos da empresa, treinador chefe de voo da maioria dos pilotos de 747 e chefe de segurança de voo da Royal Dutch Airlines (KLM), pilotava o voo. Apelidado de "Sr. KLM", van Zanten detinha o poder de emitir as licenças dos pilotos e supervisionar os controles de voo de pilotos com seis meses para determinar quais licenças poderiam ser prorrogadas. Sua foto, que havia acabado de aparecer em uma divulgação de publicidade da KLM, retratava um homem de camisa branca, sorridente e confiante, sentado em frente a um painel de controle. Ele parecia um homem à vontade por estar no comando.

Naquele dia, havia dois outros pilotos de alto nível e altamente experientes voando com van Zanten: o primeiro-oficial Klaas Meurs, de 32 anos, e o engenheiro de voo Willem Shreuder, de 48 anos. É importante dizer que, dois meses antes, van Zanten foi o "piloto de checagem" de Meurs, testando sua habilidade de voar em um Boeing 747.

O momento crucial aconteceu quando os voos da KLM e da Pan Am estavam se preparando para a decolagem. Imediatamente após se alinharem na pista, o Capitão van Zanten adiantou de maneira impaciente os aceleradores e a aeronave começou a se mover para frente. O primeiro-oficial Meurs, insinuando que van Zanten estava se movimentando muito cedo, informou então que o controle de tráfego aéreo (CFA) ainda não havia dado a liberação.

Van Zanten, parecendo irritado, respondeu: "Não, eu sei disso. Vá em frente, pergunte."[8]

Seguindo o pedido de seu capitão, Meurs comunicou à torre que eles estavam "prontos para decolar" e "aguardando nossa liberação pela CFA". A CFA, então, especificou a rota que a aeronave deveria seguir depois da decolagem. Embora a CFA tenha usado a palavra "decolagem", seu comunicado não incluía uma afirmação específica de que a KLM estava liberada para decolar. Meurs começou a ler a liberação do voo para o controlador, mas van Zanten interrompeu com um imperativo: "estamos indo."

Por conta da autoridade do capitão, foi nesse momento que, ao que parece, Meurs não se sentiu seguro o suficiente para falar abertamente. Meurs, naquela fração de segundo, não abriu sua boca para dizer "espere pela liberação!"

Enquanto isso, depois de o avião da KLM ter iniciado o lançamento de decolagem, a torre instruiu a tripulação da Pan Am para "reportar quando a pista estivesse livre". A isso, a tripulação da Pan Am respondeu: "OK, reportarei quando estivermos livres." Ao ouvir isso, o engenheiro de voo Schreuder expressou sua preocupação de que a pista da Pan Am não estava livre, perguntando: "ela não está livre, a da Pan American?"

Van Zanten respondeu enfaticamente "ah, sim" e prosseguiu a decolagem.

Nesse momento, Schreuder não disse nada. Apesar de ter presumido corretamente que o jato da Pan American poderia estar bloqueando seu caminho, Schreuder não confrontou a réplica confiante de Van Zanten. Ele não pediu à CFA que esclarecessem ou confirmassem perguntando, por exemplo, "a Pan American está na pista?". Sua hesitação indica uma falta de segurança psicológica que tornaria tal questionamento quase instintivo.

Já era tarde demais. O Boeing da KLM estava muito rápido para parar quando van Zanten, Meurs e Schreuder puderam finalmente ver o jato da Pan Am bloqueando seu caminho. Os motores do lado esquerdo da KLM, a fuselagem inferior e a engrenagem de aterrissagem principal atingiram o lado superior direito da fuselagem da Pan Am, rasgando o centro. O avião da KLM permaneceu brevemente suspenso no ar antes de perder a sustentação, girar bruscamente, atingir o chão e incendiar formando uma bola de fogo.

A influência psicológica da hierarquia é a tal ponto inexorável que, mesmo quando suas próprias vidas estavam em risco, sem mencionar as vidas de outros, o primeiro-oficial e o engenheiro de voo não rejeitaram a autoridade de seu capitão. Nesses momentos em que falar abertamente poderia fazer sentido, nós passamos por um processo implícito de tomada de decisão, pesando os benefícios e os custos de falar abertamente. O problema, como explicado no Capítulo 2, é que os benefícios são frequentemente incertos e adiados (ex.: evitar uma possível colisão) enquanto os custos são tangíveis e imediatos (a irritação e a raiva potencial de van Zanten). Como resultado, consistentemente pesamos menos os benefícios e mais os custos. No caso de Tenerife, esse processo tendencioso levou a consequências desastrosas.

Muitos que analisam eventos que conduziram a acidentes trágicos como esse — que poderia ter sido evitado se o oficial júnior tivesse falado abertamente — não podem ajudar salientando que as pessoas deveriam ter demonstrado um pouco mais de coragem. Coragem. É impossível discordar dessa afirmação. Não obstante, concordar não a torna eficaz. Estimular pessoas a falarem abertamente, porque é a coisa certa a fazer, depende de um argumento ético, mas não é a estratégia para garantir bons resultados. Insistir em atos de coragem coloca o ônus sobre indivíduos, sem criar condições em que a expectativa é suscetível de ser cumprida.

Para que falar abertamente se torne uma rotina, a segurança psicológica — e as expectativas sobre falar abertamente — deve se tornar institucionalizada e sistematizada. Depois de Tenerife, o treino de cabine mudou, dando lugar à mais ênfase na tomada de decisão da tripulação, encorajando os pilotos a defenderem sua opinião quando acreditassem que algo estivesse errado e ajudando os capitães a ouvirem as preocupações de copilotos e tripulações.[9] Essas medidas foram um precursor para o treinamento de gestão dos recursos da tripulação oficial (GRTO), a que agora todos os pilotos devem se submeter.

Confiança Excessiva na Autoridade

A medicina, como a aviação comercial, é outra profissão na qual a autoridade é bem compreendida e fortemente ligada ao lugar que se ocupa em uma hierarquia rigorosa. Uma linha direta de comando, em que cada um sabe seu lugar, tem suas vantagens. Entretanto, o respeito pelos outros, especialmente diante da hesitação, pode se tornar o modo padrão de operação, levando todos a acreditarem que a pessoa no topo sempre sabe mais. Em alguns casos, uma crença implícita em que a pessoa na posição mais alta da hierarquia deve também ser a autoridade pode levar a consequências fatais. Em outros casos, uma crença implícita na autoridade do sistema médico por si só pode ser fatal.

Em 3 de dezembro de 1994, Betsy Lehman, uma mãe de 39 anos, com dois filhos e colunista de assistência médica no *The Boston Globe*, morreu no Dana-Farber Cancer Institute enquanto se submetia ao terceiro ciclo de uma alta dose de quimioterapia para câncer de mama.[10] Em parte por sua profissão como jornalista, a morte de Lehman foi publicada na mídia, especialmente assim que foi relacionada a erro médico.[11]

O Dana-Farber Cancer Institute onde Lehman procurou tratamento era famoso por pesquisas sobre câncer e seu sucesso no tratamento de casos complexos e difíceis. Com somente 57 leitos para internação, seu cuidado com os pacientes era como uma unidade boutique, que possibilitava informações informais compartilhadas entre médicos, enfermeiras e pessoal da farmácia, em vez dos mecanismos de comunicação que existiam em um cenário de hospital tradicional. Como o oncologista sênior Stephen Sallan observou, "nossa confiança era baseada no pressuposto de que, se fôssemos todos excelentes, então a segurança de nossa farmácia seria excelente."[12] Infelizmente, esse pressuposto não deixava muito espaço para questionamento ou checagem de rotina. A ausência do diretor de enfermaria no momento da entrada de Lehman, um posto que estava vazio por mais de um ano, também sinaliza que as equipes médica e clínica não entendiam adequadamente a interdependência e complexidade de seus trabalhos.

Lehman foi internada no Dana-Farber para a quimioterapia planejada em 14 de novembro de 1994. Embora o agente quimioterápico comumente usado fosse a ciclofosfamida, a dose era especialmente alta, porque o tratamento de Lehman envolvia um transplante inovador de células-tronco. O protocolo exigia que a quimioterapia fosse injetada durante quatro dias, já que a quantidade dada durante cada período de 24 horas era "extremamente letal".[13] Como parte do tratamento experimental, também era dada à Lehman outra medicação, a cimetidina, que supostamente reforçaria o efeito da primeira.

Na rotina dos tratamentos de câncer, os ciclos das doses de quimioterapia são tipicamente padronizados. Entretanto, em uma pesquisa experimental como aquela a que Lehman estava sendo submetida, os limites máximos podem ser ambíguos. No Dana-Farber, onde 30% dos pacientes poderiam ser inscritos em testes clínicos a qualquer momento, os membros das equipes que administraram a quimioterapia estavam acostumados a ver combinações inusitadas de medicamentos e doses.[15] Isso pode explicar parcialmente porque nenhum sinal de alarme disparou mesmo que a receita — escrita por um pesquisador clínico da oncologia, copiada no prontuário de Lehman por uma enfermeira e preenchida por três farmacêuticos diferentes — contivesse erroneamente a dosagem inteira de quatro dias em um dia, dando a Lehman quatro vezes a dosagem que ela deveria receber.

Era esperado que o tratamento causasse náusea severa e vômito. Contudo, durante as três semanas seguintes no hospital, os sintomas de Lehman eram descomunais. Ela não se sentiu mal durante os primeiros dois tratamentos de alta dosagem. Agora, ela estava "extremamente inchada" e tinha sangue e testes de eletrocardiograma anormais. Sabia-se que a alta dosagem de ciclofosfamida era tóxica para o coração. O marido de Lehman relatou que ela estava "vomitando pedaços de tecido. [Os médicos] disseram que isso era o pior que eles já tinham visto. Mas os médicos disseram que tudo isso era normal em um transplante de medula óssea."[17] Em dado momento, Lehman perguntou a uma enfermeira: "Eu irei morrer de tanto vomitar?"[18] Enquanto isso, outro paciente, internado pouco antes de Lehman e que recebeu a mesma dose incorreta de quimioterapia, de repente entrou em colapso e foi levado às pressas para a unidade de terapia intensiva.

No dia anterior à alta de Lehman, parecia que seus sintomas tinham diminuído. Havia sinais de que o transplante de células-tronco estava prosseguindo com sucesso. Um eletrocardiograma, entretanto, estava anormal. No dia 3 de dezembro, o dia de sua alta e em que ela morreu de insuficiência cardíaca, as últimas pessoas com quem ela falou — um amigo, uma assistente social e uma enfermeira — confirmaram que ela estava muito abalada, com medo e sentia que algo "estava errado".[19] Nós não sabemos se ela havia verbalizado essa preocupação com muita clareza ou coerência nas semanas anteriores. Sem dúvida, ela deve ter imaginado. É claro, um paciente extremamente doente geralmente não está em posição de questionar com assertividade seu plano de tratamento, sobretudo um experimental.

O erro médico não foi descoberto até os três meses seguintes — por uma checagem de dados de rotina em vez de um inquérito clínico. Como parte de ações corretivas, o Dana-Farber instituiu checagens de medicação automáticas nos procedimentos de quimioterapia. No fim, a morte de Lehman se tornou um catalisador para instituições de hospitais e assistência médica nos EUA, para criar políticas de ajuda, a fim de reduzir erros médicos, incluindo checagens mais sistêmicas dos procedimentos de rotina, através do processo de tratamento do paciente, e mais normas de comunicação para os cuidadores, independentemente de seu nível profissional.

Da perspectiva da segurança psicológica, contudo, a maior dúvida que permanece é por que, considerando o extremo sofrimento psicológico de Lehman, ninguém havia se perguntado, de modo íntimo e persistente, se algo não estaria extremamente errado? Será que Lehman e seu marido teriam confiado demais na instituição médica altamente conceituada? Igualmente, por que os farmacêuticos não questionaram a extraordinária dosagem quadruplicada de um agente quimioterápico que já era de dose elevada? A mesma pergunta pode ser feita para os enfermeiros. Talvez sua confiança implícita na experiência dos médicos pesquisadores os tenha deixado indiferentes. Ou eles poderiam estar relutantes em falar abertamente para averiguar a razão do plano de tratamento anotado somente por seus colegas de níveis superiores. Nós não sabemos se os enfermeiros e médicos que observaram os sintomas de Lehman deram muito pouca importância para o tipo de efeitos colaterais que a alta dose de quimioterapia deveria causar. Ninguém envolvido parecia avaliar com precisão a gravidade de sua condição. No fim, a mãe de Betsy Lehman, Mildred K. Lehman, foi quem resumiu concisamente o problema: "a vida de Betsy poderia ter sido salva se a equipe tivesse dado um passo à frente para prestar atenção aos múltiplos sinais de que seu tratamento estava muito fora do rumo."[20]

O que é importante extrair desta história, e muitos hospitais hoje trabalham duro para evitar, é que o clima no qual as pessoas pecam pelo silêncio — favorecendo, implicitamente, a autoproteção e evitando constrangimento em vez da possibilidade de que a própria opinião pode ser desesperadamente indispensável naquele momento — é um sério fator de risco. Evidentemente, é muito melhor as pessoas fazerem perguntas ou manifestarem preocupações e estarem erradas do que se conter, mas muitos não reconhecem conscientemente esse fato. Manifestar preocupações que se tornem infundadas apresenta uma oportunidade de aprendizado para a pessoa falar abertamente e para aqueles que ouvem, permitindo que colham informações cruciais sobre o que os outros entendem ou não entendem sobre a situação ou tarefa.

Uma Cultura do Silêncio

Cassandra, um dos mais trágicos personagens da clássica mitologia grega, recebeu o dom da profecia junto com a maldição de que nunca se acreditaria nela. Baixos níveis de segurança psicológica podem criar uma cultura de silêncio. Eles também podem criar uma cultura de Cassandra — um ambiente no qual falar abertamente é menosprezado e avisos são ignorados. Sobretudo quando falar abertamente implica chamar atenção para resultados desagradáveis, como foi o caso de Cassandra em sua profecia da guerra, não é fácil para os outros ouvirem ou acreditarem. Portanto, a cultura do silêncio não é somente a que inibe falar abertamente, mas aquela em que pessoas falham em ouvir com cuidado os que falam abertamente — especialmente quando estão trazendo notícias desagradáveis.

Considere a explosão do ônibus espacial *Challenger* em 1986. Ao contrário do silêncio de Rodney Rocha em um momento crucial no trabalho, Roger Boisjoly, um engenheiro da empreiteira Morton-Thiokol na

NASA, falou abertamente. Na noite anterior ao lançamento desastroso, Boisjoly manifestou sua preocupação com o fato de que temperaturas extremamente frias poderiam causar mau funcionamento dos anéis de vedação que conectam os segmentos do ônibus. Seus dados eram incompletos e seu argumento vago, mas o grupo reunido poderia ter resolvido prontamente a indefinição com algumas análises simples e experimentos se o tivessem ouvido com profundidade e respeito. Em resumo, para a voz ser eficaz, é necessária uma cultura do ouvir.

Vamos analisar um exemplo mais recente do que pode acontecer quando a cultura do ouvir é fraca.

Descartando Avisos

Em 11 de março de 2011, um terremoto de magnitude 9.0 ocorreu na costa nordeste do Japão. O terremoto, mais tarde apelidado de "Grande Terremoto do Leste do Japão", provocou ondas de tsunami de mais de 13 metros de altura que atingiram a Usina Nuclear de Fukushima I.[21] Ondas de proporções mitológicas saltaram facilmente sobre as paredes marítimas subdimensionadas da usina, inundando o lugar e destruindo completamente os geradores de emergência, enchendo as bombas de resfriamento de água do mar e o sistema de fiação elétrica. Sem energia para resfriar os reatores nucleares, três dos reatores superaqueceram, resultando em múltiplas explosões que feriram os trabalhadores em terra. O mais alarmante foi a liberação de combustível nuclear no oceano e de radionuclídeos da usina na atmosfera. Como resultado da fusão nuclear, centenas de milhares de japoneses foram forçados a fugir de suas casas para evitar a exposição à radiação. A maioria dificilmente voltará para casa, já que a descontaminação estimada levará 30 e 40 anos.[22]

Apesar de o terremoto por si só, o mais forte já registrado na história do Japão, ter causado danos catastróficos inevitáveis que mataram cerca de 15 mil pessoas, agora é universalmente aceito que o desastre corolário na usina nuclear foi de fato evitável. No verão de 2012, uma investigação independente, divulgada após ter sido conduzida por mais de 900 horas de audições, entrevistas com mais de mil pessoas, nove visitas pela usina, dezenove reuniões de comitê e três assembleias municipais, concluiu que "o acidente foi claramente causado pelo homem" e as "causas diretas do acidente eram todas previsíveis".[24] Examinando a evidência, fica claro que, nos anos que antecederam o desastre na Usina Nuclear de Fukushima I, mais de um personagem parecido com Cassandra falou abertamente mais de uma vez para avisar sobre tal acidente. Recomendaram-se medidas justas de segurança, que teriam provavelmente evitado ou atenuado a destruição da usina. Mas todas as vezes os avisos eram dispensados ou desacreditados. A pergunta é: por quê?

Em 2006, Katsuhiko Ishibashi, professor do Cento de Pesquisa para Segurança e Proteção Urbana da Universidade de Kobe, foi indicado para um subcomitê japonês encarregado de revisar as diretrizes nacionais de resistência a terremotos das usinas nucleares do país. Ishibashi propôs que o grupo revisasse os padrões para levantamento de linhas de falha ativas e criticou o relatório do governo sobre permitir a construção de usinas nucleares, como a de Fukushima Daiichi, em áreas com potencial para atividade sísmica tão elevada. No entanto, o restante do comitê, cuja maioria consistia em conselheiros vinculados a empresas de energia, rejeitou sua proposta e subestimou suas preocupações.[25]

No ano seguinte, Ishibashi se manifestou novamente, publicando um artigo científico intitulado *Why Worry? Japan's Nuclear Plants at Grave Risk from Quake Damage [Por que se preocupar? Usinas Nucleares do Japão sob grave risco de danos por terremoto*, em tradução livre] com a alegação de que o Japão tem sido tranquilizado por um falso senso de segurança depois de muitos anos de uma atividade sísmica relativamente calma. Como perito em sismicidade e placas tectônicas dentro e ao redor das ilhas japonesas, ele acreditava que as placas tectônicas seguiam ciclos regulares e que a área em questão estava vencendo o prazo para um terremoto. Seu alerta foi explícito: "A não ser que medidas radicais sejam tomadas agora para reduzir a vulnerabilidade das usinas nucleares aos terremotos, o Japão poderá vivenciar uma verdadeira catástrofe nuclear em um futuro próximo", incluindo uma causada por tsunami.[26] Infelizmente, outros dispensaram os avisos de Ishibashi. Por exemplo, Haruki Madarame, regulador nuclear e presidente da Comissão de Segurança Nuclear do Japão durante o desastre de Fukushima, pediu ao legislativo Japonês para não se preocupar, como se Ishibashi fosse um "ninguém".

Se Madarame foi rude na condenação de Ishibashi como um "ninguém", é verdade que, como acadêmico e não como oficial de uma indústria ou do governo, ele era um forasteiro. Ele era, talvez, não tão fortemente ligado ao impulso dominante do pós-segunda guerra mundial de se tornar independente de sua dependência histórica em importação de energia. Desde meados dos anos cinquenta, a ilha, que possui poucos combustíveis fósseis no solo, investiu maciçamente em energia nuclear para diversificar seu suprimento de energia proveniente do petróleo e obter maior segurança energética. Para os próximos 40 anos, seguindo as "crises do petróleo" dos anos 1970 e apesar dos altamente divulgados acidentes de Three Mile Island, em 1979, e o de Chernobyl, em 1986, o Japão tem trabalhado de forma obstinada e feroz para desenvolver sua própria capacidade de produção de energia nuclear doméstica.[29] Por exemplo, o governo havia fornecido subsídios e outros incentivos para cidades rurais construírem usinas. Inclusive, conduziu campanhas de relações públicas para convencer os cidadãos de que a energia nuclear era segura.[30] Ainda assim, a opinião pública envolvendo a energia nuclear continuava misturada à negatividade, com várias demonstrações antinucleares e o abandono de várias usinas para construir mais usinas.[31] Dado esse contexto político, as preocupações de segurança de Ishibashi podem ter sido percebidas como não patrióticas ou intervencionistas.

Em 2000, um estudo interno da Empresa de Energia Elétrica de Tóquio (TEPCO), a maior empresa elétrica do país e proprietária da usina de Fukushima Daiichi, admitiu a possibilidade de o Japão vivenciar um tsunami de mais de 15 metros de altura. Na verdade, o relatório recomendou que as medidas fossem tomadas para providenciar uma proteção melhor dos riscos de inundação. Entretanto, nada foi feito, porque a TEPCO pensou que tal risco fosse um evento ilusório de baixa probabilidade.[32] Os reguladores japoneses, como os da Agência de Segurança Nuclear e Industrial (NISA), também hesitaram em policiar os serviços, porque, até então, a energia nuclear havia se tornado ainda mais uma prioridade estratégica para o Japão e o aumento da geração de energia nuclear foi exigido para alcançar o objetivo de emissão de gases do efeito estufa estabelecidos pelo Tratado de Kyoto. Era prevista a construção de uma dúzia de novas usinas em 2011. [33] Antes do desastre de Fukushima, o Japão estava gerando 30%

de sua eletricidade através de reatores nucleares. O governo planejou aumentar a porcentagem para 40% nos próximos anos.[34]

Embora os problemas de segurança fossem parte ostensiva dos planos de expansão de energia nuclear, investigações retroativas demonstraram que a cultura do governo e da indústria não deram o devido crédito ou consideração à gravidade das ameaças existentes. Por exemplo, em uma reunião em junho de 2009 realizada pela NISA, especificamente para discutir a predisposição de Fukushima Daiichi de sobreviver a um desastre natural, tsunamis sequer estavam em pauta. A agência simplesmente não os considerou prováveis o suficiente na região de Fukushima para justificar a consideração. Na criação de diretrizes de segurança para Fukushima, o júri, portanto, usou dados do maior terremoto registrado na área, um terremoto em 1938 que teve somente 7,9 de magnitude e causou somente um pequeno tsunami. Devido aos reatores em Fukushima Daiichi estarem localizados próximos do mar, a TEPCO construiu um quebra-mar – alto o suficiente para impedir que um tsunami similar ao de 1938 o atingisse. O júri considerou que o muro era alto o suficiente para deter qualquer tsunami futuro e, assim, focou principalmente na preparação da usina para terremotos.

Outro personagem parecido com Cassandra falou abertamente em uma reunião em junho. O dr. Yukinobi Okamura, diretor do Centro de Pesquisa de Falha Ativa e Terremotos do Japão, disse ao júri que discordava da decisão da TEPCO. Ele não achava que o terremoto de 1938 tivesse sido grande o suficiente para servir de base para as diretrizes de Daiichi e, por sua vez, forneceu um exemplo muito mais antigo, o tsunami de Jogan, que aconteceu no ano de 869 d.C., depois de um grande terremoto. Representantes da TEPCO, desejando desacreditar Okamura, minimizar sua preocupação ou ambos, consideraram que o terremoto de Jogan "não causou muito dano". Okamura insistia no contrário. O tsunami de Jogan destruiu castelos e matou pelo menos mil pessoas. Textos históricos comparavam a fúria do tsunami a ondas que "se enfureceram como pesadelos e imediatamente alcançaram o centro da cidade". Okamura disse ao júri que estava preocupado que um tsunami como o de Jogan poderia submergir à região de Fukushima e estava confuso pelo fato de o júri não estar utilizando todos os dados disponíveis.

Em vez de ouvir e levar a sério as preocupações de Okamura, como deveria ocorrer em uma cultura em que a segurança psicológica fosse alta, um executivo da TEPCO rebateu que não fazia sentido basear recomendações de segurança em um terremoto lendário que não foi medido por ferramentas e técnicas contemporâneas. Por outro lado, essa reunião seria para discutir os riscos dos terremotos, e não dos tsunamis. A reunião seguiu, com os executivos da TEPCO dizendo que tentariam aprender mais. Na reunião seguinte, Okamura novamente tentou convencer o júri da gravidade da ameaça. Ele descreveu os modelos de previsão que seu instituto havia criado para mostrar que o quebra-mar existente não seria alto o suficiente para qualquer terremoto acima de 8,4 de magnitude e as pesquisas detalhadas que realizaram pela areia deixada pelo tsunami de Jogan. No final, porém, o júri não o ouviu.

Concordar Para Progredir

Uma cultura de silêncio pode, assim, ser entendida como uma cultura na qual ventos predominantes favorecem a concordância, e não as preocupações de alguém. Ela tem como base o pressuposto de que a maioria das vozes das pessoas não oferece valor e, portanto, não pode ser valorizada. Talvez a acusação mais convincente de como uma cultura de silêncio perpetua uma série de atitudes que permitiram o desastre da usina de Daiichi tenha sido estruturada por Kiyoshi Kurokawa, presidente da NAIIC, que escreveu no início da versão em inglês do relatório que:

> Por todos os extensos detalhes fornecidos, o que este relatório não pode transmitir completamente — sobretudo para um público global — é a mentalidade que apoiou a negligência por trás desse desastre. O que deve ser admitido — muito dolorosamente — é que esse foi um desastre "Feito no Japão". Suas causas fundamentais encontram-se nas convenções enraizadas na cultura japonesa: nossa obediência reflexiva, nossa relutância em questionar a autoridade, nossa devoção ao "se prender ao programa", nosso grupismo e nossa insularidade.[36]

A cultura japonesa não tem o monopólio de nenhuma das convenções enraizadas que Kurokawa lista. Cada uma é endêmica de uma cultura com baixos níveis de segurança psicológica em que a relutância interna de falar abertamente ou de se conter combina com um desejo muito forte de parecer bom para o mundo exterior. Preocupação com reputação pode silenciar as vozes dos funcionários tanto internamente quanto externamente. A resistência aos alertas sobre segurança da usina de Fukushima Daiichi — e o que levaria para implantar melhores medidas de segurança — estava relacionada a aspirações nacionais para energia nuclear.

Semelhante ao que aprendemos sobre o FRBNY no Capítulo 3, em que outro grupo poderoso de órgãos institucionais tacitamente conspirou para o silêncio de poucos que ousaram falar abertamente, recuar ou discordar, a indústria de energia nuclear do Japão sofreu uma captura regulatória. De acordo com Kurokawa, o objetivo político de longa data do Japão de alcançar segurança energética através da energia nuclear se tornou "uma missão tão poderosa [que] a energia nuclear se tornou uma força incontrolável, imune ao controle da sociedade civil. Sua regulamentação estava confiada à mesma burocracia governamental responsável por sua promoção."[37] Essa necessidade ofuscante e ambição ajudaram a criar uma cultura em que "se torna aceita a prática de resistir à pressão regulatória e acobertar acidentes de menor escala... o que levou ao desastre da Usina Nuclear de Fukushima Daiichi."[38]

Em 2013, um estudo de Stanford concluiu que meros 50 milhões poderiam ter financiado um muro alto o suficiente para evitar o desastre. Contudo, o caso mostra como ser ouvido pode ser desafiador — ter sua voz acolhida, explorada e, algumas vezes, surtindo efeito — quando a cultura dominante não quer ouvir a mensagem.

O Silêncio na Era Barulhenta das Mídias Sociais

Em 15 de outubro de 2017, a atriz Alyssa Milano digitou menos de 140 caracteres em seu aparelho pessoal: "Se você foi assediada sexualmente ou agredida, escreva '*me too* [eu também]' como resposta a esse *tweet*." Em 24 horas, a hashtag #MeToo foi tuitada quase meio milhão de vezes.[40] Embora o movimento MeToo [Eu Também] tenha sido criado dez anos antes por Tarana Burke,[41] o *tweet* de Milano, postado em um contexto de grande número de recentes e altamente divulgadas acusações de assédio sexual atribuídas contra celebridades, inflamou uma campanha de ativismo em mídias sociais. O objetivo: o simples ato de falar abertamente. Mulheres e homens de todos os estilos de vida que sofreram uma infinidade de tipos de intenções sexuais indesejadas, por vezes graves e persistentes, a maioria com medo de dizer até mesmo para seus relacionamentos mais próximos, foram encorajados a tuitar, postar e enviar mensagens sobre suas experiências no que se tornou um fórum público.

O *tweet* de Milano sequer foi o primeiro ato de se falar abertamente. Nove meses antes, em 19 de fevereiro 2017, o cenário das mídias sociais foi decorado por uma postagem de três mil palavras em um blog escrito por uma jovem engenheira de software.[42] Susan Fowler, que havia deixado seu trabalho recentemente como engenheira de confiabilidade de site na empresa de compartilhamento de viagens Uber, estava exercendo seu direito de franqueza em seu site pessoal. A especificidade e a honestidade com que descreveu sua experiência, a qual ela chamou de "uma história estranha, fascinante e levemente terrível", revela muito sobre como os mecanismos de poder e silêncio podem perpetuar uma cultura psicologicamente insegura. A voz de Fowler, ecoada por alguns de seus colegas, amplificada pelas mídias sociais e que se fez ainda mais forte pela imprensa tradicional, conta-nos como uma cultura insegura pode finalmente se tornar insustentável.

Em seu primeiro dia na empresa, o gerente de Fowler enviou a ela uma série de mensagens inapropriadas pelo sistema de chat da empresa. O gerente disse a ela que "estava procurando por mulheres para fazer sexo". Fowler disse: "Estava claro que ele estava tentando fazer sexo comigo..." Ela tirou fotos das mensagens e relatou ao gerente de RH. Mas as coisas não se saíram como ela esperava. Tanto o gerente de RH como a alta gerência informaram a Fowler que "era a primeira infração desse homem, e que eles não se sentiriam à vontade dando a ele nada além de uma advertência e uma séria reprimenda", porque ele "tinha um alto desempenho". À Fowler, deram a escolha de encontrar outra equipe para trabalhar ou permanecer com a atual equipe, ciente de que seu gerente "provavelmente daria [a ela] uma avaliação de desempenho ruim quando a época de avaliação chegasse e não havia nada que eles pudessem fazer em relação a isso". Fowler tentou protestar essa "escolha", mas não chegou a lugar nenhum e finalmente acabou trocando de equipe.

Em poucos meses, Fowler conheceu outras engenheiras que tiveram experiências parecidas de assédio sexual na Uber. Elas também as reportaram para o RH, mas não chegaram a lugar nenhum. Algumas delas ainda relataram que tiveram interações similares com o mesmo gerente de Fowler. A todas elas foi dito que era sua primeira infração. Em cada caso, nada foi feito. Fowler e suas colegas, sentindo-se inaudíveis, ficaram em silêncio — por um tempo.

Ironicamente, como relatado na postagem de seu blog, em princípio Fowler estaria animada por entrar na Uber em novembro de 2015, citando que ela teve "a rara oportunidade de escolher qualquer equipe que estivesse trabalhando com algo de que gostaria de participar".

Promovido e Protegido

A Uber Technologies, Inc., fundada em 2009 pelos empresários em série e amigos Garrett Camp e Travis Kalanick, foi inaugurada em San Francisco em 2011, com o financiamento de empresas de capital de risco proeminentes do Vale do Silício. À medida que a Uber crescia, assim o fazia sua reputação como uma empresa agressiva, em rápida evolução, ambiciosa, que não contradizia sua intenção óbvia de desfazer o reconhecido mercado de táxis, substituindo-o por uma economia de viagens compartilhadas.[44] Os melhores funcionários eram "promovidos e protegidos" — desde que pudessem atingir ou ultrapassar seus números, eles eram recompensados.[45] Depois que a postagem de Fowler foi divulgada, funcionários atuais e antigos se apresentaram para descrever a cultura da Uber como "descontrolada", um "ambiente Hobbesiano... em que os trabalhadores são algumas vezes confrontados uns contra os outros e fazer vista grossa se transforma em infrações dos que têm um desempenho melhor."[46] O gerente de Fowler foi tão somente um exemplo.

Fowler, como outras novas contratadas da Uber, foi informada dos princípios da empresa.[47] É provável que muitos desses princípios tenham contribuído para um ambiente psicologicamente inseguro. Por exemplo, o "excesso de entusiasmo", sobretudo crucial para a empresa, envolvia uma atitude de "eu posso" e de fazer o que fosse preciso para a empresa avançar. Muitas vezes, isso significava trabalhar várias horas, não por si só uma característica de um ambiente inseguro psicologicamente. Fowler parece ter apreciado os desafios intelectuais e fez questão de dizer que estava "orgulhosa" do trabalho de engenharia que ela e seu time fizeram. Mas o excesso de entusiasmo, com suas alusões aos esportes de arena e hormônios masculinos, parece ter sido o prenúncio dos tempos difíceis que viriam. Outro princípio era "faça apostas ousadas", que era interpretado como pedir perdão em vez de pedir permissão. Em outras palavras, era melhor ultrapassar um limite, encontrar o erro e pedir perdão do que pedir permissão para transgredir desde o começo. Outro princípio, "meritocracia e opressão", significava que os funcionários eram incentivados a trabalhar de forma autônoma, em vez de em equipes, e a levar os outros a sofrerem ao fazer as coisas acontecerem e seguir em frente, mesmo que significasse estragar alguns relacionamentos pelo caminho.[48]

Você pode perguntar: E daí? A mesma empresa que silenciou, lesou e eventualmente perdeu engenheiros esforçados e talentosos como Susan Fowler ainda foi extremamente bem-sucedida em conseguir que milhões de pessoas falassem uma nova palavra — "*uber*". O crescimento da empresa era exponencial e, até o início de 2018, estava avaliado em mais de 70 bilhões de dólares.[49] Será que um pouco de entusiasmo excessivo e um pouco de opressão são o que bastam para progredir?

Um problema é que as mídias sociais permitem um novo tipo de fala que torna muito mais difícil para as empresas se defenderem, de modo ativo e descarado, para uma cultura psicologicamente insegura. A revelação de Fowler enviou um repórter atrás do outro para investigar. O *The New York Times* entrevistou mais de trinta funcionários atuais e antigos da Uber e relatou vários incidentes de assédio, alguns tão ofensivos quanto o de um gerente da Uber, que "apalpou os seios das colegas em um retiro da empresa em Las Vegas", e de "um diretor [que] gritou um insulto homofóbico a um subordinado durante um confronto acalorado em uma reunião."[50] De acordo com Fowler, quando ela entrou na Uber, o setor de engenharia de confiabilidade da organização tinha mais de 25% de mulheres, mas, depois que ela saiu, caiu para 6%. Após a investigação do blog de Fowler, sobrevieram vários processos, uma quantidade imensa de funcionários de todos os níveis foram despedidos ou saíram por conta própria, e a valorização e a reputação da empresa tiveram uma queda brusca e rápida.[51] Um segundo problema é que as pessoas sofreram um dano desnecessário.

Em 21 de junho de 2017, Travis Kalanick abandonou o cargo de CEO depois que cinco de seus maiores acionistas exigiram sua renúncia.[52] Embora Fowler tenha pedido à Suprema Corte dos Estados Unidos para considerar sua experiência na Uber em sua decisão sobre se os empregados perderiam seus direitos de litígio coletivo nos contratos de trabalho, a proposta foi rejeitada mais tarde.[53] Naquele ano, ela foi destaque na capa da revista *TIME* como uma das "Personalidade(s) do Ano" entre as cinco pessoas que "Quebraram o Silêncio" e se manifestaram sobre assédio sexual em 2017. Ela também foi nomeada pelo *The Financial Times* como a "Personalidade do Ano de 2017", uma das "Novas Personalidades" da Vanity Fair[56] e número 2 no Top 100 da Recode, atrás somente de Jeff Bezos.[57]

Susan Fowler na Uber é somente um exemplo de como as mídias sociais capacitaram o poder de falar a verdade no local de trabalho. Em 2017, milhares de mulheres falaram abertamente "Me Too" para o assédio no trabalho e milhares de homens em cargos altos sofreram as consequências do comportamento que, em muitos casos, havia funcionado por algum tempo — décadas ou mesmo carreiras inteiras. A tecnologia da comunicação deu poder a movimentos nas mídias sociais, como MeToo e Black Lives Matter [Vidas Negras Importam, em tradução livre], de provocar e progredir rapidamente pela mídia tradicional, opinião pública e, em alguns casos, tribunais. Tais movimentos aumentaram o senso de urgência para criar e manter organizações em que a segurança psicológica apoia pessoas a dar o melhor de si.

Quando o novo CEO da Uber, Dara Khosrowshahi, chegou à diretoria em agosto de 2017, uma de suas prioridades foi conhecer as engenheiras mulheres. Ciente dos danos causados na cultura da empresa, ele começou preparando o terreno para um local de trabalho psicologicamente seguro. Como comentou Jessica Bryndza, diretora-geral de pessoal, "Ele [Khosrowshahi] não veio agressivo. Ele veio para ouvir."[58]

A palavra operante aqui é "ouvir". Nos Capítulos 5 e 6, você lerá sobre oito organizações prósperas em que os líderes estipularam como regra, e não exceção, as condições para fazer ouvir e falar abertamente. Nesses locais de trabalho em que não há medo, é muito mais provável que os funcionários se abstenham de compartilhar informações valiosas, percepções ou perguntas. É mais provável ainda que os líderes ouçam as más notícias ou advertências precoces em vez de dispensá-las.

Conclusões do Capítulo 4

- Quando as pessoas falham em falar abertamente sobre suas preocupações ou perguntas, a segurança psicológica dos clientes ou funcionários está em risco, algumas vezes levando a perdas trágicas de vida.
- A confiança excessiva na autoridade é um fator de risco na segurança psicológica e física.
- Uma cultura de silêncio é uma cultura perigosa.

Referências

1. Harris. S.J. "Syd Cannot Stand Christmas Neckties." *The Akron Beacon Journal*. 5 de janeiro de 1951, pp. 6. https://www.newspapers.com/newspage/147433987. Acessada em 13 de junho de 2018.
2. Roberto, M.A, Edmondson, A.C., &. Bohmer, R.J. *Columbia's* Final-Mission. Case Study. HBS No. 304-090. Boston, MA: Harvard Business School Publishing, 2004.
3. Whitcraft, D., Katz, D., & Day, T. (Producers). "Columbia: Final Mission." *ABC Primetime*. New York: ABC News, 2003.
4. National Aeronautics and Space Administration. *Columbia Accident Investigation Board: Report Volume 1*. Washington, D.C.: U.S. Government Printing Office, 2003.
5. Whitcraft, D. *et al*. 2003, op cit.
6. A história do desastre em Tenerife neste capítulo foi extraída de uma série de fontes produzidas por Jan Hagen e seus colegas, incluindo:
   - Schafer, U., Hagen, J., & Burger, C. Mr. KLM (A): Jacob Veldhuyzen. Case Study. ESMT No. 411-0117. Berlin, Germany: European School of Management and Technology, 2011.
   - Schafer, U., Hagen, J., & Burger, C. Mr. KLM (B): Captain van Zanten. Case Study. ESMT No. 411-0118. Berlin, Germany: European School of Management and Technology, 2011.
   - Schafer, U., Hagen, J., & Burger, C. Mr. KLM (C): Jaap. Case Study. ESMT No. 411-0119. Berlin, Germany: European School of Management and Technology, 2011.
   - Hagen, J.U. *Confronting Mistakes: Lessons From The Aviation Industry When Dealing with Error*. United Kingdom: Palgrave Macmillan UK, 2013. Impresso.
7. Royal Dutch Airlines é Koninklijke Luchtvaart Maatschappij em holandês, abreviado como KLM.
8. O diálogo reportado nessa história foi capturado pelos gravadores de voz da cabine de ambos os aviões envolvidos na colisão e relatados no apêndice 6 do seguinte relatório de investigação: Air Line Pilots Association. *Aircraft accident report: Human factors report on the Tenerife accident, Tenerife, Canary Islands, March 27, 1977*. Washington D.C.: Engineering and Air Safety, 1977.
9. Para a história de contexto da CRM, refere-se ao livro de Alan Diehl sobre segurança aérea: Diehl, A.E. *Air Safety Investigators: Using Science*

to Save Lives — One Crash at a Time. United States: XLIBRIS, 2013. Impresso.

10. A história da morte de Betsy Lehman no Dana-Farber Cancer Institute neste capítulo foi extraída de informações de um estudo de caso de meu colega Richard Bohmer: Bohmer, R. & Winslow, A. The Dana--Farber Cancer Institute. Case Study. HBS Case No. 699-025. Boston, MA: Harvard Business School Publishing, 1999.
11. *The Boston Globe* divulgou a história de Lehman e continuou acompanhando de perto nos meses e anos seguintes. Richard Knox, que mais tarde foi processado por sua cobertura do incidente, escreveu o primeiro artigo sobre o erro: Knox, R.A. "Doctor's Orders Killed Cancer Patient." *The Boston Globe*, 23 de março de 1995.
12. Bohmer, R. & Winslow, A. 1999: 8.
13. Gorman, C. & Mondi, L. "The disturbing case of the cure that killed the patient." *TIME Magazine*. 13 de abril de 1995: 60. http://content.time.com/time/magazine/article/0,9171,982768,00.html. Acessado em 14 de junho de 2018
14. Bohmer, R. & Winslow, A. 1999, op cit.
15. Idem.
16. Knox, 23 de março de 1995, op cit.
17. Idem.
18. Idem.
19. Idem.
20. Knox, R.A. "Dana-Farber puts focus on mistakes in overdoses." *The Boston Globe*. October 31, 1995. https://www.highbeam.com/doc/1P2-8310418.html. Acessado em 12 de junho de 2018.
21. Detalhes do desastre de Fukushima Daiichi vieram de múltiplos relatórios:
    - Fukushima Nuclear Accident Independent Investigation Commission (NAIIC). "Official Report of the Fukushima Nuclear Accident Independent Investigation Commission: Executive Summary." *National Diet of Japan*. 2012. https://www.nirs.org/wp-content/uploads/fukushima/naiic_report.pdf. Acessado em 12 de junho de 2018.
    - Amano, Y. "The Fukushima Daiichi Accident: Report by Director General." *International Atomic Energy Agency Report*. 2015. https://

www-pub.iaea.org/MTCD/Publications/PDF/Pub1710-ReportByTheDG-Web.pdf. Acessado em 12 de junho de 2018.

22. Amano, Y. 2015, op cit.
23. Idem.
24. Fukushima NAIIC. 2012: 16.
25. Clenfield, J. & Sato, S. "Japan Nuclear Energy Drive Compromised by Conflicts of Interest." *Bloomberg*. 12 de dezembro de 2007. http://www.bloomberg.com/apps/news?pid=newsarchive&sid=awR8KsLlAcSo. Acessado em 12 de junho de 2018.
26. Ishibashi, K. "Why Worry? Japan's Nuclear Plants at Grave Risk From Quake Damage." *The Asia-Pacific Journal*. 1 de agosto de 2007. https://apjjf.org/-Ishibashi-Katsuhiko/2495/article.html. Acessado em 12 de junho de 2018.
27. Clenfield, J. "Nuclear Regulator Dismissed Seismologist on Japan Quake Threat." *Bloomberg.com*. 21 de novembro de 2011. https://www.bloomberg.com/news/articles/2011-11-21/nuclear-regulator-dismissed-seismologist-on-japan-quake-threat. Acessado em 12 de junho de 2018.
28. World Nuclear Association. "Nuclear Power in Japan." *World-Nuclear.org* www.world-nuclear.org/information-library/country-profiles/countries-g-n/japan-nuclear-power.aspx. Acessado em 4 de junho de 2018.
29. Idem.
30. Aldrich, D.P. "With a Mighty Hand." *The New Republic*. 19 de março de 2011. https://newrepublic.com/article/85463/japan-nuclear-power-Regulation. Acessado em 11 de junho de 2018.
31. See, for instance: BBC News. "Japan cancels nuclear power plant." *BBC News*. February 22, 2000. http://news.bbc.co.uk/2/hi/asia-pacific/652169.stm. Acessado em 10 de junho de 2018.
32. Tokyo Electric Power Company. "Fukushima Nuclear Accident Summary & Nuclear Safety Reform Plan" *Tokyo Electric Power Company, Inc.* 29 de março de 2013: 19. Como a empresa escreveu em seu relatório após o desastre de Fukushima: "em junho ou julho de [2000], foi avaliado o custo de construir uma barragem de inundação para proteger contra o impacto de um tsunami em áreas ao redor. A confiabilidade do resultado calculado também foi discutida." Mas, por fim, eles concluíram que a "validade tecnológica" de tal modelo não seria verificada, e não fizeram mais nada.

33. World Nuclear Association. "Nuclear Power in Japan," op cit.

34. Idem.

35. Todas as informações sobre a história de Okamura são de Clarke, R. & Eddy, R.P. *Warnings: Finding Cassandras to Stop Catastrophes*. HarperCollins Publishing, 2017, Chapter 5, pp. 75-98.

36. Fukushima NAIIC. 2012: 9.

37. Idem.

38. Idem.

39. Lipscy, P.Y., Kushida, K.E., & Incerti, T. "The Fukushima Disaster and Japan's Nuclear Plant Vulnerability in Comparative Perspective." *American Chemical Society: Environmental Science & Technology*, (2013): 47, 6082–6088.

40. Gilbert, S. "The Movement of #MeToo: How a Hashtag Got Its Power." *The Atlantic*. 16 de outubro de 2017. https://www.theatlantic0.com/entertainment/archive/2017/10/the-movement-of-metoo/542979. Acessado em 14 de junho de 2018.

41. Garcia, S.E. "The Woman Who Created #MeToo Long Before Hashtags." *The New York Times*. 10 de outubro de 2017. https://www.nytimes.com/2017/10/20/us/me-too-movement-tarana-burke.html. Acessado em 13 de junho de 2018.

42. Fowler, S. "Reflecting on One Very, Very Strange Year at Uber." Susan Fowler personal site. 19 de fevereiro de 2017. https://www.susanjfowler.com/blog/2017/2/19/reflecting-on-one-very-strange-year-at-uber. Acessado em 5 de junho de 2018.

43. Vários detalhes sobre a Uber foram extraídos de um caso escrito por meu amigo Jay Lorsch and colleagues: Srinivasan, S., Lorsch, J.W., & Pitcher, Q. Uber in 2017: One Bumpy Ride. Case Study. HBS No. 117-070. Boston, MA: Harvard Business School Publishing, 2017.

44. Isaac, M. "Inside Uber's Aggressive, Unrestrained Workplace Culture." *The New York Times*. 22 de fevereiro de 2017. https://www.nytimes.com/2017/02/22/technology/uber-workplace-culture.html. Acessado em 13 de junho de 2018.

45. Isaac, M. "Uber's C.E.O. Plays With Fire." *The New York Times*. 23 de abril de 2017. https://www.nytimes.com/2017/04/23/technology/travis-kalanick-pushes-uber-and-himself-to-the-precipice.html. Acessado em 13 de junho de 2018.

46. Isaac, M. 22 de fevereiro de 2017, *op cit*.

47. Quora. "What Are Uber's 14 Cultural Values?" *Quora*, https://www.quora.com/What-are-Ubers-14-core-cultural-values.

48. Idem.

49. Schleifer, T. "Uber's latest valuation: $72 billion." *Recode*. February 9, 2018. https://www.recode.net/2018/2/9/16996834/uber-latest-valuation-72-billion-waymo-lawsuit-settlement. Acessado em 13 de junho de 2018.

50. Isaac, M. 22 de fevereiro de 2017, op cit.

51. Srinivasan, S., Lorsch, J.W., & Pitcher, Q. Uber in 2017: One Bumpy Ride. Case Study. HBS No. 117-070. Boston, MA: Harvard Business School Publishing, 2017.

52. Isaac, M. "Uber Founder Travis Kalanick Resigns as C.E.O." *The New York Times*. 21 de junho de 2017. https://www.nytimes.com/2017/06/21/technology/uber-ceo-travis-kalanick.html. Acessado em 13 de junho de 2018.

53. Blumberg, P. "Ex-Uber Engineer Asks Supreme Court to Learn From Her Ordeal." *Bloomberg.Com*. 24 de agosto de 2017; Hurley, L. "Companies win big at U.S. top court on worker class-action curbs." *Reuters*. 21 de maio de 2018.

54. Kim, L. "Two Bay Area Women on Time Cover for 'Person of the Year.'" *ABC7 San Francisco*. 7 de dezembro de 2017.

55. Hook, L. "FT Person of the Year: Susan Fowler." *Financial Times*. 12 de dezembro de 2017.

56. Morse, B. "Elon Musk, Susan Fowler, and Mark Zuckerberg Join Tech's Biggest Names in 'New Establishment' List." *Inc.com*. 2 de outubro de 2017. https://www.inc.com/brittany-morse/elon-musk-susan-fowler-and-markzerberg-join-big-tech-names-in-new-establishment-list.html. Acessado em 8 de junho de 2018.

57. Bhuiyan, J. "With Just Her Words, Susan Fowler Brought Uber to Its Knees." *Recode*, 6 e dezembro de 2017. https://www.recode.net/2017/12/6/16680602/susan-fowler-uber-engineer-recode-100-diversity-sexual-harassment. Acessado em 12 de junho de 2018.

58. Kerr, D. "Uber's U-Turn: How the New CEO Is Cleaning House after Scandals and Lawsuits." *C-NET*. 27 de abril de 2018. https://www.cnet.com/news/ubers-u-turn-how-ceo-dara-khosrowshahi-is-cleaning-up-after-scandals-and-lawsuits. Acessado em 14 de junho de 2018.

5 O Local de Trabalho Sem Medo

"A única coisa que devemos temer é o próprio medo."

— Franklin D. Roosevelt[1]

Talvez um local de trabalho verdadeiramente sem medo seja impossível. As pessoas têm uma aversão natural a perder seu prestígio aos olhos dos colegas e chefes. Contudo, um número crescente de organizações está fazendo do local de trabalho sem medo uma aspiração. Os líderes dessas organizações reconhecem que a segurança psicológica é fonte crucial de valor. Nesse sentido, a organização sem medo é algo para se tentar continuamente, e não para alcançar de uma vez por todas. É uma jornada dinâmica e interminável.

Neste capítulo, descrevo as práticas e a cultura que várias empresas de sucesso têm trabalhado arduamente para criar — para mostrar como a segurança psicológica funciona. Quando as pessoas falam abertamente, fazem perguntas, debatem com vigor e se comprometem com o aprendizado e melhorias contínuas, coisas boas acontecem. Não que seja fácil ou sempre agradável, mas, como você verá nas páginas seguintes, compensa investir esforços e viver com as mudanças. Locais de trabalho em que os funcionários sabem que sua contribuição é valorizada criam novas possibilidades de comprometimento autêntico e desempenho brilhante.

Logo, as organizações descritas neste capítulo nos fornecem uma amostra do aspecto de locais de trabalho psicologicamente seguros, mostram o que acontece — para a qualidade do produto, para os clientes e para os acionistas — quando os funcionários são livres para expressar suas ideias, perguntas e preocupações. Menores em número do que seus equivalentes mais medrosos, estas organizações ostentam uma fonte escondida de vantagem competitiva que se desenvolve de várias maneiras, dependendo do mercado, dos líderes da empresa e da natureza do trabalho.

Como veremos, há mais de uma maneira na qual a segurança psicológica se manifesta no local de trabalho. Quando uma equipe, departamento ou organização entende a segurança psicológica, pode parecer surpreendentemente simples, especialmente quando comparado a histórias de pessoas que passam por complexidades interpessoais e de conversação criadas por medo e desconfiança. Por essa razão, pode-se notar a relativa simplicidade dessas histórias de "boas notícias". Neste capítulo, você ouvirá palavras dos próprios líderes sobre visões e filosofias a respeito de locais de trabalho eficazes em um mundo acelerado. Isso porque as pessoas que conhecerá nas páginas a seguir tenderam a pensar intensamente para esclarecer decisões conscientes sobre criar locais de trabalho que despertem o melhor nas pessoas.

As empresas descritas neste capítulo variam de áreas criativas como filme e moda até alta tecnologia da computação, e de finanças até fabricação de máquinas. Porém, por todas as diferenças gritantes, cada uma das empresas descritas se baseia no aprendizado do funcionário, engenhosidade e comprometimento para seu sucesso.

Tornando a Franqueza Real

Se você tinha mais de três anos em 1995, provavelmente conhecia — ou em breve conheceria — um filme chamado *Toy Story*, o primeiro filme de animação computadorizada lançado por uma empresa chamada Pixar. Naquele ano, *Toy Story* se tornaria o filme de maior bilheteria, e a Pixar, a maior oferta pública inicial de ações.[2] O resto, como dizem, é história. Desde então, a Pixar Estúdios de Animação produziu dezenove longas-metragens, todos eles triunfo comercial e de crítica. Essa é uma demonstração notável em uma indústria em que sucessos são premiados, mas raros, e uma série de sucessos sem falha de uma única empresa são praticamente inéditos. Como eles fazem? Por meio de uma liderança que cria condições em que tanto a criatividade como a crítica podem se desenvolver. A Pixar pode estar no mercado de criação e animação de histórias, mas a maneira como a empresa trabalha oferece lições sobre segurança psicológica que, muito mais que seus filmes, são universais.

O cofundador da Pixar, Ed Catmull, credita o sucesso do estúdio, em parte, à franqueza. Sua definição de franqueza como sinceridade ou honestidade[3] e sua visão de que associamos a palavra "franqueza" a contar a verdade e a ausência de reservas respalda às premissas da segurança psicológica. Quando a franqueza é parte da cultura do local de trabalho, as pessoas não se sentem silenciadas. Elas não guardam para si o que pensam. Elas dizem o que lhes vêm à mente e compartilham ideias, opiniões e críticas. De preferência, riem juntas e conversam de maneira efusiva. Catmull estimula a franqueza procurando por maneiras de institucionalizá-la na organização — mais especificamente, no que a Pixar chama de "*Braintrust* [confiança no cérebro, em tradução livre]".

Um pequeno grupo que se encontra durante alguns meses para analisar um filme em processo dá um retorno sincero ao diretor e ajuda a resolver problemas criativos. O *Braintrust* foi lançado em 1999, quando a Pixar estava correndo para salvar *Toy Story 2*, que havia saído dos trilhos. A receita do *Braintrust* é bastante simples: um grupo de diretores e contadores de histórias assiste à primeira sessão do filme juntos, almoça junto e, então, dá o retorno para o diretor sobre o que eles acham que funcionou e que não funcionou. Mas o ingrediente principal é a franqueza. E franqueza, embora simples, nunca é fácil.

Abraçando o Mal na Jornada para o Bem

Como Catmull honestamente admite, "... no início, *todos* os nossos filmes eram uma droga."[4] Em outras palavras, teria sido fácil fazer de *Toy Story* um filme sobre a vida secreta de brinquedos que fosse piegas e chata. Mas o processo criativo, naturalmente interativo, depende de um retorno que seja verdadeiramente honesto. Se as pessoas na sala do *Braintrust* tivessem murmurado elogios educados nas primeiras cenas em vez de se sentirem seguras o suficiente para dizer com franqueza que o que sentiram estava errado, perdido, incerto ou não fazia sentido, provavelmente *Toy Story* e *Toy Story 2* não teriam deslanchado na estratosfera cinematográfica.

O *Braintrust* da Pixar tem suas regras. Primeiro, o retorno deve ser construtivo — e sobre o projeto, não a pessoa. Da mesma forma, o cineasta não pode ser defensivo ou levar a crítica para o lado pessoal, e deve estar pronto para ouvir a verdade. Segundo, os comentários são sugestões, não prescrições. Não existem funções, de cima para baixo ou ao contrário; o diretor é, em última instância, o único responsável pelo filme e pode pegar ou largar as soluções oferecidas. Terceiro, o retorno franco não é um "te peguei", mas deve vir de um lugar de empatia. O fato de os próprios diretores já terem passado pelo processo ajuda. Elogios e reconhecimento, especialmente pela visão e ambição do diretor, são distribuídos aos montes. Catmull, de novo: "O *Braintrust* é benevolente. Quer ajudar e não tem um plano egoísta."[5] O *Braintrust*, visto como um "ele" neutro e de flutuação livre, em vez de um "eles" assustador, é percebido como mais do que a soma de seus membros individuais. Quando as pessoas se sentem psicologicamente seguras o suficiente para contribuir com percepção, opinião ou sugestão, o conhecimento na área cresce exponencialmente. Isso porque observações individuais e sugestões elaboradas, uma com base na outra, tomam nova forma e criam novos valores, especialmente comparados com o que acontece quando o retorno individual é coletado separadamente.

Braintrusts — grupos de pessoas com objetivos compartilhados que oferecem retorno franco a seus pares — são sujeitos a personalidades individuais e químicas. Em outras palavras, elas podem facilmente sair dos trilhos se o processo não for bem conduzido. Para serem eficazes, os gerentes devem monitorar as dinâmicas continuamente no decorrer do tempo. É de imensa ajuda se as pessoas respeitarem as experiências e confiarem nas opiniões das outras. O diretor da Pixar, Andrew Stanton, dá conselhos sobre como escolher pessoas para um grupo de retorno eficaz. Elas têm que, afirma ele, "fazer você pensar com mais inteligência e colocar várias soluções na mesa em um curto espaço de tempo."[6] A questão de Stanton sobre ter pessoas ao redor que nos façam "pensar com mais inteligência" é a essência de por que a segurança psicológica é crucial para inovação e progresso. Nós só conseguimos pensar de forma mais inteligente se as outras pessoas da sala falarem o que pensam.

Infelizmente, uma ressalva é necessária aqui. No início de 2017, John Lasseter, cofundador, junto com Ed Catmull, e chefe de direção criativa da Pixar, renunciou por improbidade comportamental e se desculpou em um e-mail para "qualquer pessoa que recebeu um abraço indesejado ou qualquer outro gesto que sentiu ter ultrapassado limites de alguma maneira, aspecto ou forma".[7] Logo vieram em seguida reclamações individuais de funcionários da Pixar sobre o assédio de Lasseter. O comportamento de Lasseter, e consequente saída, parte do movimento MeToo, que abordarei no Capítulo 6, destaca a natureza frágil e temporária da segurança psicológica. A atenção física indesejada facilmente enfraquece a confiança obtida a duras penas.

O *Braintrust* se parece com o que a comunidade acadêmica chama de avaliação pelos pares — um processo no qual outros especialistas no assunto interpretam e fazem críticas construtivas em um rascunho de artigo de um colega ou de um livro em andamento. Isso pode ser uma contribuição inestimável para melhoria, e quase sempre o artigo publicado é infinitamente melhor que o manuscrito original submetido. Entretanto, a avaliação dos pares acadêmicos pode também ser competitiva e hostil — sobretudo quando anônima — e esses são os atributos que o *Braintrust*, em todo seu esplendor, definitivamente não tem. O método da Pixar também lembra "críticos de arte", em que um grupo de estudantes de arte, frequentemente orientados por um professor ou artista profissional, faz comentários críticos francos sobre o trabalho um do outro. Embora os críticos de arte — como qualquer processo de grupo — possam se transformar em um campo de baixa segurança psicológica quando a honestidade se torna destrutiva e não está acompanhada de apoio empático,[8] esse não é necessariamente o caso; o retorno dos colegas é valioso o suficiente para que os jovens artistas se organizem.[9] Imagine se o malfadado motor a diesel da Volkswagen tivesse sido tema para um *Braintrust* de engenheiros que poderiam ter dado um retorno franco sobre a sua viabilidade em vez de um grupo sigiloso que trabalhou com medo de falhar. As coisas poderiam ter acabado de forma diferente.

Liberdade para Falhar

A falha é outro componente citado por Catmull como crucial para os números exponenciais de bilheteria da Pixar. Isso pode soar estranho, já que a última coisa que a Pixar quer é um fracasso de bilheteria. Mas entende-se evitar esse resultado como dependente de abraçar a falha mais cedo na jornada criativa. O *Braintrust* vê o risco e a falha como partes necessárias do processo criativo. Nos primeiros estágios, um filme vai "ser uma droga", de acordo com Catmull. Stanton compara o processo de fazer um filme com o de aprender a andar de bicicleta; ninguém aprende como pedalar graciosamente sem cair algumas vezes. Catmull acredita que, sem a liberdade de falhar, as pessoas "vão esconder em vez de repetir algo seguro que já foi bom o suficiente no passado. Seu trabalho vai ser derivado, não inovador".[11] Como em tantos outros contextos, a experimentação e seus inevitáveis processos de tentativa e erro são necessários para a inovação.

Catmull é honesto e humano em reconhecer que falhar dói. Abraçar a falha é muito mais fácil na teoria que na prática. "Para descomplicar as partes boas e más da falha", diz ele, "temos de reconhecer tanto a realidade da dor e o benefício do crescimento resultante."[12] Ele aponta que não basta simplesmente aceitar a falha quando ela acontece e seguir adiante, esperando, mais ou menos, evitá-la mais adiante. Precisamos entender a falha não como algo a temer ou tentar evitar, mas como parte natural de aprendizado e exploração. Assim como aprender a andar de bicicleta envolve o desconforto físico de joelhos ralados ou cotovelos machucados, criar um filme impressionantemente original requer a dor psicológica da falha. Além disso, tentar evitar a dor da falha no aprendizado irá levar a uma dor muito pior. Como diz Catmull: "especialmente para líderes, esta estratégia — tentar evitar a falha, superando-a — condena-o à falha."[13]

A falha pode, é claro, sair caro. A estratégia da Pixar, em procurar que as falhas ocorram no início do processo, pode, por exemplo, permitir a diretores passarem anos na fase de desenvolvimento, o que envolve gastos com salários, mas limita os custos com excesso de produção. Como saber quando uma falha não é produtiva? Quando é melhor cortar prejuízos e desistir? De acordo com Catmull, quando um projeto não está funcionando, a única razão que fará a Pixar demitir um diretor é se ele tiver claramente perdido a confiança em sua equipe ou tiver recebido retorno construtivo durante uma reunião de *Braintrust* e se recusado a trabalhar com base nele por um período prolongado. Dessa maneira, a Pixar tenta institucionalizar o que Catmull chama de "desconecta(ndo)r o medo e a falha", criando um ambiente no qual a segurança psicológica é alta a ponto de "um erro cometido não insuflar medo nos corações dos funcionários". É claro, a Pixar não é a única a abraçar a franqueza e a falha. De fato, é provável que qualquer esforço criativo de sucesso faça isso, seja implícita ou explicitamente. O sucesso enorme (e controverso) de Ray Dalio, da Bridgewater Associates, uma das maiores empresas de fundo de investimento do mundo, dá outro exemplo.

Franqueza Extrema

Em 1975, Ray Dalio, um homem na casa dos 20 anos, fundou a Bridgewater Associates em seu apartamento de dois quartos na cidade de Nova York. Desde então, a empresa cresceu para mais de mil e quinhentos funcionários, obteve altos retornos consistentemente (mesmo durante a crise financeira de 2008–2009) e tem sido premiada por dúzias de prêmios de mercado. Dalio esteve entre os 400 da lista na revista *Forbes* e, na Revista *TIME,* entre as 100 pessoas mais influentes. Ele atribui o sucesso da Bridgewater a sua cultura de "valorizar trabalho e relacionamentos significativos", a qual tem alcançado através de "verdade radical e transparência".[15] Em 2011–2012, como parte de um plano para preservar a cultura da firma, Dalio criou um documento intitulado *Princípios*, para gravar ideias testadas e aprovadas, métodos e processos que ele teria desenvolvido.[16] Hoje, um *best-seller*,[17] *Princípios* fornece um guia detalhado e extenso para um caminho — não significa que seja o único — em que a segurança psicológica pode funcionar para promover aprendizado, inovação e crescimento.

A extrema franqueza de Dalio começa com seu princípio de que os líderes têm de "criar um ambiente em que... ninguém tenha o direito de reter uma opinião crítica sem falar abertamente sobre ela".[18] Note o uso da palavra "direito". O enquadramento aqui é o ético. Na Bridgewater, se você pensa, você deve falar. Sem hesitar. Na visão de Dalio, a franqueza está sempre a serviço da verdade, não importa quão dolorosa seja, porque somente encarando a verdade pode-se tomar uma atitude eficaz para produzir bons resultados. A título de exemplo, ele salienta que, se uma pessoa tem uma doença terminal, é melhor saber a verdade, não importa quão assustadora seja, porque somente assim pode-se descobrir o que fazer. Ao definir o silêncio como uma escolha antiética, Dalio adota uma postura mais extrema do que a que adotei. Mas vale a pena refletir sobre essa ideia, que, para mim, significa que você deve a seus colegas a manifestação de suas opiniões ou ideias. De certa forma, essas ideias pertencem ao coletivo empresarial e, consequentemente, você não tem o direito de guardá-las.

Desse modo, o retorno sincero na Bridgewater é constante e detalhado. Todos os funcionários são obrigados a manter um registro de problemas, para registrar erros individuais, pontos fortes e fracos, e a manter um "botão da dor", para registrar as reações dos funcionários a críticas específicas, bem como a suas mudanças de comportamento, para corrigir deficiências, e se essas mudanças foram efetivas.

Bibliotecas da Transparência

Transparência radical e franqueza extrema andam de mãos dadas na Bridgewater. Há até uma proibição de falar sobre as pessoas que não estão presentes e, por isso, não podem saber o que está sendo dito. Gerentes não devem falar de seus supervisionados se a pessoa não está no local. Nas palavras de Dalio, "se você fala de alguém pelas costas dentro da Bridgewater, você é chamado de cobra asquerosa."[20] Um registro de estatísticas de avaliação em curso para cada funcionário é mantido em "cartas de baseball", publicamente disponíveis para qualquer um da empresa e usadas pelos gerentes para tomar decisões relacionadas a compensações, incentivos, promoções e demissões. Ninguém na empresa, incluindo Dalio, pode mantê-lo escondido. Uma "biblioteca da transparência" contendo vídeos de cada reunião executiva está disponível para visualização caso os funcionários queiram verificar como as políticas ou as iniciativas foram discutidas.

As opiniões de Dalio sobre a necessidade de erros e falhas inteligentes como parte do processo de aprendizado são consistentes com o que sabemos sobre como ocorrem o crescimento e a inovação. Ele acredita que "a fobia de erros de nossa sociedade é paralisante"[21], porque, começando no ensino fundamental, somos ensinados a procurar a resposta certa em vez de aprender a aprender com os erros como um caminho para o pensamento inovador e independente. No início, ele diz que "aprendeu que todos cometemos erros e temos fraquezas, e que uma das coisas mais importantes que diferenciam as pessoas é o modo como lidam com elas." Por essa razão, na Bridgewater ,"não há problema em cometer erros, mas é inaceitável não identificá-los, analisá-los e aprender com eles."[22]

Conflito Produtivo

Em seu livro *Princípios*, Dalio enfatiza a franqueza, a transparência e aprender com os erros — uma tríade da segurança psicológica — como estruturas tanto para a vida como para a empresa dele. A essa lista podemos acrescentar resolução de conflitos, uma contribuição importante para inovação e para se tomar boas decisões a partir das quais a segurança psicológica é extremamente necessária. O conflito, na cultura da Bridgewater, é realizado para encontrar "o que é verdadeiro e o que fazer a respeito".[23] Envolve ter conversas baseadas em tarefas sobre quem vai fazer o quê, assim como uma troca de pontos alternativos de visão e superação de diferenças ou equívocos. Reconhecendo a tendência humana inata de tratar o conflito como uma competição, Dalio dá conselhos como "não tente 'vencer' a discussão. Descobrir que você está errado é muito mais valioso que estar certo, porque você está aprendendo."[24] É importante saber quando superar uma divergência e não perder tempo demais com detalhes triviais. Ele reconhece que "divergências de mente aberta" são frequentes na Bridgewater e, naturalmente, as pessoas ficam aborrecidas às vezes (não é uma surpresa que novos funcionários na Bridgewater têm uma taxa de atrito alta; a cultura não é para todos). Gerentes são aconselhados a "reforçar a lógica das conversas" quando as emoções das pessoas ficam acaloradas demais para controlar. O melhor a ser feito é permanecer "calmo e analítico ao ouvir os pontos de vista dos outros".[25]

Dalio distingue três categorias de conversação — debate, discussão e ensinamento — e recomenda que os gerentes avaliem explicitamente qual método de discurso é o mais apropriado para o assunto em questão. Discussão, de acordo com Dalio, é uma exploração aberta de ideias e possibilidades que envolve pessoas de variados níveis de experiência e de autoridade na organização. Em uma discussão, todos são estimulados a fazer perguntas, dar opiniões e fazer sugestões. Todos os pontos de vista são bem-vindos e considerados. Debate, entretanto, fica entre "semelhantes aproximados", e ensinamento fica entre pessoas com "diferentes níveis de entendimento". Enquanto os limites entre debate, discussão e ensinamento podem, às vezes, ser fluidos em uma organização sem medo — as comunicações podem combinar todas as três categorias, que oferecem caminhos úteis para se pensar e estruturam como falar com os outros em um ambiente psicologicamente seguro.

Vemos aqui que hierarquia explícita e segurança psicológica não são mutuamente exclusivas em uma organização sem medo. Enquanto o ambiente da Bridgewater é, sem dúvida, aquele no qual as pessoas devem se acostumar a falar de maneira aberta e frequente, falar abertamente coexiste com uma hierarquia baseada, em parte, em históricos individuais. Mas a tomada de decisão não é por consenso. Como os *Braintrusts* da Pixar, o propósito do debate aberto é fornecer ao líder decisor perspectivas e alternativas para ajudá-lo a descobrir o melhor resultado. Em uma cultura que provavelmente pré-seleciona personalidades obstinadas e seguras de si, Dalio alerta para a arrogância. "Pergunte a si mesmo se você mereceu o direito de ter uma opinião", diz ele.[26] Tal direito é merecido através de históricos bem-sucedidos e de comprovada responsabilidade. Dalio compara isso a esquiar em uma pista difícil; se não pode administrar de modo eficaz tal feito, você não deveria contar aos outros como o fez. Por sua vez, gerentes devem distinguir opiniões que têm maior mérito — porque elas se baseiam na experiência de uma pessoa — das que são meramente conjecturas.

Embora líder perto do fim de uma carreira de sucesso, Dalio modera os perigos do excesso de confiança, incluindo entre seus próprios princípios mais valiosos "o poder de saber como lidar com o não saber". Em parte, ele atribui seu sucesso por ter reconhecido e seguido esse princípio, porque seu poder o tem capacitado a fazer perguntas, procurar conselhos e achar as melhores respostas para perguntas difíceis. Surpreendentemente, esse financista de pulso firme compartilha uma crença em não saber com uma estilista de moda feminina de voz suave, Eileen Fisher, que, fora isso, tem muito pouca semelhança com Dalio.

Seja Um Não Conhecedor

Eileen Fisher está entre aqueles líderes que chamam a si mesmos de "não conhecedor". Ela inaugurou sua atualmente famosa marca de roupas em 1984, aos 34 anos, quando não sabia costurar e sabia pouco sobre moda ou negócios. Hoje, como líder, Fisher é um exemplo de vulnerabilidade e humildade, que, como já se espera, ajudam a criar segurança psicológica no local de trabalho, conforme iremos explorar posteriormente no Capítulo 7. Ela fala com honestidade sobre suas dificuldades e medos. Terrivelmente tímida quando mais jovem, ela estava com medo de entrar na Bloomingdale's com seus primeiros desenhos de roupas, porque tinha receio de ser rejeitada. Inspirada pelos quimonos que havia visto enquanto trabalhou como designer gráfico no Japão e com acesso à tenda de um amigo na Boutique Show — um tipo de feira de artes e ofícios — e a habilidade de um outro amigo com a máquina de costura, Fisher lançou sua empresa desenhando, primeiro, quatro e depois oito peças de roupas para a barraca emprestada. Na primeira vez, ela recebeu encomendas de compradores de três mil dólares e, na segunda exposição, ela ficou surpresa em descobrir compradores em fila de encomendas, totalizando 40 mil dólares.[30]

Hoje, a empresa Eileen Fisher opera aproximadamente 70 lojas varejistas, que geraram entre 400 e 500 milhões em rendimentos em 2016. É fornecedora de muitas outras confecções varejistas e tem constantemente sido reconhecida como uma das melhores empresas do mundo onde trabalhar. Diferentemente dos negócios apresentados no Capítulo 3 que encaram falhas enormes, a empresa tem desfrutado de crescimento contínuo e cuidadoso, mudanças produtivas, sem manchas financeiras, legais ou falhas de segurança. Suas práticas de gestão e governança têm criado uma vitrine para a segurança psicológica.

Escuta Humilde

Fisher se diz uma ouvinte natural, o que ajuda a fazer do "não saber" um traço positivo. Quando criou sua primeira empresa, ela descobriu que a combinação desses dois traços seria uma vantagem. Como ela diz, "quando você não sabe e está de fato ouvindo com intensidade, as pessoas querem ajudá-lo. Elas querem compartilhar."[32] Evidentemente, ela tem conseguido manter a vulnerabilidade e receptividade de seu "eu não sei" original, mesmo tendo se tornado uma líder experiente de uma sólida marca na indústria da moda. Um dos resultados da administração pelo não conhecimento é, como diz Fisher, que as "pessoas se sentem seguras em explorar suas próprias ideias em vez de acharem que precisam apenas fazer o que você diz para fazerem."[33]

As roupas de Eileen Fisher são estruturadas ao longo de linhas simples e desenhos fluidos. O mesmo pode ser dito da maneira como a empresa conduz suas reuniões. As pessoas se sentam em círculo, com a intenção de minimizar as hierarquias e, por sua vez, estimular o que é chamado de "um líder em cada cadeira".[34] A fim de gerar a atenção e o foco favoráveis para um ambiente no qual todos colaboram e contribuem, as reuniões começam com um minuto de silêncio. Algumas vezes, um objeto semelhante a uma cuia é passado de pessoa a pessoa; a ideia é de a pessoa estar autorizada, e espera-se que fale quando o objeto está em sua mão.[35] A questão é que Fisher, como os outros líderes mencionados neste capítulo, tem institucionalizado processos muito específicos que ajudam a criar segurança psicológica.

Uma das coisas que Fisher conhece por inteiro é como se sentir insegura ao falar abertamente. Na escola, ela sentia que falar abertamente significava o risco de críticas, humilhação e constrangimento; consequentemente, percebeu ela, era "mais seguro não dizer nada do que descobrir o que você pensa e o que quer dizer". Talvez isso seja, em parte, o motivo de ela ter criado, de modo consciente e cuidadoso, um ambiente em que os funcionários se sentem seguros em falar o que pensam. Fisher, de novo: "Minha inclinação é fazer perguntas, para ter as pessoas certas na conversa e deixar que todos tenham a palavra. O processo coletivo e colaborativo produz muita energia — é a fonte de criatividade e inovação."[37] Curiosamente, Fisher, como estilista de roupas, não está procurando por "respostas certas", mas por diversidade de vozes que produzem um processo colaborativo e energia criativa. Ela está elaborando o sucesso como um certo tipo de energia, em vez de um resultado imediato.

Permissão para Cuidar

Quando Fisher descreve como projetos e iniciativas acontecem em sua organização, ela enfatiza estimular os funcionários a terem paixão e lhes dá "permissão para se importar". Por exemplo, uma assistente, Amy Hall, cresceu na empresa e se tornou diretora de consciência social, seguindo sua paixão pelo modo como a empresa estava gerenciando suas fábricas e tratando seus trabalhadores, envolvendo-se, por fim, no estabelecimento de padrões para que as fábricas operem no mundo todo. Em 2013, em uma conferência de sustentabilidade de quatro dias fora da empresa, os funcionários se comprometeram a produzir somente roupas ambientalmente sustentáveis a partir do ano de 2020. Embora a ideia não tenha vindo originalmente de Fisher, ela queria dar seu apoio e se deu conta da importância de dizer, simplesmente, "sim". Embora não se denomine CEO, ela percebeu que "dizer sim dá permissão às pessoas" para prosseguirem.[39]

Como qualquer empresa, a Eileen Fisher teve de mudar e crescer. Fisher rejeitou ofertas para se tornar uma empresa pública, assim como uma oferta para vendê-la para Liz Claiborne, uma grande empresa de roupas femininas, porque ela não sentiu que eles estavam apaixonados o suficiente pelas roupas e pela visão da empresa. Antes, em 2005, Fisher decidiu passar parte da participação da empresa a seus empregados. Em 2009, a marca se submeteu a uma mudança maior em seu marketing e linhas de produto, para atrair mulheres mais jovens, além da base fiel de clientes que envelheceram junto com Fisher. Mais recentemente, Fisher vê o empoderamento de mulheres e garotas como parte da missão da empresa e, para esse fim, fundou o Eileen Fisher Leadership Institute

[Instituto de Liderança Eileen Fisher]. A empresa também fornece subsídios a mulheres empreendedoras e a organizações sem fins lucrativos que fomentem liderança em mulheres e garotas.[40]

Ao que parece, Fisher sabe. Como ela diz, "aprendi com o tempo que, realmente, tenho muito a dizer, sobretudo em relação a assuntos como sustentabilidade e negócios como um movimento. Minha voz é importante."[41] Pode ser que a própria Fisher seja a última a conhecer a influência de sua própria voz. Como o presidente da Macy's North, Frank Gazetta, falou sobre as linhas de produtos sazonais com que ele abastece suas lojas, "a voz de Eileen está sempre lá".[42]

Por último, a voz de Eileen tem sido amplamente ouvida (e vista) na indústria da moda, porque ela estava disposta a correr riscos, disposta a falhar. Em toda indústria criativa, a falha faz parte da vida. A maioria das ideias de design nunca dão certo. Da mesa forma, muitas cenas de filmes são cortadas e muitas apostas financeiras falharão antes de conseguir um ganhador. De fato, cada vez mais pessoas em empresas de ponta ao redor do mundo estão adotando a noção de falhar bem para ter êxito mais cedo. Porém, por mais atraente e lógica que possa ser a ideia de aprender com a falha, a verdade é que ninguém quer falhar.

Quando a Falha Funciona

Uma equipe de pessoas inteligentes e motivadas em Palo Alto trabalhou por dois anos inteiros em um projeto inovador. O objetivo era desenvolver um processo de transformar água do mar em combustível econômico. Você deve pensar que alcançar tal objetivo seria impossível. Mas cientistas já descobriram a tecnologia necessária para fazê-lo funcionar em quantidades bem pequenas. O desafio do Projeto Nevoeiro, como o empreendimento foi chamado, era avaliar se o processo poderia ser viável comercialmente em grande escala. Depois de dois anos de trabalho árduo, entretanto, a equipe relutantemente admitiu que não conseguiria custos de produção baixos o suficiente para produzir um combustível competitivo em termos econômicos, especialmente por conta da queda no preço do petróleo. Eles decidiram encerrar o projeto.

A equipe foi demitida? Humilhada? Os membros da equipe perderam a cabeça por semanas? Longe disso. Todos os membros da equipe Nevoeiro receberam um bônus da empresa.[43]

Torne a Falha Segura

A empresa era a Google X, um laboratório de invenção e inovação que opera como uma entidade independente dentro da empresa matriz do Google, a Alphabet. A missão da X, como veio a ser chamada, é lançar tecnologias "lunáticas" que farão do mundo um lugar melhor. O objetivo explícito é desenvolver e comercializar soluções radicais, que transformem o mundo, para grandes problemas, para produzir o tipo de descoberta que poderia eventualmente se tornar tão grande quanto o *próximo* Google.[45] A falha inteligente é especialmente integral para o êxito na X e, por esse motivo, podemos aprender muito sobre o que a faz funcionar e o raciocínio que os líderes estimulam para tornar a falha aceitável em suas organizações.

Embora a ideia de recompensar pessoas por falharem possa aparentemente criar um incentivo problemático, se olharmos com atenção podemos ver a lógica da atividade, sobretudo para uma organização de pesquisas que persegue ideias grandes e audaciosas. Astro Teller, CEO da X — ou "Capitão dos Lunáticos", para ser exato — acredita que é uma estratégia econômica superior recompensar as pessoas por abortarem projetos pouco promissores do que deixar ideias impraticáveis definharem no purgatório por anos e absorvendo recursos.[46] Em outras palavras, você tem de falhar em muitas tentativas antes de surgir o êxito. A X considera mais de cem ideias lunáticas a cada ano, em áreas que abrangem desde energia limpa e agricultura sustentável até inteligência artificial. Entretanto, somente algumas dessas ideias se tornam projetos com pessoas trabalhando neles em tempo integral.[47]

Em sua palestra no TED Talk de 2016, Teller explicou por que e como X "torna a falha segura".

> Você não pode gritar com as pessoas e forçá-las a falhar rápido. As pessoas resistem. Elas se preocupam. "O que irá acontecer comigo se eu falar? As pessoas rirão de mim? Serei demitido? A única maneira de fazer as pessoas traba-

lharem desde o início em coisas grandes e arriscadas — ideias audaciosas — e executá-las em todas as partes mais difíceis do problema é se você torna este o caminho de menor esforço para elas. Nós trabalhamos duro na X para tornar a falha segura. As equipes eliminam suas ideias assim que a evidência é apresentada, porque eles são recompensados por ela. Eles são aplaudidos por seus colegas. Abraços e apertos de mão de seus gerentes, eu em particular. Eles são promovidos por isso. Nós bonificamos cada um nas equipes que finalizaram seus projetos, desde equipes pequenas de dois a equipes de mais de trinta.

Teller destaca como é desagradável, para nós, falharmos, especialmente no trabalho. É natural se preocupar com o que outras pessoas pensarão e com a perda do próprio emprego. Esse é o motivo por que as pessoas buscarão evitar a falha, a não ser que um líder, de maneira expressa e ativa, torne psicologicamente seguro fazer isso.

Avaliação Rápida

Tão vital quanto criar um ambiente psicologicamente seguro para a falha inteligente é construir um processo específico para lidar com a falha. Teller e a X cumprem a missão através de um processo de experimentação disciplinar. Assim como cientistas buscam encontrar evidências que rejeitem suas hipóteses, a empresa busca encontrar evidência de que suas ideias mais otimistas e idealistas *não* funcionarão, então ela pode acabar com essas ideias mais cedo, em vez de mais tarde, e passar para outras.[49] As propostas do projeto podem vir de qualquer um, dentro ou fora da empresa. Para garantir que a X trabalhe somente nas ideias mais promissoras, a empresa tem uma equipe de "Avaliação Rápida" que processa as propostas, veta ideias e incentiva somente aquelas que parecem atingíveis. Essa equipe, que consiste na combinação de gerentes seniores e inventores, primeiro executa um *pre-mortem*, tentando levantar todas as razões possíveis de por que a ideia poderia falhar. A "Avaliação Rápida", como a equipe é conhecida, considera a dimensão do problema, viabilidade e riscos tecnológicos. Durante essa etapa interativa, assuntos são questionados, alterados e aperfeiçoados por meio da conversa franca, o que não é diferente do *Braintrust* da Pixar.

Muito poucas ideias passam pela fase da Avaliação Rápida. Se uma ideia é considerada promissora, seu time deve desenvolver um protótipo rudimentar, preferencialmente em poucos dias. A X tem uma "Cozinha de Design" em um de seus prédios equipada com ferramentas e materiais para criar tais protótipos físicos.[52] Se a Avaliação Rápida for convencida pelo protótipo, ela passa a ideia para um segundo grupo de negócios chamado "Fundição", que pergunta: "Esta solução *deveria* existir? Há um plano de negócios a ser feito para a solução proposta? Se nós podemos construí-lo, as pessoas poderão realmente usar isso?"

A empresa homenageia falhas inteligentes de outras maneiras também. Protótipos que nunca passaram pela fase de Fundição e que, por isso, foram abandonados, estão à mostra no escritório de Palo Alto.[53] Desde novembro de 2016, a X tem realizado uma celebração anual para ouvir testemunhos sobre os projetos que falharam (relacionamentos que falharam e tragédias pessoais também são bem-vindos). Os protótipos falhos são colocados em um pequeno altar e as pessoas falam um pouco sobre o que o projeto significou para elas. Os funcionários sentem que esse ritual ajuda a remover um pouco da bagagem emocional que eles ainda carregam por terem investido pessoalmente em algo que nunca veio a existir.[54]

Falhar em falhar é a Falha Real

Para a X, então, falhar não é um tabu. Na verdade, como Teller disse na BBC News em 2014, "a falha real é tentar algo, aprender que não funciona e continuar fazendo isso de qualquer forma."[55] A falha real é definida como não aprendizado ou não correr riscos o suficiente para mergulhar de cabeça. Teller e a X abraçam tanto a falha que não falam sobre serem bem-sucedidos em seus projetos de maneira alguma. Em vez disso, eles falam "falhando em falhar".[56] A falha bem-sucedida é uma arte. Ajuda se você pode falhar na hora certa e pelas razões certas. No Capítulo 7, veremos outras maneiras através das quais as organizações fazem uso da falha e a institucionalizam.

Cuidado com os Funcionários

O poder da segurança psicológica não é exclusivo de indústrias como as de filmes, moda e tecnologia de ponta. A empresa global de equipamentos e engenharia Barry-Wehmiller demonstra que a segurança psicológica traz recompensas enormes em um cenário de manufatura. Essas recompensas vêm tanto em forma de desenvolvimento econômico como humano.[57]

Fundada em St. Louis em meados de 1880 como fabricante de máquinas para a indústria cervejeira, a Barry-Wehmiller é hoje uma organização de 3 bilhões de dólares que emprega 12 mil pessoas nas mais de cem locações em 28 países.[58] Em 2015, o CEO Bob Chapman e o coautor Raj Sisodia publicaram *Everybody Matters: The Extraordinary Power of Caring for Your People Like Family [Todos são Importantes: O Extraordinário Poder de Cuidar de Seu Pessoal como Uma Família*, em tradução livre], o livro cujo título declara, de maneira concisa, a missão da empresa de "medir o sucesso pela forma como tocamos as vidas das pessoas". Cuidar dos funcionários — "membros de equipe", na linguagem da Barry-Wehmiller —, usando medidas tangíveis para seu bem-estar, tem se provado a receita certa para estabelecer um local de trabalho psicologicamente seguro no qual o aprendizado e crescimento se desenvolvem.

A grande recessão de 2007–2009 apresentou uma oportunidade drástica para a Barry-Wehmiller honrar sua promessa de cuidar das pessoas como família. Quando novos pedidos de equipamentos caíram consideravelmente e demissões pareciam inevitáveis, Chapman iniciou, em vez disso, um programa de sacrifício compartilhado. Seguindo seu princípio de que em uma família afetuosa "todos os membros da família absorveriam alguma dor para que nenhum familiar tivesse de experimentar uma perda drástica" [59], não haveria demissões. Em troca, todos os funcionários, não importando sua posição, tirariam uma licença não remunerada de quatro semanas a sua escolha. O corte de custos na forma de sacrifício compartilhado se manifestava também de outras formas. Chapman reduziu seu salário para dez mil e quinhentos dólares, suspendeu os bônus dos executivos, suspendeu as contribuições para contas de aposentadoria e reduziu as despesas com viagens. Qual foi o resultado? Os sindicatos apoiaram o programa. Membros de equipes criaram um mercado para ajudar um ao outro. Aqueles que podiam ficar mais de um mês fora voluntariamente, negociaram com aqueles que não podiam. A Barry-Wehmiller se recuperou de um declínio econômico de maneira relativamente fácil e, em 2010, relatou resultados financeiros históricos. Em outras palavras, por continuar fazendo seus membros de equipe se sentirem seguros e cuidados durante uma crise, a empresa gerou uma situação de ganho mútuo para todos. A Barry-Wehmiller desenvolveu uma abordagem rigorosa e bem documentada para sistematizar seus valores e métodos, que criaram a segurança psicológica como um subproduto. Talvez porque a empresa estivesse prosperando por adquirir companhias com baixo desempenho e tornando-as lucrativas desde meados de 1980. A maioria eram empresas que forneciam equipamentos e serviços para indústrias, como fabricação de embalagens ou papel. Cada aquisição — como está escrito, existem mais de cem — tem sido outra oportunidade para articular e desenvolver a cultura e a visão da Barry-Wehmiller.[60]

Seu documento interno "Princípios Norteadores da Liderança", elaborado com a colaboração de funcionários, destina-se, entre outras coisas, a criar um ambiente de confiança, significado e orgulho que celebra e revela o melhor em cada pessoa. Logo depois que o documento foi elaborado, Chapman viajou para várias unidades e se sentou com pequenos grupos de pessoas para ouvir suas impressões sobre os Princípios. Ele aprendeu que confiança — funcionários se sentindo dignos de confiança pela gerência — era a chave, e aqueles relógios de ponto, sinais de intervalos e inventários trancados em celas inibiam essa confiança. Chapman descreve que imediatamente se livrou do que ele chama de "práticas degradantes e destruidoras de confiança"[62] inapropriadas para adultos responsáveis. Desde então, sessões de escuta, como são chamadas, tornaram-se momentos institucionalizados, quando se solicita aos membros da equipe que falem o que pensam.

A Universidade Barry-Wehmiller foi fundada em 2008 para transmitir práticas distintas de liderança e visão da empresa. Os instrutores são basicamente recrutados e treinados dentro da organização, estimulados a transmitirem percepções no lugar de informação e a fazerem uso de narrativas para compartilhar experiências e emoções. Chapman diz que a prática da empresa é "tratar as pessoas com primor e recompensá-las de maneira justa".[6] Por exemplo, quando a empresa instituiu políticas de assistência médica que incluíam verificar o bem-estar e hábitos do funcionário, o que contribuiu para uma redução de 5% em custos com assistência médica para a Barry-Wehmiller, foi dado aos membros da equipe um mês gratuito no pagamento de suas contribuições.

Porque a maioria do trabalho envolve processos repetitivos, porém complexos, relevantes às fábricas de montagem — veja o Capítulo 7 para saber mais sobre as consequências de diferentes tipos de trabalho para a segurança psicológica e aprendizado —, melhorias de processos ou seu inverso (processos travados) têm enormes consequências para o desempenho. Ninguém quer instituir mudanças nos processos do local de trabalho que tornem uma tarefa mais difícil e que deixem o funcionário indignado, mas muitas vezes memorandos transmitidos aos superiores fazem exatamente isso. Muito mais razoável é ter pessoas que estão realmente fazendo o trabalho de formular e reformular o processo. Em uma organização sem medo, sugestões para melhorias *(kaizen)* são ativamente recrutadas e instituídas quando apropriado.

Pedir por Contribuição

Bob Chapman conta a história da construção de uma loja de máquinas em Green Bay, no Wisconsin. Primeiro, dez presidentes de divisão passaram uma semana pensando em como melhorar o processo de colocar as peças sobressalentes ordenadas, finalizadas e entregues aos clientes. Análises foram executadas e relatórios gerados, somente para perceber que o plano não funcionaria na prática. Outra equipe de liderança se reuniu, passou outra semana analisando e projetando, dessa vez também buscando saber como o espaço da fábrica poderia ser preparado. Ainda assim, ninguém se sentiu seguro o suficiente para prosseguir. Finalmente, um terceiro evento de melhoria foi realizado, dessa vez com dois líderes seniores e dez pessoas que estavam realmente fazendo o trabalho: motoristas de empilhadeiras, montadores, apanhadores, empacotadores e pessoal administrativo. Agora, de repente, o caminho a seguir era claro. No anúncio de Chapman:

> Eles [os trabalhadores] colocaram recortes de papelão no chão da fábrica e mediram o que precisariam para trazer diferentes carrinhos e empilhadeiras de um lado para o outro. Eles podiam ver diferentes problemas de distância e reconhecer que o trabalho de uma área às vezes fluía para outra. Peças mais leves seriam mais fáceis de carregar em uma distância maior. Eles viram quantos passos levaria, o quão seguro seria ter uma empilhadeira em uma área ou mesmo se poderia dar a volta por fora em uma configuração mais segura.[64]

Esse é o exemplo principal de pedir a opinião das pessoas e as vantagens de fazê-lo. Ainda melhor que, por exemplo, abrir um portal online para convocar sugestões dos funcionários é convocar as partes responsáveis para a reunião! Nos termos de Dalio, são os próprios operadores de empilhadeira que ganharam o "direito de ter uma opinião" de haver ou não distância suficiente para suas empilhadeiras passarem por uma área. Contraste a abordagem de Barry-Wehmiller com o sujeito da fábrica do Capítulo 2, que teve uma ideia para melhoria e não pôde apontar nenhum bom motivo para não oferecê-la. Se tivessem lhe dado um lugar à mesa, é provável que aquela gerência pudesse ter sido beneficiada com sua ideia.

Chapman relata que a solução elaborada pela reunião dos trabalhadores ainda vigorava cinco anos depois. Eles eram, diz ele, "capazes de compartilhar para melhorar o processo e criar um processo significativo, duradouro e mais humano para todos naquela organização".[65] É importante observar quanto pode demorar a parte de todos envolvidos criarem uma organização sem medo. A alta gerência teve de gastar tempo considerável e ter o bom senso de reconhecer que suas ideias não funcionariam. Os trabalhadores da fábrica tiveram de estar explicitamente envolvidos no processo de concepção do procedimento. Eu não quis insinuar que trabalhar em uma empresa sem medo exige mais esforço ou um comprometimento extremamente difícil. Não é. Mas inicialmente, quando fomos entrincheirados pelo medo e seu consequente contexto mental, não é sempre óbvio. Os líderes da Barry-Wehmiller são profissionais fantásticos de uma prática sustentável de segurança psicológica que chamo de Participação Convidativa, a ser abordada no Capítulo 7.

Aprendendo com Ambientes de Trabalho Psicologicamente Seguros

Barry Wehmiller, Google X, Eileen Fisher, Bridgewater e Pixar aparentemente têm pouco em comum. No entanto, eles conseguiram criar ambientes de trabalho caracterizados por níveis excepcionais de franqueza, empenho, colaboração e tomada de riscos, todos os quais têm contribuído para a criação de negócios bem-sucedidos — em formas espantosamente variadas. O Capítulo 6 destaca algumas outras organizações e líderes. Mas, dessa vez, nosso foco serão os esforços para promover ou melhorar a saúde humana, dignidade ou segurança.

Lições do Capítulo 5

- Locais de trabalho caracterizados por franqueza podem oferecer imensas vantagens para criatividade, aprendizado e inovação.
- Líderes dispostos a dizer "eu não sei" têm um papel surpreendentemente eficaz ao envolver corações e mentes dos funcionários.
- Criar um ambiente que valoriza os rendimentos dos funcionários beneficia em comprometimento, solução de problemas e desempenho.

Referências

1. Franklin Delano Roosevelt. Presidential Inaugural Address. *History*. 4 de março de 1933. https://www.history.com/speeches/franklin-d--roosevelts-first-inaugural-address. Acessada em 7 de junho de 2018.
2. "Our Story." Pixar Animation Studios, https://www.pixar.com/our--story-1#our-story. Acessada em 7 de junho de 2018.
3. Catmull, E. & Wallace, A. *Creativity, Inc.: Overcoming the Unseen Forces That Stand in the Way of True Inspiration*. New York: Random House, 2013. Impresso.
4. Catmull, E. & Wallace, A. 2013: 90.
5. Catmull, E. & Wallace, A. 2013: 95.
6. Catmull, E. & Wallace, A. 2013: 105.
7. Barnes, B. "John Lasseter, a Pixar Founder, Takes Leave After 'Mis--steps'". *The New York Times*, 20 de janeiro de 2018. https://www.nytimes.com/2017/11/21/business/media/john-lasseter-pixar-disney--leave.html. Acessada em 25 de julho de 2018.
8. Finkel, J. "Tales From the Crit: For Art Students, May Is the Cruelest Month." *The New York Times*. 30 de abril de 2006. https://www.nytimes.com/2006/04/30/arts/design/tales-from-the-crit-for-art-s-tudents-may-is-the-cruelest-month.html. Acessada em 13 de junho de 2018.
9. Para mais sobre críticas de arte, veja http://bushwickartcritgroup.com/.
10. Catmull, E. & Wallace, A. 2013. 109.
11. Catmull, E. & Wallace, A. 2013: 111.
12. Catmull, E. & Wallace, A. 2013: 108–109.
13. Catmull, E. & Wallace, A. 2013: 109.
14. Catmull, E. & Wallace, A. 2013: 123.
15. Dalio, R. "How to Build a Company Where the Best Ideas Win." *TED*. 2017. https://www.ted.com/talks/ray_dalio_how_to_build_a_company_where_the_best_ideas_win Acessado em 12 de junho de 2018.
16. Dalio, R. "Princípios." Ray Dalio. 2011. https://docs.google.com/viewer?a=v&pid=sites&srcid=ZGVmYXVsdGRvbWFpbnxlYm-9va3Nkb3dubG9hZG5vdzIwMTZ8Z3g6MjY3NGU2Njk5N2QxNj-ViMg Acessado em 13 de junho de 2018.

17. Dalio, R. *Principles, Vol. 1: Life & Work*. New York: Simon & Schuster, 2017. Impresso.

18. Dalio, R. 2011: 88.

19. Idem.

20. Dalio, R. 2011: 89.

21. Dalio, R. 2011: 17.

22. Dalio, R. 2011: 88.

23. Dalio, R. 2011: 19.

24. Dalio, R. 2011: 96.

25. Dalio, R. 2011: 105.

26. Dalio, R. 2011: 102.

27. Dalio, R. 2011: 190.

28. Dalio, R. 2011: 189.

29. Tenney, M. "Be a Don't Knower: One of Eileen Fisher's Secrets to Success." *The Huffington Post*. 15 de maio de 2015. https://www.huffingtonpost.com/matt-tenney/be-a-dont-knower-one-of-e_b_7242468.html. Acessado em 12 de junho de 2018.

30. Malcolm, J. "Nobody's Looking At You: Eileen Fisher and the art of understatement." *The New Yorker*. 23 de setembro de 2013. https://www.newyorker.com/magazine/2013/09/23/nobodys-looking-at-you. Acessado em 12 de junho de 2018.

31. Fernandez, C. "Eileen Fisher Makes Strides Towards Circularity With 'Tiny Factory'." *The Business of Fashion*. 6 de dezembro de 2017. https://www.businessoffashion.com/articles/intelligence/eileen-fisher-makes-strides-towards-circularity-with-tiny-factory. Acessado em 8 de junho de 2018.

32. Tenney, M. 15 de maio de 2015, op cit.

33. Idem.

34. De acordo com Janet Malcolm, Fisher adere à filosofia articulada em um livro de 2010 chamado *The Circle Way: A Leader in Every Chair*, de Ann Linnea e Christina Baldwin (publicado pela Barret-Koehler), que postula o círculo de liderança tanto como uma mudança de paradigma para a colaboração do grupo como uma prática que se baseia na "linhagem" do círculo derivada de culturas, como americanos nativos e aborígenes.

35. Malcolm, J. 23 de setembro de 2013, *op. cit.*

36. Idem.
37. Dunbar, M.F. "Designer Eileen Fisher on how Finding Purpose Changed Her Company." *Conscious Company Media.* 4 de julho de 2015. https://consciouscompanymedia.com/sustainable-business/designer-eileen-fisher-on-how-finding-purpose-changed-her-company. Acessado em 8 de junho de 2018.
38. Idem.
39. Idem.
40. "Business as a Movement." Eileen Fisher. https://www.eileenfisher.com/business-as-a-movement/business-as-a-movement. Acessado em 8 de junho de 2018.
41. "Eileen Fisher, No Excuses." *A Green Beauty.* 7 de dezembro de 2016. https://agreenbeauty.com/fashion/eileen-fisher-no-excuses. Acessado em 8 de junho de 2018.
42. Beckett, W. "Eileen Fisher: A Pocket of Prosperity." *Women's Wear Daily.* 17 de outubro de 2007.
43. Thompson, D. "Google X and the Science of Radical Creativity." *The Atlantic.* Novembro de 2017. https://www.theatlantic.com/magazine/archive/2017/11/x-google-moonshot-factory/540648. Acessado em 8 de junho de 2018.
44. "What We Do." *X.* https://x.company/about. Acessado em 8 de junho de 2018.
45. Thompson, D. Novembro de 2017, op cit.
46. Idem.
47. Idem.
48. Teller, A. "The Unexpected Benefit of Celebrating Failure." *TED.* 2016. https://www.ted.com/talks/astro_teller_the_unexpected_benefit_of_celebrating_failure. Acessado em 8 de junho de 2018.
49. "Celebrating Failure Fuels Moonshots." *Stanford ECorner,* 20 de abril de 2016. https://ecorner.stanford.edu/podcast/celebrating-failure-fuels-moonshots. Acessado em 8 de junho de 2018.
50. Thompson, D. Novembro de 2017, op cit.
51. Gertner, J. "The Truth About Google X: An Exclusive Look Behind The Secretive Lab's Closed Doors." *Fast Company.* 15 de abril de 2014. https://www.fastcompany.com/3028156/the-google-x-factor. Acessado em 13 de junho de 2018.
52. Idem.

53. Thompson, D. Novembro de 2017, op cit.
54. Idem.
55. Wakefield, D. "Google boss on why it is OK to fail." *BBC News*. 16 de fevereiro de 2016. http://www.bbc.com/news/technology-35589220. Acessado em 14 de junho de 2018.
56. Dougherty, C. "They Promised Us Jet Packs. They Promised the Bosses Profit." *The New York Times*. 23 de julho de 2016. https://www.nytimes.com/2016/07/24/technology/they-promised-us-jet-packs-they-promised-the-bosses-profit.html. Acessado em 14 de junho de 2018.
57. Informações sobre Bob Chapman e Barry-Wehmiller vêm do livro de Chapman *Everybody Matters* e de um estudo de caso conduzido por meu colega da Harvard Business School Jan Rivkin:
    - Chapman, B. & Sisodia, R. *Everybody Matters: The Extraordinary Power of Caring for Your People Like Family*. US: Penguin-Random House, 2015. Impresso.
    - Minor, D. & Rivkin, J. Truly Human Leadership at Barry-Wehmiller. Case Study. HBS No. 717-420. Boston, MA: Harvard Business School Publishing, 2016.
58. "Surpassing 100 acquisitions, Barry-Wehmiller looks to the future." Barry-Wehmiller. 6 de fevereiro de 2016. https://www.barrywehmiller.com/docs/default-source/pressroom-library/pr_bw_100acquisitions_020618_final.pdf?sfvrsn=2. Acessado em 8 de junho de 2018.
59. Chapman, B. & Sisodia, R. 2015: 101.
60. "Surpassing 100 acquisitions, Barry-Wehmiller looks to the future.". 6 e fevereiro de 2016, *op. cit.*
61. Chapman, B. & Sisodia, R. 2015: 53.
62. Chapman, B. & Sisodia, R. 2015: 59.
63. Chapman, B. & Sisodia, R. 2015: 53.
64. Chapman, B. & Sisodia, R. 2015: 170
65. Idem.

6 São e Salvo

"O homem não deveria temer a morte, mas deveria temer nunca ter começado a viver."

— Marco Aurélio[1]

"Pássaros", disse o capitão Chesley "Sully" Sullenberger III.

"Epa!", disse o primeiro-oficial Jeffrey Skiles.

Os dois pilotos, lado a lado a quase 1000 metros sobre Manhattan em um dia frio e claro em janeiro de 2009, sabiam que esta palavra ilusoriamente simples — pássaros — poderia significar desastre. Sullenberger, 57 anos, e Skiles, 49 anos, encontraram-se pela primeira vez somente algumas horas antes. Ambos eram pilotos altamente experientes, com vasta experiência nas trocas verbais entrecortadas das comunicações de cabine.[2] Pelos próximos poucos segundos, eles observaram gansos canadenses encherem o para-brisa, ouviram uma batida forte, enquanto os pássaros eram engolidos pelos motores do Airbus, e, então, sentiram o cheiro de penas e carne queimada. As vidas de 150 passageiros e cinco tripulantes, incluindo a deles próprios, dependeriam de como os dois pilotos, a tripulação e o controlador de tráfego aéreo operariam nos próximos três minutos. O que seria uma aterrissagem milagrosa, com zero fatalidade no Rio Hudson elaborada por treinamento em aviação, habilidades de navegação, da boa e velha sorte e aquela qualidade menos tangível que os sábios trabalhadores de hoje devem adquirir: a habilidade de se juntar a uma equipe por meio de uma comunicação sem medo. A comunicação sem medo é contribuição vital para se tomar decisões complexas, por vezes rapidamente, que não têm precedentes e que trariam sérias consequências.

Use Suas Palavras

Temos muitos exemplos de como mesmo breves intercâmbios verbais podem ser impedidos por falta de segurança psicológica. A enfermeira que hesita em falar abertamente com o cirurgião sobre um possível erro de procedimento, porque os intercâmbios passados a levaram a pensar que isso o incomodaria; a nova engenheira de um projeto que não faz nenhuma pergunta, porque teme parecer burra; e o chefe que não ouve as ideias dos funcionários, porque acha que isso o fará parecer fraco. Nós temos poucos exemplos de trocas sutis que ocorrem em situações de alta segurança psicológica, especialmente naquelas com alto estresse e resultados positivos que surgem. Mas aqueles poucos minutos excruciantes de conversa na cabine, registrados naquela tarde de janeiro, valem a pena ser desconstruídos. Todos os participantes principais da pequena equipe se sentiram seguros o suficiente uns com os outros para se tornarem heróis.

A colisão com os pássaros aconteceu 90 segundos após o voo 1549 decolar do aeroporto LaGuardia de Nova York. O problema imediato: falha nos dois motores, classificada como uma "situação anormal" e não incluída nos sistemas automatizados que alertam os pilotos de falhas de sistema e mostram instruções no monitor para lidar com a falha.[3] Em resumo, falhas nos dois motores devido à colisão com pássaros são extremamente raras — beirando o desconhecido. A apólice da companhia aérea solicitava aos capitães "para usar o senso comum e julgamento equilibrado, especialmente naquelas situações não abrangidas".[4] Em outras palavras, eles estavam por conta própria.

Imediatamente, Sullenberger, ou "Sully", como foi imortalizado no filme homônimo de Hollywood, que servira como copiloto, pegou os controles de Skiles. "Meu avião", disse Sullenberger, utilizando a abreviatura codificada da aviação, enquanto colocava as mãos nos controles.

Embora quase instintiva, a decisão foi impulsionada por um bom motivo: Sully tinha registrado muito mais horas de voo em um A320 do que Skiles. Talvez o mais importante era que, de onde ele estava, Sullenberger podia ver a cidade e a Ponte George Washington de sua janela de observação esquerda, enquanto Skiles não podia. Também relevante: Skiles era o piloto que estava mais familiarizado com procedimentos de emergência e poderia, dessa forma, controlar melhor o equipamento de aterrissagem.

"Seu avião", respondeu Skiles.

Foi tudo o que bastou. Não houve hesitação, medo, desculpa ou desentendimento de nenhum deles.

Sullenberger desempenhou um papel importante na formação de outros pilotos na Gestão de Recursos de Cabine (GRC) na US Airways.[5] Apaixonadamente comprometido com o programa, que enfatiza comunicação interpessoal, liderança e tomada de decisões sob pressão, é difícil imaginar qualquer piloto que compreendesse melhor que Sully a necessidade de os membros da tripulação se sentirem capazes de falar abertamente. Tanto ele como Skiles sentiram que estavam operando em um ambiente psicologicamente seguro. Mas os pilotos da cabine não eram os únicos membros daquela equipe de intenso e alto desempenho naquele dia.

Em seguida, Sullenberger informou a Patrick Harten, controlador de tráfego aéreo que trabalhava no grande centro de Long Island que controla as chegadas e partidas da área metropolitana de Nova York, que eles colidiram com pássaros e estavam voltando para o LaGuardia. "S.O.S, S.O.S.", disse Sullenberger, citando a mensagem universal para instabilidades fatais. Harten tomou as medidas necessárias, que incluíam ligar para a torre de controle do LaGuardia, a fim de informá-los de que se preparassem para um pouso de emergência.

Uma Equipe Virtual em Uma Zona de Aprendizado

Enquanto isso, Skiles não teve sucesso nas tentativas de reiniciar os motores, em parte porque o avião não estava se movendo rápido o suficiente. "Nós não a temos", disse ele a Sullenberger, referindo-se à velocidade do avião. Sullenberger concordou e, então, ficou em silêncio. Ele estava calculando mentalmente se eles teriam uma chance melhor chegando à pista do aeroporto ou aterrissando no rio abaixo. Embora Harten tentasse várias vezes direcionar o Airbus em direção ao aeroporto da sala de controle, todas as vezes Sullenberger respondia que ele era "incapaz". Então, ele relatou que estaria escolhendo a opção mais arriscada, mas, em sua opinião, a mais viável: aterrissar no Rio Hudson. Era também a opção que minimizaria as chances de prejudicar os transeuntes no solo da cidade abaixo, densamente populosa. Harten, estupefato e acreditando que aterrissar na água poderia resultar quase que certamente na morte dos pilotos, pediu a Sullenberger para repetir sua intenção. Isso era tanto um reflexo treinado quanto um pedido consciente. Como vimos no desastre de Tenerife em 1977, quando o capitão da Royal Dutch Airlines (KLM) interpretou mal as instruções de um controlador de tráfego — que disse que *não* estava livre para a decolagem — e continuou avançando na pista nebulosa, vindo a colidir com outro avião, a menor falta de clareza pode resultar em centenas de mortes desnecessárias. Harten foi bem treinado.

Logo — não mais de um minuto depois — era o momento de a cabine alertar o resto da tripulação e os passageiros. Novamente, Sullenberger comunicou, deliberada e cuidadosamente, da maneira que pensou ser mais provável de conseguir um bom resultado. Com medo da força com que o avião atingiria a água, ele escolheu não contar à tripulação do voo para se preparar para uma aterrissagem na água — no caso, ele sabia que instruiriam os passageiros a vestir os coletes salva-vidas, consumindo um tempo valioso. Em vez disso, ele transmitiu: "Aqui é o capitão. Preparar para impacto." Três comissários de bordo, então, gritaram aos passageiros que colocassem suas cabeças para baixo e abraçassem as pernas, conforme indicado pelo protocolo de emergência de aterrissagem. Sullenberger conduziu o avião para uma aterrissagem perfeita, embora inevitavelmente violenta, enquanto Skiles solicitava altitude e velocidade. Alguns passageiros sofreram ferimentos, muitos relativamente pequenos, mas nenhuma vida foi perdida nesse resultado quase milagroso. Em seguida, barcos próximos rodearam a área e resgataram os passageiros antes que alguém sofresse hipotermia.

Usando Bem o Tempo

Vamos analisar com mais atenção o que foi realizado aqui, com bem poucas palavras e muito precisas. Embora claramente seja um caso extremo, as interações humanas nessa situação extraordinária proporcionam uma demonstração convincente de que a clareza e a franqueza não necessariamente significam ficar atolados em discussões intermináveis. A segurança psicológica não implica falar excessivamente rápido. Reuniões psicologicamente seguras não têm que demorar muito tempo. Em contrapartida, estudei reuniões de equipes de gerenciamento em que a baixa segurança psicológica deu origem à falta de franqueza ao argumentar, que consumia muito mais tempo do que o necessário. Pior, decisões principais eram adiadas devido ao conflito evidente que não era discutido de modo eficaz, fazendo as discussões e o tempo total de decisão (em meses) levar muito mais tempo que o necessário.[6]

Aprendendo com Outros Mercados

O que podemos aprender com esse caso extremo, assim como em muitos casos de conversas normais de negócios, é que a segurança psicológica deve estar aliada à disciplina para alcançar ótimos resultados de maneira eficiente. Considere que, de sua parte, Harten fez somente perguntas essenciais; além disso, ele manteve as linhas telefônicas abertas enquanto falava com os outros controladores de ar, para que Sullenberger pudesse ouvir aquelas conversas ao mesmo tempo, novamente economizando tempo valioso, porque Harten não teria como repeti-los. Mais tarde, Sullenberger escreveu sobre Harten: "Suas palavras me avisaram que ele entendeu que era para eu fazer essas escolhas difíceis, e que não ajudaria se ele tentasse ditar um plano para mim."[7] Então, havia o que *não* foi dito. Por vários desses segundos cruciais, Sullenberger e Skiles se concentraram silenciosamente em suas respectivas tarefas e permaneceram atentos um ao outro para as dicas visuais que os mantiveram trabalhando como uma equipe coordenada.

A experiente tripulação do voo 1549 era bem treinada em protocolos e procedimentos-padrão de equipamentos de aviação. Igualmente importante, eles foram treinados em Gestão de Ameaça e Erro (GAE) e GRT (também chamada, algumas vezes, de Gestão de Recursos de Tripulação). Ambos os programas ensinam maneiras de pensar e tomar decisões. O GRT — um programa que, entre outras técnicas, instrui as tripulações de aviação a falarem abertamente com seus capitães quando sentem que algo está errado e, da mesma forma, instrui os capitães a ouvirem as preocupações da tripulação — é especialmente bem ajustado para criar ambientes de segurança psicológica. O treinamento GRT, agora obrigatório para todos os pilotos, começou pela primeira vez em resposta a Tenerife e outros acidentes trágicos similares, tal como o pouso fatal do Air Florida em 1982 em Potomac, em que o copiloto não conseguiu insistir que o capitão voltasse por causa da chuva gelada e do degelo incompleto, e o acidente da Asiana Airlines em 2013, no aeroporto de San Francisco, quando o copiloto estava com medo de avisar a seu capitão sobre um pouso de baixa velocidade.[8]

O modelo de treinamento após o GRT tem também se disseminado para ambientes médicos. O objetivo tem sido aumentar a segurança do paciente, promovendo melhor comunicação e trabalho em equipe.[9] Em um estudo, um treinamento semelhante ao GRT em comunicação e trabalho em equipe tem demonstrado produzir melhores resultados nas salas de parto tanto para mães como para bebês. O programa também levou a uma satisfação maior tanto por parte do paciente como dos funcionários.[10]

Pode ser tentador descontar o valor do Milagre de Hudson ao demonstrar segurança psicológica e equipe em ação por causa do papel desempenhado pelos protocolos de emergência na definição da resposta. Pelo contrário, como vemos muito frequentemente na aviação, assim como em outros cenários altamente protocolados como sala de cirurgia, a *existência* de procedimentos não garante seu uso. Sem segurança psicológica, microavaliações de risco interpessoal tendem a excluir respostas apropriadas. Nós simplesmente falhamos em reconhecer as implicações de nossa hesitação ou silêncio nos momentos em que poderíamos ter falado abertamente. Assim, a segurança psicológica pode ser vista como uma pré-condição para o uso eficaz de protocolos de emergência. Mas, como veremos no próximo caso, emergências não são o único contexto em que um ambiente de trabalho seguro psicologicamente pode favorecer saúde humana e segurança.

Um Por Todos e Todos Por Um

O que um fornecedor líder em serviços de hemodiálise para duzentos mil pacientes ao redor do mundo tem em comum com um romance histórico do século XIX?[11] Resposta: um valente herói que brande uma espada e vive pelo lema "um por todos e todos por um".

Na DaVita Tratamento Renal, o valente é o CEO e presidente Kent Thiry.[12] Thiry é conhecido por saltar no palco e brandir uma espada enquanto veste a roupa de gala completa de um mosqueteiro em frente a centenas de funcionários da linha de frente — técnicos de cuidado com o paciente, enfermeiros e assistentes sociais — presentes para o programa de dois dias regularmente oferecido pela Academia DaVita, um dos seminários fundamentais para novos funcionários organizado pela Universidade homônima. A escolha inusitada da personagem e da fantasia, junto com os frequentes apertos de mão e outras interações de alta intensidade, parecem refletir seu conforto em trazer todo o seu ser para o local de trabalho, como um sinal para que os outros também possam fazer o mesmo. O programa oferece muitas atividades de formação de equipes e socialização para os participantes, que incluem canto, esquetes, jogos, contar histórias, comes e bebes, música, dança, e se destinam a apresentar aos funcionários a cultura da DaVita. Thiry também lidera uma sessão de perguntas e respostas na assembleia municipal, na qual ele se dispõe a ficar vulnerável (às vezes admitindo, por exemplo, que não sabe a resposta de uma pergunta) e aberto, recebendo perguntas diretas sobre remunerações e promoções. O lema "um por todos e todos por um" transmite um valor essencial da empresa — a ideia de obrigações e responsabilidade compartilhadas. Tudo o que se solicita aos trabalhadores da DaVita é que contribuam com seu melhor para a empresa, assim como a empresa é responsável por ajudar os indivíduos a se desenvolverem e terem sucesso. A presença no programa da academia é voluntária, mas os dados da empresa mostram que as pessoas que compareceram têm uma taxa de rotatividade de 12%, em comparação aos 28% dos que não comparecem.[13]

Contratado em 1999 para salvar a empresa da beira da ruína, Thiry leva o crédito por tê-la transformado e construído um grupo de valores e uma cultura que, juntos, geram um alto nível de segurança psicológica. Muito parecido com Bob Chapman na Barry-Wehmiller, abordado no Capítulo 5, Thiry acredita em promover uma comunidade em que as pessoas em todos os níveis da organização tenham voz e se desenvolvam como líderes. Como parte do processo de dar voz às pessoas, Thiry decidiu envolvê-las na criação de uma lista de valores fundamentais, que seriam então votados pelos 600 gerentes clínicos da empresa. Os funcionários (chamados colegas de equipe) foram chamados a votar para encontrar um novo nome, DaVita, quando Thiry quis renomear a empresa, antes chamada Total Renal Care. Para ajudar a preparar os empregados da linha de frente para suas responsabilidades como colegas de equipe e apoiá-los a assumir papéis administrativos, a Universidade DaVita oferece muitos programas de desenvolvimento e liderança, com ênfase em gestão e habilidades de equipe, junto com programas de melhorias na qualidade.

Thiry refere-se a si mesmo como o "prefeito" da "cidade" DaVita e enfatiza que "construir uma empresa de sucesso é um meio para o fim de construir uma comunidade saudável".[14] Também em apoio a uma comunidade saudável, o fundo DaVita Village Network existe para ajudar colegas de equipe que possam vir a deparar com despesas médicas inesperadas ou ter outras dificuldades financeiras. Isso é parte da filosofia "todos por um". A empresa iguala as doações dos colegas de equipe no fundo. Embora a maioria dos colegas tenha pouca qualificação, trabalhadores horistas, a DaVita oferece benefícios que abrangem saúde e previdência, incluindo provisões para assistência médica, aposentadoria, reembolso de mensalidades e, mais surpreendentemente, opções de compras de ações e participação nos lucros. Esses incentivos ajudam a apoiar a exigência de Thiry na qual os colegas venham trabalhar "não somente com a intenção de ter um dia sólido de trabalho, mas também de se esforçar para fazer do DaVita um lugar especial".[15]

Os pacientes da hemodiálise, cuja maioria sofre de insuficiência renal em fase final, são especialmente necessitados de esforços combinados de uma equipe médica que é "todos por um". Os pacientes, em geral, visitam a clínica local três ou quatro vezes por semana e são conectados à máquina de diálise durante quatro horas por vez — para o resto do que eles sabem ser provavelmente uma vida encurtada. Eles têm de aguentar o furo das agulhas e ficar calmos enquanto a máquina drena e limpa o sangue que seus rins danificados já não podem processar. Eles devem aderir a uma dieta restrita e, às vezes, podem sofrer de outras doenças crônicas, tais como diabetes e doenças cardíacas. Previsivelmente, muitos se tornam depressivos ou, pior, param de ir à clinica para os tratamentos, o que em breve leva à morte. É emocionalmente difícil cuidar de pacientes de diálise. Mais de 25% morrem a cada ano. Dadas essas condições desmotivantes, o tom por demais otimista das sessões da Academia DaVita começa a fazer mais sentido.

O mais importante é que a DaVita consistentemente entrega resultados clínicos altos em seu setor. Isso porque bons resultados clínicos dependem, em grande parte, da qualidade do cuidado oferecido pela equipe no ambulatório de diálises clínicas em que muitos pacientes são tratados. Embora o trabalho do técnico seja aparentemente prático — conectar e desconectar o paciente da máquina e monitorar a continuidade do tratamento —, muitos podem também depender dos relacionamentos que os técnicos estabelecem tanto com o paciente como com os outros cuidadores. Os pacientes que se sentem confortáveis e confiantes — psicologicamente seguros — com a equipe da clínica são mais propensos a obedecer um plano de tratamento rigoroso. Para estimular esses sentimentos positivos, os centros da DaVita estão frequentemente decorados com fotografias do paciente e seus familiares e, também, com desenhos feitos por eles, seus filhos e netos. Como disse um administrador da DaVita, "é importante que os colegas de equipe gostem de seus trabalhos, sorriam e se relacionem de forma solidária com os pacientes, porque isso faz com que esses pacientes se sintam melhor em estar aqui."[16] Em outras palavras, a equipe da clínica na qual eles mesmos se sentem apoiados por altos níveis de segurança psicológica eficazes é capaz de apoiar e criar vínculos com os pacientes, o que contribui para os resultados clínicos positivos.

Como vimos em outros cenários de assistência médica, falar abertamente e se sentir psicologicamente seguro o suficiente para se comunicar através de limites e hierarquias médicas bem estabelecidas também contribuem para resultados clínicos positivos. Em 2017, a DaVita participou com eficácia em um programa-piloto dirigido pela Centros de Serviços de Assistência Médica e Auxílio Doença (CSAMAD) para instituir cuidado integrado para os pacientes de diálise — especialmente para enfermeiras, assistentes sociais e técnicos, para se comunicarem regularmente com nefrologistas sobre os pacientes individuais. Como colocou Roy Marcus, um diretor médico e nefrologista participante, "a equipe de cuidado integrado da DaVita regularmente se comunica com os nefrologistas para discutir brechas no tratamento que se estendem além da diálise. Essas comunicações frequentes significam que tenho o tempo e os detalhes de que preciso para providenciar um cuidado melhor e mais holístico a meus pacientes."[17]

O tratamento de hemodiálise é especialmente bem-adaptado para seguir os três objetivos de assistência médica do Instituto para Melhoria da Assistência Médica: melhorar a experiência do paciente, a saúde da população e reduzir o custo por paciente.[18] Aqui, como em outras indústrias, fazer uma mudança dramática e sistêmica acontecer depende fortemente de se construir a segurança psicológica que permita aos funcionários falar abertamente sobre suas preocupações e ideias para melhorias, assim como experimentar pequenas maneiras de descobrir o que funciona melhor.

Falar Abertamente Pela Segurança do Trabalhador

A essa altura, você está bem ciente de que falar abertamente é mais fácil de falar do que fazer. Não há nenhum botão para apertar que transformará uma organização acostumada ao silêncio e medo em uma na qual as pessoas falem francamente. Em contrapartida, criar um local de trabalho seguro psicologicamente, como iremos explorar a fundo no Capítulo 7, requer muito esforço para alterar sistemas, estruturas e processos. Por fim, significa que normas e atitudes organizacionais profundamente enraizadas devem mudar. Isso começa com o que chamo de "fase de definição". Vamos ver como a Anglo American, uma das maiores minas do mundo, com sede na África do Sul, se preparou e, então, institucionalizou o falar abertamente.

Quando Cynthia Carroll foi apontada em 2007, com muito alarde, a primeira mulher CEO de uma empresa mineradora internacional, ela ficou chocada com o número de fatalidades relacionadas a trabalhadores que estava ocorrendo na empresa — cerca de 200 nos 5 anos anteriores a sua chegada.[19] Percebendo que estava "em uma posição inédita de influenciar a mudança", tanto como americana/forasteira em um país e como uma mulher quando "até muito recentemente não era permitido que mulheres visitassem as minas subterrâneas na África do Sul, ainda mais trabalhar lá",[20] ela imediatamente usou sua posição para falar abertamente e exigir uma política de zero fatalidades ou sérios ferimentos.

A princípio, outros na empresa, especialmente membros de velha guarda que viam a si mesmos como defensores da tradição, recusaram-se a levar Carroll a sério. Pelo menos um executivo respondeu dizendo que zero dano "nunca acontecerá nessa vida". Da mesma forma, quando Carroll visitou minas particulares, os gerentes locais tentaram fazê-la entender que, enquanto a segurança fosse importante, suas exigências seriam irreais. Graves ferimentos e mortes eram considerados perigos inevitáveis, parte das perigosas demandas físicas da mineração. Além disso, não era comum culpar os próprios trabalhadores. A atitude prevalecente na África do Sul, de acordo com o presidente da Anglo American, Sir Mark Moody-Start, que foi essencial na contração de Carroll, era que os trabalhadores que sofreram ferimentos "pegaram atalhos, não seguiam sempre as regras; eles eram burros".[22]

A resposta de Carroll a essa resistência não poderia ter sido mais inequívoca. Ela desativou uma das minas mais problemáticas e perigosas. Rustenburg, localizada a 96 quilômetros de Johannesburgo, era a principal fornecedora de platina do mundo e gerava cerca de US$8 milhões em receita por dia. Desativar a mina era ao mesmo tempo ousado e inédito. Imediatamente, chamou a atenção de todos. Ainda mais chocada, Carroll insistiu que, antes que a mina pudesse ser reativada, ela queria descobrir o que os trabalhadores pensavam e pretendia saber a opinião de cada um deles sobre como melhorar a segurança. Isso, ela sabia, era um desafio direto para a estrita e rígida cultura hierárquica da Anglo American, com estilo de gestão descendente, desde quando começou com a fundação da mina em 1917 e foi ainda mais reforçada pela história do Apartheid da África do Sul.

É aqui que as coisas ficam interessantes. Depois de desativar a mina, os executivos da Anglo American reuniram de 3 mil a 4 mil trabalhadores de uma vez só em um estádio e falaram sobre a importância da segurança. Porque os trabalhadores falavam uma variedade de dialetos e a taxa de alfabetização era baixa, a empresa usou imagens que ilustrassem segurança e contrataram um grupo de teatro para simularem interações de segurança entre os trabalhadores e supervisores. Depois, os funcionários foram divididos em grupos de 40 a 50 e, então, foi pedido que falassem abertamente sobre suas preocupações de segurança e suas opiniões. Compreensivelmente, os trabalhadores estavam relutantes em fazê-lo, não tendo voz historicamente. Como Carroll observou, "eu imaginava quanta autoridade alguém que está no subsolo por horas a fio, com um supervisor de turno bem atrás dele, realmente tinha. Eu perguntei se um trabalhador em fila teria o poder de levantar suas mãos e dizer 'não vou fazer isso, porque não é seguro'." Em outras palavras, os trabalhadores teriam que se sentir seguros psicologicamente a fim de falarem com abertura sobre sua segurança física.

A segurança psicológica teve de ser criada nas minas ao encontrar uma abordagem culturalmente apropriada. Com a ajuda dos sindicatos, a liderança da Anglo American adotou um método tradicional sul-africano de conduzir as assembleias municipais, chamado *lekgotla*. Como verá, *lekgotla* parece fazer ecoar os princípios e práticas da segurança psicológica. Tradicionalmente, nessas assembleias (ligeiramente parecidas com as reuniões da Eileen Fisher), todos se sentam em um círculo e têm a chance de falar sem serem interrompidos ou criticados, e as conversas continuam o tempo que for necessário para alcançar o consenso em qualquer questão que está em jogo.[24]

Durante o *lekgotla* da Anglo American, os gerentes seniores reformularam a pergunta inicial. Em vez de pedir aos trabalhadores para dar suas opiniões diretamente sobre problemas de segurança, eles perguntaram: "Oque precisamos fazer para criar um ambiente de trabalho de cuidado e respeito?" Foi então que os trabalhadores começaram a se sentir seguros o suficiente para falar abertamente sobre preocupações específicas. Um grupo disse que gostaria de água quente no local de trabalho para limpeza e para fazer chá (a gerência cumpriu essa solicitação). O diálogo continuou até que cada grupo tivesse desenvolvido um contrato indicando quais ações específicas seriam necessárias para maximizar a segurança. Em um poderoso gesto simbólico de comprometimento compartilhado, tanto os trabalhadores como os executivos da Anglo American assinaram o contrato.

Como Judy Ndlovu, uma executiva da Anglo American disse sobre esse processo, "a mudança real era ouvir os trabalhadores... Cynthia desafiou a gerência a compreender o que os funcionários estavam pensando, o que eles sentiam quando iam para a mina todo dia". Antes, seria um ato de coragem um minerador falar abertamente, mas poderia muito bem ter sido um ato imprudente se não bem recebido pela gerência. Uma vez que a segurança psicológica começasse a se enraizar na cultura, os mineiros poderiam falar abertamente para garantir sua segurança física.

Quando as minas reabriram, mais de 30 mil trabalhadores estavam reciclados para obedecer aos protocolos de segurança recém-acordados. A alta liderança se encontrou com os gerentes para discutir o cumprimento das novas regras e para enfatizar que os funcionários agora tinham o direito de parar o trabalho se os padrões de segurança não estivessem sendo cumpridos. Novas políticas foram instituídas para assegurar avaliação periódica dos procedimentos de segurança e para programar horários quando a gerência e os executivos continuariam a solicitar contribuições dos trabalhadores a respeito das operações de segurança. Princípios de referência foram estabelecidos. As reuniões executivas eram agora obrigadas a começar com atualizações lentas e discussões sobre segurança. Embora as fatalidades tenham caído consideravelmente — de 44 em 2006 para 17 em 2011, uma redução de 62%[26] —, elas não foram zeradas. A empresa homenageou com serviços fúnebres todos os trabalhadores que morreram e colocou suas fotos em todos os prédios. O supervisor do falecido visitava a família do trabalhador e a cidade para expressar respeito e solidariedade. Todas essas medidas ajudaram a institucionalizar não somente os protocolos de segurança, mas também uma cultura psicologicamente segura por cuidado e respeito.

Um ano depois da desativação, Carroll escolheu falar abertamente mais uma vez, desta vez para as pessoas de fora da organização — a União Nacional dos Mineradores e o Ministro das Minas —, a fim de pedir ajuda para trabalharem juntos e alcançar dano zero. Novamente, ela foi rejeitada. Entretanto, em abril de 2008, uma conferência de segurança foi realizada em Johannesburgo entre a Anglo American, o Departamento Sul-Africano de Minérios e Energia e a União Nacional dos Mineradores. Foi a primeira vez que os três maiores interessados estavam juntos. Assim como os mineradores, levou tempo para os representantes das três entidades governamentais criarem confiança e respeito. O catalisador para trabalharem juntos foi o objetivo compartilhado de melhorar drasticamente a segurança física nas minas. O processo era fundamental. Visitando juntos minas diferentes e continuando a se reunir, os três grupos desenvolveram um crescente senso de respeito e confiança um pelo outro. A parceria das partes interessadas, que enfim se desenvolveram, ajudaram a espalhar a paixão por segurança desencadeada pela Anglo American para o resto da indústria mineradora da África do Sul.

Embora a produção e os rendimentos tenham caído no ano seguinte ao fechamento da mina, tanto em 2008 quanto 2011, durante o mandato de Carroll, a empresa alcançou os maiores lucros de operação em sua história. O preço das ações aumentou imensuravelmente. Carroll percebeu que aumentar a segurança física nas minas tinha muito a ver com transformar velhas atitudes sobre segurança do trabalhador e mudança de cultura para tornar seguro falar abertamente como se fosse sobre melhorias técnicas ou de processo.

Nos capítulos anteriores, vimos como as pessoas abaixo, acima e através de uma organização podem contribuir para criar um clima de silêncio e medo. Da mesma forma, pessoas abaixo, acima e através da organização podem contribuir para criar um clima de voz e segurança. Um líder pode ser a força-motriz e catalisadora para outros falarem abertamente, mas, no fim, a prática deve ser cocriada — e alimentada continuamente — por múltiplos agentes. Como temos visto, o comprometimento em fazer isso é particularmente vital para evitar ou gerenciar uma crise.

Transparência Através da Lousa

Quando as pessoas pensam sobre liderança em uma crise, com muita frequência pensam em alguém como o general George Patton, emitindo ordens decisivas para seus soldados e levando-os à vitória com resistência. Mas esse não é sempre o caso, especialmente quando o inimigo é a tecnologia ou forças da natureza, ou ambos.

Vamos observar um exemplo menos óbvio de liderança heroica em uma crise: Naohiro Masuda, o superintendente de usina quando a segunda usina nuclear de Fukushima foi atingida pelo enorme terremoto em março de

2011. Como Patton, ele inspirou a equipe de trabalho salva-vidas de seus seguidores. Entretanto, Masuda o fez por aderir a princípios fundamentais que construíram segurança psicológica: honestidade, vulnerabilidade, comunicação e compartilhamento de informação. Sua arma principal foi uma lousa.

Fukushima Daini, a menos de oito quilômetros ao sul da costa de sua usina-irmã, Daiichi, também sofreu danos severos por terremoto e ondas de tsunami. Em total contraste com Daiichi, entretanto, Masuda e seus 400 funcionários conseguiram desligar todos os 4 reatores da usina, evitando, desse modo, o maior desastre de liberação de material nuclear no ar e no mar. Eles conseguiram estender 88 quilômetros de cabos extremamente pesados em 24 horas — um trabalho que, sob circunstâncias normais, precisaria de uma equipe de 20, com maquinário, por pelo menos um mês. Eles trabalharam por mais de 48 horas sem dormir, em um estado de tremenda incerteza, temendo pelas próprias vidas e pelas de suas famílias.

Como Masuda motivou seus homens a resistirem sob tais circunstâncias difíceis? Desde o começo, Masuda escolheu dar informações em vez de ordens. Depois de evacuar seus trabalhadores para o Centro de Resposta de Emergência (CRE) e de ter ouvido de operadores nas salas de controle que três dos quatro reatores da usina tinham perdido todos os sistemas de resfriamento (os operadores resistiram bravamente ao tsunami em seus postos de trabalho), Masuda sabia que a situação era "extremamente séria".[28] Se os reatores não pudessem ser resfriados, eles superaqueceriam, resultando em uma ruptura nuclear.

Infelizmente, Masuda e sua equipe não tinham informação sobre a condição física da usina. Eles não sabiam o que estava quebrado ou quais recursos poderiam ter. Para descobrir, os trabalhadores precisariam se arriscar no lado de fora para avaliar o dano e descobrir o que poderia ser feito para restaurar a energia dos reatores e estabilizar a usina. Para Masuda, aquilo significou ajudar os trabalhadores — já abalados pelo terremoto e pela inundação — a se sentirem psicologicamente seguros o suficiente para agir.

Em vez de segurar um megafone ou ordenar aos homens que agissem, Masuda começou a escrever coisas em uma lousa: a magnitude e frequência dos tremores secundários, cálculos e um rascunho que demonstrava a diminuição do perigo dos tremores com o passar do tempo. Em outras palavras, ele armou seus homens com dados. "Eu não estava certo se minha equipe iria a campo se eu pedisse e se seria mesmo seguro enviar pessoas lá", Masuda mais tarde refletiu.[29] Na verdade, ele permitiu aos homens que tomassem suas próprias decisões sobre o que queriam ajudar no que seria uma missão perigosa. Às 10 horas da manhã, quando Masuda finalmente pediu aos homens que escolhessem 4 grupos de 10 trabalhadores, para que saíssem e analisassem o dano em cada um dos 4 reatores, nenhum deles recusou. Tendo começado sua carreira na Daini em 1982, quando ainda estava em construção, Masuda estava intimamente familiarizado com a usina. Aquele conhecimento lhe permitiu dar a cada grupo instruções detalhadas sobre aonde ir e o que fazer. Preocupado com que o medo pudesse interferir na habilidade dos trabalhadores em lembrar suas instruções, antes de partir fez os grupos repetirem as instruções de volta para ele. O ponto não era comandar a ação, mas auxiliá-los em agir rapidamente caso a situação mudasse e a segurança deles fosse comprometida.

Por volta de 2 horas da manhã de 12 de março, todos os 40 trabalhadores retornaram seguros para o CRE com informações. Uma das equipes de reconhecimento relatou uma chance crucial de boa sorte: havia ainda energia residual no prédio atrás do reator 1. Isso significava que os homens poderiam potencialmente levar energia para os sistemas de resfriamento. Mas eles precisariam carregar cabos muito pesados — e muitos deles.

Ao amanhecer, Masuda e sua equipe haviam desenhado uma rota para passar os cabos do prédio por debaixo das unidades do reator pela água. Porém, os líderes das equipes calcularam que lhes faltava material suficiente para o trabalho. Masuda, por sua vez, rapidamente contatou a matriz da TEPCO e o governo japonês para solicitar materiais adicionais e as 50 bobinas de cabos calculadas.

Enquanto os homens aguardavam os cabos chegarem — o que não seria até a manhã do dia 13 de março —, eles souberam da explosão em Daiichi. Alguns estavam descrentes. Muitos estavam com medo. Poderia acontecer o mesmo em Daini? Poderiam estar se colocando em risco ao ficarem por perto? Masuda se dirigiu às 500–600 pessoas na sala: "Por favor, confiem em mim", disse ele. "Definitivamente, não farei nada para prejudicá-los, mas Fukushima Daini ainda está em perigo e preciso que vocês façam o seu melhor."[30]

Quando os cabos enfim chegaram, os homens imediatamente tiveram o trabalho de levá-los desde o prédio de resíduos até as unidades de reator abaixo da água. Eles começaram com o reator 2, porque havia um risco maior de superaquecimento. Para alimentar os três reatores desativados, os homens precisariam colocar quase nove quilômetros de cabos. Cada pedaço de cabo tinha 200 metros e pesava quase uma tonelada. Os operadores calcularam que teriam apenas 24 horas para executar um trabalho que, sob circunstâncias normais, levaria um mês ou mais. Assim, 200 trabalhadores começaram a colocar freneticamente os cabos. Trabalhando em turnos, eles fizeram um progresso agonizantemente devagar. Eram necessários 100 trabalhadores para mover cada pedaço.

Enquanto os homens corriam contra o tempo, Masuda lentamente chegou a uma conclusão indesejada: seu plano era insustentável. Mesmo no ritmo sobre-humano em que os homens estavam trabalhando, eles não teriam tempo suficiente para conectar todos os três reatores. O prédio de resíduos estava longe demais.

A força de Masuda como um líder foi demonstrada pelo reconhecimento imediato de seu erro. Conforme os Princípios de Ray Dalio, Masuda venceu através da virtude de extrema franqueza — dando às pessoas as piores notícias, nas quais ele acreditava que poderiam aumentar as chances que pudessem descobrir como administrar a situação. Apesar de sua natureza indesejável, o reconhecimento aumentou a segurança psicológica na equipe e uniu mais firmemente o grupo. Consultando-se com os líderes de equipes, Masuda concluiu que eles não teriam escolha além de arriscar em utilizar alguma energia do gerador da única unidade de reator em funcionamento. Na lousa, Masuda adicionou ajustes ao plano original.

Os homens continuaram a trabalhar incansavelmente durante o dia. Mesmo assim, enquanto a noite se aproximava, alguns engenheiros notaram que a pressão da unidade 1 estava subindo mais rápido que a da unidade 2. Felizmente, eles falaram abertamente para informar a Masuda que agora acreditavam que a unidade 1 seria a mais vulnerável e sugeriram a ele que os trabalhadores redirecionassem sua energia. Igualmente importante, Masuda ouviu de perto seus engenheiros e levou suas sugestões a sério.

Tendo visto sua equipe seguir em frente, sem dormir há quase dois dias, Masuda estava compreensivelmente relutante em informá-los: "Refaçam isso! Mudem da unidade 2 para a unidade 1!" Ainda assim, ele deu as notícias. Embora alguns estivessem chateados, o clima de segurança psicológica e o reconhecimento do que estava em jogo ajudou-os a se comprometerem com o novo curso da ação.

Quase antes da meia-noite, aplausos extasiados surgiram quando os trabalhadores terminaram de colocar o último cabo. Às 1h24 da manhã, eles seriam notificados de que a função de resfriamento havia sido restaurada na unidade 1 — com duas horas de reposição. Na manhã de 15 de março, Masuda e sua equipe foram notificados de que todos os reatores tinham sido desligados por resfriamento. Finalmente, eles poderiam descansar.

Masuda influenciou os trabalhadores a agirem, mesmo enquanto o chão tremia sob seus pés. Com sua calma, transparência e vontade de admitir sua própria falibilidade como um líder, Masuda criou as condições para a equipe entender o que estava acontecendo ao redor, superar o medo e resolver problemas em tempo real. Embora sua segurança física estivesse em perigo constante, eles se sentiram psicologicamente seguros e isso lhes permitiu prosseguir juntos, tentar coisas, falhar e reagrupar. Em muitos momentos em que temeram por suas vidas no decorrer daqueles dias, o medo interpessoal dentro do grupo era praticamente nulo. As palavras e ações de Masuda deram o tom e asseguraram aos trabalhadores que eles poderiam — e deveriam — salvar a usina.

Libertando o Talento

Refletir sobre os mais de 20 casos incluídos na Parte II deste livro nos ajuda a entender simultaneamente o quão difícil e o quão importante é construir segurança psicológica para garantir que o talento em uma organização consiga ser colocado em bom uso para aprendizado, inovação e crescimento. Falar abertamente não é um ato natural em hierarquias. Ele deve ser alimentado. Quando não é, os resultados podem ser catastróficos — para pessoas e para o resultado final. Mas, quando é alimentado, você pode estar certo de que é produto de esforço deliberado e cuidadoso.

É preciso liderança para se criar um local de trabalho psicologicamente seguro. A liderança pode ser vista como uma força que ajuda as pessoas e organizações a se envolverem em atos não naturais como falar abertamente, correr riscos inteligentes, abraçar pontos de vista diversos e resolver problemas extraordinariamente desafiadores. Então, os capítulos que se aproximam na Parte III focam o que os líderes podem e devem fazer para criar segurança psicológica. Eles o convidam a considerar, e talvez experimentar, uma variedade de práticas que podem contribuir para uma organização sem medo.

Lições do Capítulo 6

- Comunicação clara, direta e franca é um aspecto importante para redução de acidentes.
- Um propósito convincente da empresa aliado a uma liderança afetuosa motiva as pessoas a fazerem o impossível para o que for preciso, a fim de garantir práticas de trabalho seguras e dignidade do funcionário.
- A segurança do trabalhador começa com encorajar e reforçar que funcionários falem abertamente sobre perigos e outras preocupações.

Referências

1. Esta citação é uma versão popular de uma frase escrita pelo filósofo estoico Marco Aurélio no Livro XII de *As Meditações: "... se tiveres medo, não porque deves deixar de viver por algum tempo, mas se temeres nunca ter começado a viver de acordo com a natureza, então serás um homem digno do universo que te produziu."* Você pode encontrar o Livro XII de *As Meditações*, traduzido por George Long, gratuitamente aqui: http://classics.mit.edu/Antoninus/meditations.12.twelve.html. Acessado em 27 de julho de 2018.
2. Detalhes principais da história do US Airways Voo 1549 descritas neste capítulo vêm do relatório do acidente da National Transportation Safety Board e de uma série de estudos de caso publicados:
   - National Transportation Safety Board. "Loss of Thrust in Both Engines After Encountering a Flock of Birds and Subsequent Ditching on the Hudson River, US Airways Flight 1549, Airbus A320-214, N106US, Weehawken, New Jersey, 15 de janeiro de 2009".
   - *Aircraft Accident Report NTSB/AAR-10/03*. Washington, D.C., 2010.
   - Howitt, A.M., Leonard, H.B., & Weeks, J. Miracle on the Hudson (A): Landing U.S. Airways Flight 1549. Estudo de caso. HKS No. 1966. Cambridge, MA: HKS Programa de Caso, 2012.
   - Howitt, A.M., Leonard, H.B., & Weeks, J. Miracle on the Hudson (B): Rescuing Passengers and Raising the Plane. Estudo de Caso. HKS No. 1967. Cambridge, MA: HKS Programa de Caso, 2012.
   - Howitt, A.M., Leonard, H.B., & Weeks, J. Miracle on the Hudson (C): Epílogo. Estudo de caso. HKS No. 1967.1. Cambridge, MA: HKS Programa de caso, 2012.
3. "Declaração do Capitão Marc Parisis, Vice-Presidente, Flight Operations and Services, Airbus." Audiência da National Transportation Safety. 9 de junho de 2009. Washington, DC. 80–82.
4. U.S. Airways FOM 1.3.4, Autoridade Capitã, online no National Transportation Safety Board, Operations/Human Performance Group Chairmen, Prova N° 2-Q.
5. Sullenberger III, C. & Zaslow, Z. *Highest Duty: My Search for What Really Matters*. New York, NY: William Morrow, 2009.

6. Edmondson, A.C. "The Local and Variegated Nature of Learning in Organizations: A Group-Level Perspective." *Organization Science,* 13.2 (2002): 128–46.
7. Sullenberger III, C. & Zaslow, Z. 2009: 229.
8. Wheeler, M. "Asiana Airlines: 'Sorry Captain, You're Wrong.'" *LinkedIn Pulse.* 2014. https://www.linkedin.com/pulse/20140217220032-266437464-asiana-airlines-sorry-captain-you-re--wrong/. Acessado em 12 de junho de 2018.
9. Veja, por exemplo, Oriol, M.D. "Crew resource management: applications in healthcare organizations." *Nursing Administration* 36.9 (2006): 402–6; McConaughey E. "Crew resource management in healthcare: the evolution of teamwork training and MedTeams." *Journal of Perinatal Neonatal Nursing,* 22.2 (2008): 96–104.
10. Shea-Lewis, A. "Teamwork: crew resource management in a community hospital." *Journal of Healthcare Quality.* 31.5 (2009): 14–18.
11. *Os Três Mosqueteiros*, escrito em 1844 pelo autor francês Alexandre Dumas se passa na França de 1625, alcançou popularidade através de muitas adaptações para o cinema, vídeo e televisão.
12. Detalhes principais sobre a DaVita e seu CEO/líder mosqueteiro Kent Thiry vêm de uma série de estudos de caso:
    - Pfeffer, J. Kent Thiry and DaVita: Leadership Challenges in Building and Growing a Great Company. Estudo de caso. Stanford GSB No. 0B-54. Palo Alto, CA: Escola de Graduação em Administração de Stanford, 2006.
    - O'Reilly, C. Pfeffer, J., Hoyt, D., & Drabkin, D. DaVita: A Community First, A Company Second. Estudo de caso. Stanford GSB No. OB-89. Palo Alto, CA: Escola de Graduação em Administração de Stanford, 2014.
    - George, B., & Kindred, N. Kent Thiry: "Mayor" of DaVita. Case Study. HBS Caso nº 410-065. Boston, MA: Harvard Business School Publishing, 2010.
13. Pfeffer, J. Kent Thiry and DaVita: Leadership Challenges in Building and Growing a Great Company. 2006: 19.
14. Pfeffer, J. Kent Thiry and DaVita: Leadership Challenges in Building and Growing a Great Company. 2006: 2.

15. Kent Thiry, apresentação na Escola de Graduação em Administração de Stanford. 17 de novembro de 2011.

16. O'Reilly, C. *et al.* DaVita: A Community First, A Company Second. 2014: 7.

17. "Integrated Care Enhances Clinical Outcomes for Dialysis Patients." News-Medical.net. October 31, 2017. https://www.news-medical.net/news/20171031/Integrated-care-enhances-clinical-outcomes--for-dialysis-patients.aspx. Acessado em 8 de junho de 2018.

18. Berwick, D.M., Nolan, T.W., & Whittington, J. "The Triple Aim: Care, Health, and Cost." *Health Affairs.* 27.3 (2008): 759–69.

19. Detalhes principais descrevendo a iniciativa de segurança na Anglo American, segundo Cynthia Carroll, neste capítulo, vêm de uma série de estudos de caso feitos pelo Professor Gautam Mukunda da Harvard Business School e colegas:
    - Mukunda, G., Mazzanti, L., & Sesia, A. Cynthia Carroll at Anglo American (A). Estudo de Caso. HBS No. 414-019. Boston, MA: Harvard Business School Publishing, 2013.
    - Mukunda, G., Mazzanti, L., & Sesia, A. Cynthia Carroll at Anglo American (B). Estudo de Caso. HBS No. 414-020. Boston, MA: Harvard Business School Publishing, 2013.
    - Mukunda, G., Mazzanti, L., & Sesia, A. Cynthia Carroll at Anglo American (C). Estudo de Caso. HBS No. 414-021. Boston, MA: Harvard Business School Publishing, 2013.

20. Carroll, C. "The CEO of Anglo American on Getting Serious about Safety." *Harvard Business Review.* 2012. https://hbr.org/2012/06/the--ceo-of-anglo-american-on-getting-serious-about-safety. Acessado em 14 de junho de 2018.

21. Mukunda, G. *et al.* Cynthia Carroll at Anglo American (A). 2013: 7.

22. Idem.

23. Carroll, C. 2012, op cit.

24. De Liefde, W. *Lekgotla: The Art of Leadership Through Dialogue.* Houghton, South Africa: Jacana Media, 2005.

25. Mukunda, G. *et al.* Cynthia Carroll at Anglo American (B). 2013: 2.

26. Carroll, C. 2012, op cit.

27. Detalhes principais da complicada decisão em Fukushima Daini neste capítulo vêm de um episódio espetacular *NOVA* da PBS de 2015, assim

como de um artigo na *Harvard Business Review* por meu colega Ranjay Gulati, que documentou o estilo de liderança de Masuda:

- O'Brien, M. (produtor). "*NOVA:* Nuclear Meltdown Disaster." *PBS*, foi ao ar em 29 de julho de 2015. http://www.pbs.org/wgbh/nova/tech/ nuclear-disaster.html Acessado em 15 de junho de 15, 2018.
- Gulati, R., Casto, C., & Krontiris, C. "How the Other Fukushima Plant Survived." *Harvard Business Review*, 2015. https://hbr.org/2014/07/how-the-other-fukushima-plant-survived. Acessado em 13 de junho de 2018.

28. O'Brien, M. (producer). 29 de julho de 2018. *Op. cit.*
29. Gulati, R. *et al.* 2015, op cit.
30. Idem.

PARTE III

Criando uma Organização Sem Medo

7 Fazendo Acontecer

"Você pode dizer se um homem é inteligente por suas respostas. Você pode dizer se um homem é sábio por suas perguntas."

— Naguib Mahfouz[1]

Quando Julie Morath chegou como chefe de operações no Children's Hospital and Clinics em Minneapolis, Minnesota, seu objetivo era simples: 100% de segurança do paciente para as crianças hospitalizadas sob seus cuidados.[2] O objetivo pode ter sido simples. Como alcançá-lo não era. Isso foi no início de 1999 e poucas pessoas estavam falando sobre a segurança dos pacientes. Não que muitos médicos pensassem que os pacientes estavam completamente a salvo de erros e danos; eles somente tendiam a pensar que, quando as coisas davam errado, havia alguém para culpar. Isso tornou difícil falar sobre o problema. Morath sabia que, primeiro, enfermeiros e médicos teriam de estar dispostos a falar abertamente para relatar erros se fosse possível reduzir a incidência de danos. Em resumo, ela precisava de dados sobre o que estava acontecendo, quando e onde. Somente eles poderiam ajudar o hospital a achar novos meios de reforçar a segurança de todos os jovens pacientes vulneráveis em suas seis unidades médicas nas Cidades Gêmeas.

A Caixa de Ferramenta do Líder

Nos capítulos anteriores, vimos que a falta de segurança psicológica impediu uma enfermeira de UTI Neonatal de falar abertamente sobre um possível erro médico por medo de aborrecer o doutor. Vimos como médicos de centros de ponta falharam em questionar um tratamento de quimioterapia com dose fatal por um período de vários dias. Ambas as situações se passaram em cenários nos quais muita coisa estava acontecendo.

Hospitais de cuidados terciários, como os de crianças, são complexos. É desafiador ter cada uma das tarefas executada com perfeição todas as vezes. Para começar, todos os pacientes são diferentes. Dois atendimentos nunca são idênticos. Acelerando o passo, o trabalho altamente interdependente de cuidar dos pacientes deve ser coordenado com perfeição entre os limitados especialistas com conhecimento e habilidades complementares — que talvez nem saibam os nomes uns dos outros. Departamentos múltiplos e interdependentes — farmácia, laboratório, médicos e enfermeiros — que possuem prioridades conflitantes sobre qual assistência fornecer e a que horas devem coordenar suas ações para que o atendimento seguro seja prestado constantemente. Assim, a organização tem aceitado por muito tempo que as coisas ocasionalmente dão errado. Certo número de deslizes e linhas cruzadas era somente a forma como as coisas aconteciam. Não era muito discutido e havia uma tendência infeliz de culpar pessoas em particular (em vez da complexidade do sistema) por erros que escaparam e causaram danos no paciente.

Morath sentiu que sua atitude tinha de mudar para que o progresso fosse feito. Ela precisava de uma caixa de ferramentas de liderança para conseguir isso. Olhando para trás, o que aconteceu para mudar profundamente as atitudes e comportamentos na Children's Hospital pode ser dividido em três categorias: preparar o terreno, solicitar a participação e responder produtivamente.

Preparando o Terreno

Assim que aceitou o trabalho, Morath começou a conversar com grandes e pequenos grupos no hospital para explicar que a prestação de serviços de saúde, por sua natureza, era um sistema completo propenso a colapsos. Ela mostrou novas pesquisas e estatísticas sobre reações adversas para conscientizá-los sobre sua prevalência. Apresentou uma nova terminologia ("palavras para trabalhar") que alterou o significado de eventos e ações de maneiras importantes; por exemplo, em vez de uma "investigação" sobre uma reação adversa, o hospital usaria o termo "estudo"; no lugar de "erro", ela sugeriu às pessoas que usassem a palavra "acidente" ou "falha". De formas repentinas, porém importantes, Morath estava tentando ajudar as pessoas a pensarem de maneira diferente sobre o trabalho — e especialmente sobre o que significa quando as coisas dão errado. Essas ações de liderança vão ao encontro do que chamo de enquadrar o trabalho.

Enquadramentos consistem em premissas ou crenças que sobrepomos à realidade.[3] Todos nós enquadramos objetos e situações automaticamente. Nosso foco está na própria situação e estamos tipicamente cegos aos efeitos de nossos enquadramentos. Nossas experiências anteriores afetam como pensamos e sentimos em relação ao que atualmente nos rodeia de formas sutis. Acreditamos que estamos vendo a realidade — vendo o que está *lá*. Por exemplo, se enquadramos acidentes médicos como indicações de que alguém fez besteira, vamos ignorá-los ou reprimi-los por medo de sermos culpados ou de apontar o dedo ao colega. De qualquer forma, podemos transformar nossos enquadramentos automáticos e criar um quadro compartilhado que represente a realidade com maior precisão. Mais informações sobre enquadrar o trabalho são fornecidas mais adiante nesse capítulo. Mas, quando Morath começou a dar palestras que elucidaram o atendimento hospitalar como um sistema complexo e sujeito a erros, o que ela estava fazendo era enquadrar o trabalho — ou, mais precisamente, reformulá-lo. Seu objetivo era ajudar as pessoas a abandonarem a crença em que a incompetência (em vez da complexidade) era a culpada. Essa mudança de perspectiva se mostraria essencial para ajudar as pessoas a se sentirem seguras em falar abertamente sobre os problemas, erros e perigos que observassem.[4]

Ao preparar o terreno para a discussão aberta de erros, Morath também comunicou a urgência do objetivo de 100% de segurança do paciente. Considero esse um ato importante da fase de estabelecimento, porque ajuda as pessoas a se reconectarem com os motivos que as fizeram entrar para o atendimento médico desde o início: salvar vidas. Esse lembrete ajudou a motivar as pessoas a fazer o trabalho difícil de relatar, analisar e descobrir maneiras de evitar danos. Em resumo, com uma ênfase na natureza complexa e propensa a erros do trabalho e um lembrete sobre o que está em jogo (as vidas das crianças), Morath preparou o terreno para a franqueza. No entanto, não era o suficiente para fazer acontecer.

Convidando à Participação

Como você pode imaginar, os esforçados enfermeiros neonatais e cirurgiões pediátricos experientes não se reuniram imediatamente no escritório de Morath para confessar ter cometido ou visto erros. As pessoas acharam mais fácil acreditar que erros médicos aconteceram em outro lugar e não em sua própria estimada instituição. Mesmo se eles compreendessem, no fundo, que as coisas podem e vão dar errado, não seria a primeira que viria à cabeça, e eles acreditavam, de fato, que estavam prestando um ótimo atendimento.

Morath, ouvindo o silêncio da equipe, parou para pensar. Tenho certeza de que passou por sua mente tentar de novo — reexplicar a natureza complexa e propensa a erros das operações terciárias de atendimento do hospital, assim como corrigir a resposta implícita da equipe que nada estava indo errado. Por ser o caso, ela resistiu à tentação de dar sermão. Em vez disso, fez algo que era tão simples quanto forte. Ela fez uma pergunta. "Estava tudo tão seguro quanto gostariam que estivesse essa semana com seus pacientes?"[5]

A pergunta — genuína, curiosa, direta — era respeitosa e concreta: "esta semana", "seus pacientes." O próprio texto transmite interesse genuíno. Curiosidade. Faz você pensar. O interessante é que ela *não* perguntou: "Vocês viram muitos erros ou danos?" Ao contrário, ela solicitou às pessoas que pensassem em termos inspiradores: "Estava tudo tão seguro quanto gostaria que estivesse?" Com certeza, a segurança psicológica começou a fazer efeito. As pessoas começaram a trazer à tona acidentes que viram ou dos quais, inclusive, participaram.

Morath reforçou seu convite para colaborar com várias intervenções estruturais. Primeiro, ela criou uma equipe principal chamada Comitê de Orientação de Segurança do Paciente (COSP) para liderar a iniciativa de mudança. O COSP foi desenvolvido como um grupo multidisciplinar e multinível para garantir que as vozes de todo o hospital seriam ouvidas. Cada membro foi convidado com uma declaração pessoal sobre por que sua perspectiva foi solicitada. Segundo, Morath e o COSP apresentaram uma nova política chamada "relato isento de culpa" — um sistema convocando relatórios confidencias sobre riscos e falhas que as pessoas observaram. Terceiro, como as pessoas começaram a se sentir seguras o suficiente para falar abertamente, Morath liderou mais de 18 grupos de discussão para facilitar aos funcionários em todas as partes da organização que compartilhassem suas preocupações e experiências.

Essas estruturas simples tornaram mais fácil falar abertamente. Quando você participa de um grupo de discussão, sua contribuição é explicitamente solicitada. É mais estranho permanecer em silêncio do que oferecer seus pensamentos. Dessa maneira, a assimetria da voz descrita no Capítulo 2, em que o silêncio domina por causa dos riscos inerentes à voz, é atenuada.

Respondendo de Forma Produtiva

Falar abertamente é somente o primeiro passo. O verdadeiro teste é como os líderes respondem quando as pessoas realmente falam com abertura. A fase de estabelecimento e a de solicitar a participação constroem de fato a segurança psicológica. Mas, se um chefe responde com raiva ou desdém assim que alguém dá um passo adiante para falar abertamente sobre um problema, a segurança vai evaporar com rapidez. A reação produtiva deve ser agradecida, respeitosa e oferecer um caminho à frente.

Considere a "Análise Focada de Eventos" (AFE), uma reunião multidisciplinar que Morath instituiu no Children's Hospital para reunir as pessoas após uma falha. A AFE representa, de múltiplas perspectivas, uma exploração disciplinada do que aconteceu — como o provérbio dos homens cegos ao redor do elefante. Nesse cenário, entretanto, o objetivo não é lutar sobre quem estava certo, como os homens cegos fizeram, mas, sim, identificar fatores que contribuíram com o objetivo de melhorar o sistema para prevenir falhas similares no futuro.[6] A AFE é, dessa forma, um primeiro exemplo de responder produtivamente.

Igualmente importante, a política dos relatórios sem culpa habilitou respostas produtivas a mensageiros que trouxeram as más notícias sobre um erro ou acidente. Em vez de esperar culpa ou punição, os profissionais de saúde do Children's Hospital começaram a esperar — e vivenciar — valorização por seus esforços em apresentar informações valiosas.

O objetivo deste capítulo é fornecer exemplos adicionais de maneiras específicas como líderes construíram segurança psicológica em suas organizações por preparar o terreno, solicitar a participação e responder produtivamente. Com alguma prática e reflexão, essa caixa de ferramentas está disponível para qualquer líder que deseje criar segurança psicológica. A Tabela 7.1 resume o quadro. Para desenvolver essas ferramentas comportamentais, baseei-me tanto em pesquisa quanto em meus anos de experiência em estudo e consultoria em organizações ao redor do mundo.

Como Preparar o Terreno para a Segurança Psicológica

Sempre que você está tentando colocar pessoas no mesmo nível, com objetivos comuns e uma apreciação compartilhada pelo que estão enfrentando, está preparando o terreno para a segurança psicológica. A habilidade mais importante a se dominar é a de enquadrar o trabalho. Se a quase perfeição é o que é necessário para satisfazer a demanda de consumidores de carro, os líderes devem saber enquadrar o trabalho avisando os trabalhadores para pegar e corrigir pequenas divergências antes que o carro siga pela linha de montagem. Se zero fatalidades de trabalhadores em uma perigosa mina de platina é o objetivo, então os líderes devem enquadrar a segurança física como um objetivo valioso e desafiador, mas alcançável. Se descobrir novas curas é o objetivo, os líderes sabem como motivar os pesquisadores a gerarem hipóteses inteligentes para experimentos e a se sentirem bem por estarem mais errados do que certos na maioria das vezes. Neste capítulo,

Tabela 7.1 **A Caixa de Ferramentas do Líder Para Construir Segurança Psicológica.**

Categoria	Preparar o Terreno	Solicitar a Participação	Responder Produtivamente
Tarefa da Liderança	**Enquadrar o Trabalho** ▪ Estabelecer expectativas sobre falha, incerteza e interdependência para esclarecer a necessidade de voz **Enfatizar Propósito** ▪ Identificar o que está em jogo, por que é importante e para quem	**Demonstrar Humildade Situacional** ▪ Aceitar diferenças **Questionamento na Prática** ▪ Fazer boas perguntas. ▪ Modelo de escuta intensa **Estabelecer Estruturas e Processos** ▪ Criar fóruns para colaborações ▪ Fornecer diretrizes	**Expressar Valorização** ▪ Ouvir ▪ Aceitar e agradecer **Eliminar o estigma da falha** ▪ Olhar para frente ▪ Oferecer ajuda ▪ Discutir, considerar e ter ideias sobre os próximos passos **Sanções de violações claras**
Realizações	Expectativas e significado compartilhados	Confiar que a voz que é para discussão é Bem-vinda	Orientação em direção a aprendizado contínuo

primeiro explicarei como e por que enquadrar o trabalho inclui reenquadrar a falha e esclarecer a necessidade de voz. Depois, passarei para outra ferramenta preparadora de terreno na caixa de ferramentas do líder: motivar esforços.

Enquadrando o Trabalho

Reenquadrando a falha

Porque o medo de (relatar) falha é um grande indicador principal de um ambiente com baixos níveis de segurança psicológica, a maneira como os líderes apresentam o papel da falha é essencial. Relembre a observação de Astro Teller, na Google X, de que "a única maneira de fazer as pessoas trabalharem em coisas grandes e arriscadas... é se você fizer o caminho de menor resistência para eles [e] tornar seguro falhar."[7] Em outras palavras, até que um líder, de maneira explícita e ativa, torne isso psicologicamente seguro, as pessoas automaticamente procurarão evitar a falha. Então, como Teller fez para reenquadrar a falha e torná-la correta? Por dizer, acreditar e convencer outros de que "eu não sou a favor da falha, sou a favor do aprendizado".[8]

A falha é uma fonte valiosa de dados, mas os líderes devem entender e comunicar que o aprendizado somente acontece quando há segurança psicológica suficiente para investigar com cuidado os ensinamentos da falha. Em seu livro *The Game-Changer,* publicado enquanto ele ainda era CEO da Proctor and Gamble, A. G. Lafley celebra suas 11 falhas de produto mais caras, descrevendo por que cada uma foi valiosa e o que a empresa aprendeu com cada uma.[9] Relembre, também, a confiança de Ed Catmull passada para os animadores da Pixar, cujos filmes sempre começavam ruins, para ajudá-los a "separar medo e falha".[10] Aqui, Catmull está fazendo uma declaração de enquadramento de liderança. Ele está garantindo que as pessoas saibam que esse é o tipo de trabalho pelo qual o sucesso espantoso ocorre somente se você estiver disposto a confrontar o "ruim" no processo para o "bom". Da mesma forma, a CEO da OpenTable Christa Quarles diz aos funcionários "adiantado, frequentemente, é feio. Está tudo bem. Não precisa ser perfeito, porque posso corrigir o curso muito, muito mais rápido." Essa também é uma declaração de enquadramento. Ela diz que o sucesso no negócio de reservas de restaurante online acontece através de correção de curso — não através de magicamente acertar na primeira vez. Quarles está enquadrando versões feias e precoces como informações vitais para se tomar boas decisões que levam, mais tarde, a versões bonitas.

Aprender a aprender com a falha se tornou tão importante que o Smith College (junto com outras escolas pelo país) está criando cursos e iniciativas para ajudar estudantes a lidarem melhor com falhas, desafios e imprevistos. "O que estamos tentando ensinar é que a falha não é um defeito do aprendizado, é um recurso",[12] disse Rachel Simmons, especialista em desenvolvimento de liderança na Smith's Wurtele Center for Work and Life e a "imperatriz da falha" não oficial do câmpus. "Não é algo que deveria ser bloqueado da experiência de aprendizado. Para muitos de nossos estudantes — aqueles que tiveram de ser quase perfeitos para serem aceitos em uma escola como a Smith —, a falha pode ser uma experiência estranha. Então, quando acontece, pode ser paralisante."[13] Com workshops sobre síndrome do impostor, discussões sobre perfeccionismo e uma campanha para relembrar aos estudantes que 64% de seus colegas terão (suspiro) uma nota B menos ou inferior, o programa é parte de um esforço de todo o câmpus para promover a resiliência dos estudantes.

Note que a falha desempenha uma variedade de papéis em diferentes tipos de trabalho.[14] No final do espectro, está um grande volume de trabalho repetitivo, tal como em uma oficina de montagem, um restaurante *fast-food* ou mesmo um centro de hemodiálise. Falhar para conectar corretamente um paciente a uma máquina de hemodiálise ou para instalar um airbag automotivo da maneira precisamente correta pode ter consequências desastrosas. Então, nesse tipo de trabalho, é vital que as pessoas avidamente captem e corrijam os desvios das melhores práticas. Aqui, celebrar a falha é uma questão de ver tais desvios como eventos de "boa sacada" e valorizar aqueles que notaram pequenos erros como contribuintes observadores para a missão.

No outro extremo do espectro, estão a inovação e a pesquisa, em que pouco se conhece sobre como obter um resultado desejado. Elaborar um filme, uma linha de roupas original ou uma tecnologia que possa converter água do mar em combustível são todos exemplos. Nesse contexto, falhas drásticas podem ser cortejadas e celebradas, porque elas são parte integral da jornada ao sucesso. No meio do espectro, onde cai muito do trabalho feito, estão operações complexas, tais como hospitais ou instituições financeiras. Aqui, vigilância e trabalho em equipe são vitais para evitar falhas evitáveis e comemorar as falhas inteligentes.

Reenquadrar a falha começa com entender uma tipologia básica de tipos de falhas. Como eu escrevi com mais detalhes em algum lugar, arquétipos de falha incluem as falhas evitáveis (nunca são boas notícias), falhas complexas (ainda não são boas notícias) e falhas inteligentes (não são divertidas, mas devem ser consideradas boas notícias por causa do valor que carregam). Falhas evitáveis são desvios de procedimentos recomendados que produzem resultados ruins. Se alguém falha em pôr os óculos de segurança em uma fábrica e sofre uma lesão no olho, essa é uma falha evitável. Falhas complexas ocorrem em contextos familiares quando uma convergência de fatores se juntam de forma que pode nunca ter ocorrido antes; considere a forte inundação na estação do metrô de Wall Street, em Nova York, durante a supertempestade Sandy em 2012. Com vigilância, falhas complexas podem algumas vezes, mas nem sempre, ser evitadas. Nem as falhas evitáveis ou as complexas são merecedoras de comemoração.

Em contraste, falhas inteligentes, como o termo indica, devem ser comemoradas para que sejam mais estimuladas. Falhas inteligentes, como as evitáveis e complexas, ainda são resultados que ninguém queria. Entretanto, ao contrário das outras duas categorias, elas são resultado de uma incursão cuidadosa em um novo território. A Tabela 7.2 apresenta definições e contextos para esclarecer essas distinções. Uma parte importante do enquadramento é garantir que as pessoas entendam que as falhas acontecerão. Algumas falhas são genuinamente boas notícias; algumas não são, mas não importa de que tipo são, nosso objetivo principal é aprender com elas.

Esclarecendo a Necessidade da Voz

Enquadrar o trabalho também envolve chamar a atenção a outras maneiras, além da prevalência da falha, em que as tarefas e ambientes diferem. Três dimensões especialmente importantes são incerteza, interdependência e o que está em jogo — todas elas também têm implicações pela falha (por

Tabela 7.2 Arquétipo da Falha — Definições e Implicações.[16]

	Evitáveis	Complexas	Inteligentes
Definição	Desvios de processos conhecidos que produzem resultados indesejados	Combinações únicas e novas de eventos e ações que dão origem a resultados indesejados	Novas incursões em novos territórios que levam a resultados indesejados
Causas Comuns	Deficiências de comportamento, habilidade e atenção	Complexidade, variabilidade e novos fatores aplicados a situações familiares	Incerteza, experimentação e correr riscos
Termo Descritivo	Desvio de Processo	Colapso do sistema	Tentativa malsucedida
Contextos em que Cada Um é Mais Marcante	Fabricação em linha de produção Serviços de refeições rápidas Utilidades e serviços básicos	Atendimento hospitalar Programa espacial da NASA Porta-aviões Usinas de energia nuclear	Desenvolvimento de drogas Design de novos produtos

exemplo, expectativas sobre sua frequência, seu valor e suas consequências). Enfatizando que a incerteza lembra às pessoas que elas precisam estar curiosas e alertas para pegar indicadores iniciais de mudança nas, digamos, preferências do cliente em um novo mercado, na reação do paciente a uma droga ou nas novas tecnologias no horizonte.

Enfatizar interdependência leva as pessoas a saberem que elas são responsáveis por entender como suas tarefas interagem com as tarefas de outras pessoas. A interdependência estimula conversas frequentes para descobrir o impacto que o trabalho tem sobre outros e, por sua vez, transmitir o impacto que o trabalho de outros tem sobre eles. Trabalho interdependente requer comunicação. Em outras palavras, quando os líderes enquadram o trabalho, estão enfatizando a necessidade de correr riscos interpessoais como compartilhar ideias e preocupações.

Finalmente, esclarecer os desafios é importante se os desafios são altos ou baixos. Lembrar às pessoas que a vida humana está em jogo — digo, em um hospital, uma mina ou na NASA — ajuda a colocar o risco interpessoal em perspectiva. As pessoas são mais propensas a falar abertamente — assim superando não só a assimetria inerente à voz como também o silêncio — se os líderes enquadram sua importância. Da mesma forma, lembrar as pessoas de que a única coisa que está em risco é um ego ferido quando um experimento de laboratório não sai como esperado é uma boa maneira de fazê-los querer ir em frente — oferecer ideias possivelmente loucas e descobrir quais testar primeiro!

Por fim, como muitas das pessoas veem como os chefes se apresentam é uma área principal para reenquadrar. A Tabela 7.3 compara um conjun-

Tabela 7.3 Enquadrando ao Papel do Chefe.

	Quadros Padrão	Reenquadramento
O Chefe	Tem respostas	Define orientação
	Dá ordens	Solicita contribuições para esclarecimentos e melhorias
	Avalia o desempenho dos outros	Cria condições para aprendizado contínuo, para alcançar a excelência
Outros	Subordinados que têm de fazer o que foi pedido	Contribui com conhecimento essencial e perspectivas

to de quadros-padrão para um reenquadramento intencional com como devemos pensar sobre os chefes e os outros no trabalho. Como um padrão, os chefes são vistos como os que têm as respostas, são capazes de dar ordens e são posicionados para avaliar se as ordens são bem executadas. Com esse quadro, os outros são meramente subordinados que esperam que façam o que foi pedido. O CEO Martin Winterkorn da VW é um exemplo importante de um executivo governado pelo quadro-padrão. Note que o padrão do conjunto de quadros torna sensível o medo interpessoal. Em um mundo onde os chefes têm as respostas e a autoridade absoluta sobre como seu trabalho é julgado, faz sentido temer o chefe e pensar com muito cuidado sobre o que mostrar. O reenquadramento, em contraste, especifica a lógica que esclarece a necessidade de um ambiente psicologicamente seguro. Hoje, essa lógica se aplica à execução bem-sucedida do trabalho em muitas organizações.

O reenquadramento mostra que os líderes têm de estabelecer e cultivar a segurança psicológica para ter êxito na maioria dos ambientes de trabalho hoje em dia. O líder é obrigado a estabelecer a direção do trabalho, pedir colaborações relevantes para esclarecer e melhorar a direção geral que foi estabelecida e criar condições para o aprendizado contínuo, para alcançar a excelência. Cynthia Carroll reenquadrou o trabalho na Anglo American por ativamente pedir colaboração dos mineiros para elaborar novas práticas de segurança física. Naohiro Masuda, o superintendente de usina em Fukushima Daini, reenquadrou o trabalho quando preparou uma lousa para liderar eficazmente sua equipe durante um ataque violento de tsunami. Ele deu à equipe tanta informação contínua quanto ele tinha disponível em um ambiente rapidamente variável. Quanto mais criatividade e inovação são solicitadas para alcançar um objetivo específico, mais essa postura é necessária. O problema com a perspectiva de Winterkorn na VW não é que estava errado em um sentido moral. Em vez disso, estava errado em um sentido prático, estava errado por alcançar um objetivo que pedia inovação. Fazer da empresa a maior montadora do mundo por alavancar uma tecnologia de motores a diesel era de certo modo um objetivo "lunático" como os perseguidos pela Google X. A tecnologia do motor a diesel ainda não era capaz de funcionar de maneiras consistentes com as exigências regulatórias; nenhuma quantidade de ordens poderia superar a verdade básica sobre a situação. Um ambiente psicologicamente seguro, como os que vimos na Google X, poderia ter absorvido produtivamente essa falha de inovação, permitindo aos executivos seniores repensar sua estratégia.

No reenquadramento, aqueles que não são chefes são vistos como colaboradores valiosos — isto é, como pessoas com conhecimento e perspectivas cruciais. Quando Julie Morath pede às pessoas que falem abertamente sobre um erro com paciente ou quando Eileen Fisher orquestra reuniões de funcionários para dar a todos uma chance de falar, elas o fazem porque irá melhorar a tomada de decisão e a execução — não porque elas querem ser legais. Líderes em uma mundo volátil, incerto, complexo e ambíguo (VICA), que entendem que o trabalho de hoje requer aprendizado contínuo para descobrir quando e como mudar o curso, devem conscientemente reenquadrar como pensam, de quadros-padrão que todos trazemos para o trabalho inconscientemente para um reenquadramento mais produtivo.

Enquadrar o trabalho não é algo que líderes fazem uma vez e, então, está feito. O enquadramento é constante. Chamar com frequência a atenção a níveis de incerteza ou interdependência ajuda as pessoas a lembrar que elas devem estar atentas e ser francas para terem um bom desempenho. Se os líderes da NASA tivessem enfatizado essas características essenciais do trabalho, o pedido aos engenheiros para compartilharem preocupações teria sido muito mais visível a eles.

Motivando Esforço

Enfatizar um senso de propósito é outro elemento principal para preparar o terreno para a segurança psicológica. Motivar as pessoas articulando um propósito convincente é uma tarefa bem estabelecida da liderança. Líderes que lembram as pessoas por que o que elas fazem é importante — para os clientes, para o mundo — ajudam a criar a energia que os conduz por momentos desafiantes. O lema "um por todos e todos por um" de Kent Thiry motiva a equipe da DaVita a cuidar dos pacientes com doenças renais. Em seu lema, ele lembra as pessoas da vulnerabilidade dos pacientes e as lembra de que a equipe está junta nisso. Observe que, mesmo quando parece óbvio (por exemplo, cuidar de pacientes vulneráveis) que o trabalho é significativo, os líderes ainda têm de ter tempo para enfatizar o propósito que a organização atende. Isso porque todos podem ficar cansados, distraídos, frustrados e esquecer o quadro maior — o que está em jogo. Carroll trouxe seu desejo por dano zero para o governo sul-africano e maiores órgãos institucionais de mineração. Ela fez que os interessados de grupos previamente desconectados começassem a trabalhar juntos para o objetivo compartilhado da segurança nas minas. Eles foram capazes de desenvolver confiança um no outro. É trabalho do líder trazer as pessoas de volta a um lugar psicológico onde estejam em contato com o quanto seu trabalho é importante. Isso também ajuda a superar os riscos interpessoais que enfrentam no trabalho.

O significado pode ser definido e enquadrado de outras formas também. Ray Dalio, da Bridgewater Associates, enfatiza para seus funcionários de fundo de investimento que o crescimento pessoal é tão importante quanto o lucro. É importante para Dalio que cada funcionário se torne uma pessoa melhor, e ele espera o mesmo deles. A crença de Bob Chapman em que a empresa mede o sucesso pela forma como toca a vida dos funcionários motiva todos a trazer o melhor de si para o trabalho.

Muitos líderes estariam bem servidos se parassem para refletir sobre o propósito que os motiva e que torna o trabalho da organização significativo para uma comunidade mais abrangente. Feito isso, eles deveriam perguntar a si mesmos com qual frequência e quão firmemente estão transmitindo a outros essa lógica convincente do trabalho. Nossa necessidade primária de sentir propósito e sentido em nossas vidas, inclusive no trabalho, tem sido demonstrada por numerosos estudos em psicologia.[17]

Como Solicitar Participação para que as Pessoas Respondam

A segunda atividade essencial da caixa de ferramentas dos líderes é solicitar participação de uma forma que as pessoas achem convincente e genuína. O objetivo é baixar o que normalmente é uma barreira muito alta para o que é considerado uma participação apropriada. Ao perceber que a autoproteção é natural, a solicitação a participar deve ser muito clara se as pessoas vão escolher se comprometer em vez de não se arriscar. Dois comportamentos essenciais que sinalizam que uma solicitação é genuína são adotar uma mentalidade de humildade situacional e envolver-se em questionamentos proativos. Projetar estruturas para contribuições, outra ferramenta poderosa que abordo nesta seção, também serve como uma solicitação de voz.

Humildade Situacional

A conclusão é que ninguém quer correr o risco interpessoal de impor ideias quando o chefe parece pensar que ele ou ela sabe de tudo. Uma mentalidade de aprendizado, que mistura humildade e curiosidade, reduz esse risco. Uma mentalidade de aprendizado reconhece que há sempre mais para aprender.

Sinceramente, adotar uma mentalidade humilde quando se enfrenta um mundo complexo, dinâmico e incerto no qual todos trabalhamos hoje é, simplesmente, realista. O termo humildade situacional capta bem esse conceito (a necessidade de humildade está na situação) e pode tornar mais fácil para os líderes, especialmente para aqueles com muita autoconfiança, reconhecer a veracidade e o poder de uma mentalidade modesta. O professor Ed Schein do MIT chama isso de "humildade aqui e agora".[18] Tenha em mente que confiança e humildade não são opostos. Confiar nas habilidades e no conhecimento de alguém, quando necessário, é muito mais preferível do que falsa modéstia. Mas humildade não é modéstia, falsa ou de outra forma. Humildade é o simples reconhecimento de que você não tem todas as respostas e que, certamente, não tem bola de cristal. Pesquisas mostram que, quando os líderes expressam humildade, as equipes se comprometem em um comportamento de maior aprendizado. [19]

Demonstrar humildade situacional inclui reconhecer seus erros e limitações. Anne Mulcahy, Presidente e CEO da Xerox, que conduziu a empresa através de uma transformação bem-sucedida por causa da falência nos anos 2000, disse que ela era conhecida por muitos na empresa como a "Mestre do eu não sei", porque, em vez de dar uma opinião infundada, com frequência preferia responder "eu não sei" às perguntas.[20] Embora remanescente do "Seja um não sabedor" de Eileen Fisher, Mulcahy adota esta postura como chefe-executiva recém-promovida de uma corporação global, e não como fundadora de sua própria empresa. Ao falar para executivos no Programa Avançado de Gestão na Harvard Business School, Mulcahy comentou que sua vontade de estar vulnerável com os outros e admitir suas próprias limitações revelaram-se uma enorme vantagem. "Em vez de pessoas que perdem a confiança, na verdade elas a ganham [em você] quando admite que não sabe algo", disse ela.[21] Isso criou espaço para outros avançarem na Xerox, oferecerem sua experiência e se empenharem em um processo de mudar a empresa. Embora isso possa parecer completamente óbvio, tal humildade pode ser estranhamente rara em muitas organizações.

O professor da London Businbess School Dan Cable esclarece o porquê. Em um recente artigo na *Harvard Business Review*, ele escreve: "Poder... pode levar líderes a se tornarem extremamente obcecados com resultados e controle", intensificando, de maneira inadvertida, "o medo das pessoas — o medo de não atingir as metas, medo de perder bônus, medo de falhar — e, como consequência, sua motivação para experimentar e aprender é sufocada."[22] Estar extremamente certo ou só se passar por arrogante podem ter efeitos similares — aumentar o medo, reduzir a motivação e inibir riscos interpessoais.

Lembre-se de que, em nosso estudo sobre unidades de tratamento intensivo neonatal no Capítulo 2, Ingrid Nembhard, Anita Tucker e eu descobrimos que UTIs neonatais com alta segurança psicológica tinham resultados substancialmente melhores de seu trabalho de melhoria de qualidade do que aqueles com baixa segurança psicológica.[23] Um fator que chamamos liderança inclusiva fez a diferença. Para ilustrar, até os diretores médicos (responsáveis pela organização do tratamento intensivo) disseram coisas como "eu posso errar algo; preciso ouvir de você". Outros, talvez, tenham dado por certo que as pessoas sabiam falar abertamente. A avaliação de nossa pesquisa apontou três atributos comportamentais da liderança inclusiva: um, líderes eram acessíveis e disponíveis; dois, líderes reconheciam sua falibilidade; e três, líderes solicitaram, de maneira proativa, contribuição de outras equipes, médicos e enfermeiros. O conceito de liderança inclusiva, então, captura a humildade situacional associada à investigação proativa (abordada na próxima seção).

Com base nesse trabalho, os pesquisadores israelenses Reuven Hirak e Abraham Carmeli e seus dois colegas entrevistaram funcionários de uma unidade clínica em um grande hospital em Israel sobre liderança inclusiva, segurança psicológica, habilidade das unidades em aprender com falhas e desempenho da unidade. Eles descobriram que as unidades em que os líderes eram percebidos como mais inclusivos tinham maior segurança psicológica, o que levou ao crescente aprendizado com a falha e melhor desempenho da unidade. [24] Em resumo, líderes que são acessíveis e disponíveis, que reconhecem sua falibilidade e que solicitam proativamente a contribuição dos outros podem fazer muito para estabelecer e reforçar segurança psicológica em suas organizações. Ferramentas poderosas, de fato.

Investigação Proativa

A segunda ferramenta para solicitar participação é investigação. Investigação é a sondagem proposital para aprender mais sobre um problema, situação ou pessoa. A habilidade fundamental está em cultivar interesse genuíno nas respostas dos outros. Por que isso é difícil? Porque todos os adultos, especialmente os de alto desempenho, são sujeitos a um preconceito cognitivo chamado realismo ingênuo, que nos dá a experiência de "saber" o que está acontecendo.[25] Como notado na seção anterior, acreditamos que estamos vendo "realidade" — em vez de uma visão subjetiva da realidade. Como resultado, frequentemente falhamos em imaginar o que os outros estão vendo. Nós falhamos em ser curiosos. Pior, muitos líderes, mesmo quando estão motivados a fazer uma pergunta, preocupam-se se isso irá fazê-los parecer desinformados ou fracos. Exacerbando ainda mais o desafio, algumas empresas vestiram "uma cultura do dizer", como um executivo sênior em uma empresa global farmacêutica colocou em uma conversa recente que tivemos sobre sua empresa. Em uma cultura do dizer, não é dada atenção ao *perguntar.*

Ainda quando os líderes superam esses preconceitos para fazer perguntas genuínas, criam segurança psicológica. Lembre-se de Morath no Children's Hospital: Estava tudo tão seguro como gostaria que estivesse esta semana com seus pacientes? Ou da pergunta de Carroll para os mineiros: Do que precisamos para criar um ambiente de trabalho de cuidado e respeito? Perguntas genuínas transmitem respeito à outra pessoa — um aspecto vital de segurança psicológica. Contrário ao que muitos podem acreditar, perguntar não tende a fazer o líder parecer fraco, mas atencioso e sábio.

A caixa de ferramentas dos líderes contém algumas regras básicas para se fazer uma boa pergunta: um, você não sabe a resposta; dois, você faz perguntas que não têm respostas limitadas a sim ou não; e três, você expressa a pergunta de uma forma que ajude os outros a compartilharem seus pensamentos de uma maneira focada. Consistente a esses princípios, a organização World Café, dedicada a promover conversas focadas em encontrar novas formas de alcançar objetivos organizacionais importantes ou sociais, identifica atributos de "perguntas poderosas" — aquelas que provocam, inspiram e mudam o pensamento das pessoas — como mostradas no quadro abaixo.

Atributos de uma Pergunta Poderosa[26]

- Gera curiosidade no ouvinte
- Estimula uma conversa reflexiva
- É instigante
- Faz surgir hipóteses subjacentes
- Solicita criatividade e novas possibilidades
- Gera energia e faz avançar
- Canaliza atenção e investigações focadas
- Permanece com os participantes
- Aponta para um significado profundo
- Suscita mais perguntas

Todos nós podemos nos beneficiar com a introdução de mais investigações em nosso trabalho. A habilidade essencial envolve escolher o tipo certo de pergunta para uma situação. Por exemplo, perguntas podem ser mais abrangentes ou profundas. Para ampliar a compreensão de uma situação ou expandir um conjunto de opções, pergunte: "O que pode estar faltando?", "Quais outras ideias podemos gerar?" ou "Quem tem uma perspectiva diferente?"[27] Tais perguntas garantem que informações mais abrangentes são consideradas e que é gerado um conjunto maior de opções relacionadas a um problema ou decisão. Outras perguntas são destinadas a aprofundar a compreensão. Pergunte: "O que o leva a pensar assim?" ou "Pode me dar um exemplo?" Tais perguntas são cruciais para ajudar as pessoas a aprenderem sobre a experiência e objetivos umas das outras. Além disso, quando feita com cuidado, uma boa pergunta indica a outros que suas vozes são desejadas — tornando, de modo instantâneo, esse momento seguro psicologicamente para dar uma resposta.

Bob Pittman, fundador da MTV, oferece um exemplo de investigação para pressionar por profundidade de análise e diversidade de perspectiva ao mesmo tempo. Em uma entrevista com o ex-escritor do "Corner Office" do New York Times, Adam Bryant, Pittman relata:

> Em reuniões, com frequência eu pergunto às pessoas quando estamos discutindo uma ideia: "O que o dissidente disse?" Da primeira vez que você faz isso, alguém deve dizer: "Bom, todos estão a bordo." Então, eu direi: "Bom, vocês não estão ouvindo muito bem, porque sempre há outro ponto de vista em algum lugar e você precisa voltar e descobrir qual é o ponto de vista dissidente."[28]

Aqui, podemos ver que Pittman está praticando investigação proativa e também sendo modelo para seus funcionários de como fazer isso. Ademais, a ideia de que sempre há outro ponto de vista é um movimento súbito para enquadrar o trabalho. Nesse pequeno ponto, ele está enquadrando o trabalho, lembrando implicitamente a equipe de que trabalho criativo de programação, tais como os praticados na MTV, beneficiam uma diversidade de pontos de vista. Para mais casos e detalhes sobre o poder da investigação como uma habilidade fundamental da liderança, recomendo o livro de reflexão de Ed Schein, *Humble Inquiry* [Humilde Investigação, em tradução livre].[29]

Projetando Estruturas Para Contribuições

Uma terceira maneira de solicitar participação e reforçar segurança psicológica é implementar estruturas designadas para extrair contribuição do funcionário. Os grupos de concentração e reuniões da AFE no Children's Hospital são exemplos de tais estruturas. Essas foram tão bem-sucedidas em conseguir conversas sobre segurança em andamento que os membros das equipes do hospital começaram a projetar estruturas por conta própria para extrair as ideias e preocupações de seus próprios colegas. Especialmente Casey Hooke, um enfermeiro clínico especialista, que surgiu com a ideia de uma equipe de ação de segurança em sua unidade. A equipe multifuncional unitária se encontrava mensalmente para identificar riscos de segurança na unidade de oncologia. Logo, duas outras unidades, inspiradas pelo empenho de Hooke, lançaram suas próprias equipes de ação de segurança. Por fim, o comitê diretor de segurança do paciente sugeriu que todas as unidades do hospital implementassem tais equipes.

Outra forma de destruir o medo interpessoal é através de estruturas de aprendizado de funcionário para funcionário, como o Google fez com a criação da rede "g2g" (Googler-to-Googler), que consiste em mais de 6000 funcionários do Google que voluntariam tempo para ajudar seus colegas a aprender.[30] Os participantes da g2g fazem uma mentoria individual, treinam termos de segurança psicológica e ministram cursos de habilidades profissionais, passando por liderança até código Python. O Google afirma que a g2g ajudou a desenvolver as habilidades de inúmeros funcionários. Também ajudou a construir uma cultura segura psicologicamente, na qual todos são tanto aprendizes quanto professores.

A empresa alimentícia global Grupo Danone criou eventos estruturados de conferência chamados "mercados de conhecimento" para adotar investigação e compartilhar conhecimentos em todas as unidades de negócio pelo país.[31] Embora muitas boas ideias e práticas que melhoraram o desempenho operacional tenham vindo desses workshops, que uniram funcionários de países diferentes, os executivos que os patrocinaram viram, então, o resultado mais importante como uma mudança na cultura organizacional para falar abertamente, pedir ajuda e compartilhar boas ideias.

Como Responder Produtivamente à Voz — Não Importa a Qualidade dela

Para reforçar um clima de segurança psicológica, é imperativo que os líderes — em todos os níveis — respondam produtivamente aos riscos que as pessoas correm. Respostas produtivas são caracterizadas por três elementos: expressar agradecimento, desestigmatizar falha e sancionar violações claras.

Expressando Agradecimento

Imagine se Christina, a enfermeira da UTI Neonatal do Capítulo 1, tivesse falado abertamente com o Dr. Drake. Seu medo silencioso foi o de que ele a teria repreendido ou menosprezado. Mas e se ele tivesse dito "muito obrigado por mencionar isso"? Seu sentimento de segurança psicológica teria subido um degrau. Esse é um exemplo de uma resposta agradecida. Não importa se o doutor acredita na sugestão da enfermeira ou se a pergunta é boa ou ruim. De qualquer forma, sua resposta *inicial* deve ser de agradecimento. Então, ele pode instruir — isto é, dar o retorno ou explicar sutilezas clínicas. Porém, para garantir que a equipe continue falando abertamente de forma a manter os pacientes seguros de lapsos inesperados de atenção ou julgamento, a coragem que leva a falar abertamente deve receber minirrecompensas como agradecimento.

A professora Carol Dweck, da Stanford, cuja famosa pesquisa sobre mentalidade mostra o poder de uma orientação de aprendizado para realização individual e resiliência diante do desafio, observa a importância de elogiar as pessoas por seus esforços, não importando o resultado.[32] Quando as pessoas acreditam que seu desempenho é uma indicação de sua habilidade ou inteligência, elas ficam menos propensas a correr riscos — por medo de um resultado que poderia negar sua habilidade. Mas, quando as pessoas acreditam que o desempenho reflete esforço e boa estratégia, elas ficam ávidas por tentar coisas novas e dispostas a perseverar apesar da adversidade e falha.

Elogiar o esforço é especialmente importante em ambientes incertos, nos quais bons resultados nem sempre são resultados de um processo bom e vice-versa. Embora muitos dos exemplos neste livro apresentem as respostas dos CEOs, uma responsabilidade de liderança igualmente importante para os executivos de nível de chefia é garantir que as pessoas, através da organização, respondam produtivamente aos colegas. Ajuda se todos entenderem a lógica transmitida na Figura 7.1, que representa a relação imperfeita entre processo e resultado. Claramente, processos bons podem levar a resultados bons e processos ruins podem levar a resultados ruins (Figura 7.1a). Porém, como mostrado na Figura 7.1b, processos bons também podem produzir resultados ruins (especialmente ao enfrentar alta incerteza e complexidade, como em condições VICA) e processos ruins podem produzir resultados bons (por um tempo, enfim, como os casos da VW e da Wells Fargo). A falta de relações simples de causa e efeito em ambientes incertos e ambíguos reforça a importância de respostas produtivas a resultados de todos os tipos, mas especialmente para resultados de más notícias.

Respostas produtivas frequentemente incluem manifestações de elogios, variando de pequenos ("muito obrigado por ter falado abertamente") a elaborados — comemorações ou bônus em resposta a falhas inteligentes.

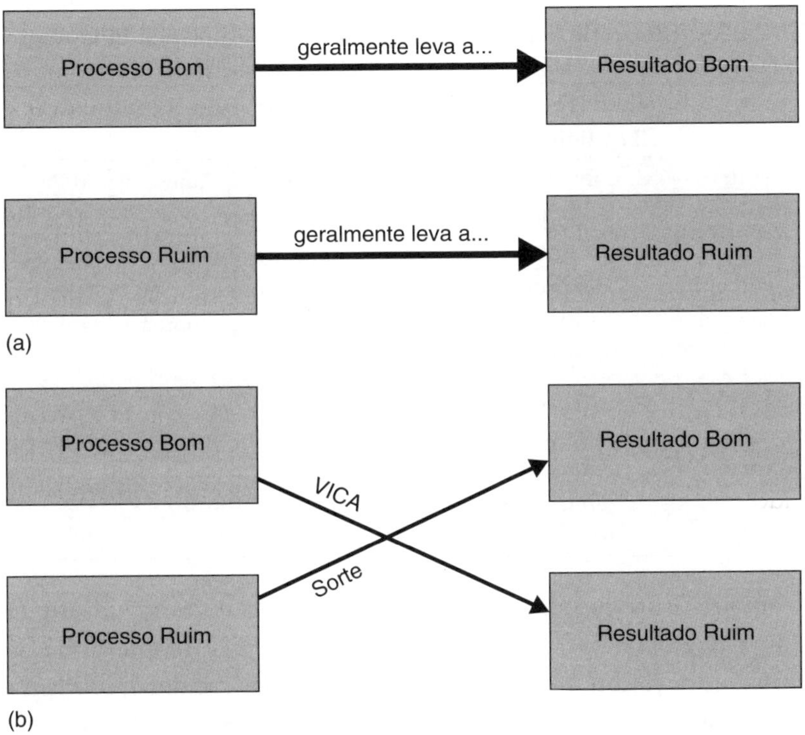

Figura 7.1 A Relação Imperfeita entre Processo e Resultado.

Desestigmatizando a Falha

Falha é uma parte necessária da incerteza e da inovação, mas isso pode ser feito explicitamente para reforçar o convite para se expressar. Considere as implicações da tipologia da falha na Tabela 7.2, a fim de projetar uma resposta produtiva para notícias de uma falha. Líderes que respondem a todas as falhas da mesma maneira não criarão um ambiente saudável para aprendizado. Quando a falha ocorre porque alguém violou uma regra ou valor importante na organização, é muito diferente do que quando uma hipótese bem pensada não deu certo em laboratório. Embora na teoria seja óbvio, na prática as pessoas rotineiramente entendem errado.

Tabela 7.4 Desestigmatizando a Falha para Segurança Psicológica.

	Quadro Tradicional	Desestigmatizando Reenquadrar
Conceito de Falha	A falha não é aceitável	A falha é um subproduto natural da experimentação
Crenças Sobre Desempenho Eficaz	Pessoas com desempenho eficaz não falham	Pessoas com desempenho eficaz produzem, aprendem com as lições de falhas inteligentes e as compartilham.
O Objetivo	Prevenir a falha	Promover aprendizado rápido
O Impacto do Quadro	***Pessoas escondem falhas para protegerem a si mesmas***	***Discussão aberta, aprendizado rápido e inovação***

Frequentemente pergunto aos gerentes, cientistas, vendedores e tecnólogos ao redor do mundo o seguinte: Qual o percentual de falhas que as organizações deveriam ter para serem consideradas condenáveis? Em geral, suas respostas contêm um único dígito — talvez de 1% a 4%. Então, pergunto em qual percentual elas são *tratadas* como condenáveis. Agora, eles dizem (depois de uma pausa ou risada) de 70% a 90%! A triste consequência dessa lacuna entre a lógica simples e a resposta organizacional é que muitas falhas não são relatadas e suas lições são perdidas. Como mostrado na Tabela 7.4, o principal resultado de responder as falhas de maneira negativa é que você não ouve falar nelas. Isso, como Mark Costa observou no Capítulo 2, deveria ser seu maior medo.

Uma resposta produtiva para uma falha complexa no Children's Hospital está incorporada no processo AFE, descrito na seção Caixa de Ferramentas do Líder. Todas as pessoas cujo trabalho ou papel tiveram contato com a falha em questão são convidadas a se sentarem ao redor da mesma mesa para compartilharem suas observações, perguntas e preocupações relacionadas aos eventos desdobrados. Todos ouvem atentamente ao que os outros viram, sentiram e fizeram. Muito frequentemente, as pessoas estavam fazendo suas tarefas de maneiras prescritas, mas uma série de fatores vieram junto em uma nova forma de produzir um contratempo. A AFE não é uma atividade divertida, mas é extremamente significativa e gratificante. As pessoas ganham a compreensão de como vários sistemas e papéis no hospital se cruzam, e elas saem com uma valorização mais profunda da complexidade do sistema e da interdependência. Elas não se sentem culpadas, mas, sim, empoderadas para recuar e tornar o sistema melhor para prevenir uma falha similar no futuro. Sobretudo, elas se sentem bastante seguras psicologicamente para continuar relatando o que veem, continuar pedindo ajuda ou esclarecimento e oferecer ideias para melhorias.

De fato, uma resposta produtiva para falha inteligente pode significar comemorar as novidades. Há alguns anos, o diretor científico da Eli Lilly apresentou as "festas das falhas" para homenagear experimentos inteligentes e de alta qualidade que falharam em alcançar os resultados desejados.[33] Isso seria ir longe demais? Acho que não. Primeiro, e menos óbvio, ajuda a construir um clima psicologicamente seguro para riscos bem pensados, que é missão essencial na ciência. Segundo, ajuda as pessoas a reconhecerem falhas em tempo hábil, o que permite a redistribuição de recursos valiosos — cientistas e materiais — para novos projetos mais rapidamente, fazendo uma potencial economia de milhares de dólares. Terceiro, quando se realiza uma festa, as pessoas tendem a se mostrar — o que significa que elas aprenderam sobre a falha. Isso, por sua vez, diminui o risco de a empresa repetir a mesma falha. Uma falha inteligente na primeira vez deixa de ser tão inteligente em uma segunda.

Em resumo, uma resposta produtiva a falhas evitáveis é duplicar a prevenção, normalmente uma combinação de treinamento e um projeto de sistema melhorado para facilitar que as pessoas façam a coisa certa. Entretanto, existem situações em que uma falha evitável é o resultado de um ato condenável ou uma situação repetida de desvio de um processo prescrito, imune a tentativas anteriores de redirecionamento. Em tais casos, normalmente raros, há uma obrigação de agir de maneira a prevenir ocorrências futuras. Isso pode significar multas ou outras sanções e, em alguns casos, até mesmo a demissão de alguém.

Sancionando Violações Claras

Sim, a demissão pode algumas vezes ser uma resposta apropriada e produtiva para um ato condenável. No entanto, isso não acabaria com a segurança psicológica? Não. A maioria das pessoas é cuidadosa o suficiente para reconhecer (e agradecer) quando violam regras ou pegam atalhos arriscados reiteradamente. Elas estão colocando a si mesmas, seus colegas e a organização em risco. Em resumo, a segurança psicológica é reforçada em vez de danificada por respostas justas e cuidadosas a comportamentos potencialmente perigosos, danosos ou negligentes.

Em julho de 2017, o engenheiro do Google James Damore escreveu um memorando de 10 páginas contra a postura de diversidade da empresa, argumentando que diferenças biológicas explicaram porque o Google tinha menos engenheiras e porque elas recebiam menos que os homens, e o fez circular amplamente na empresa.[34] Alguém, então, vazou o memorando, gerando uma tempestade pública.[35]

Como o Google respondeu? Damore foi pronta e publicamente demitido um mês depois, recebendo tanto elogios como críticas da empresa. Argumentos cuidadosos foram feitos de ambos os lados na discussão da demissão. Em vez de tomar um dos dois lados, vamos recuar e considerar *quando* demitir representa uma "resposta produtiva" e quando não.

Considere esse caso específico. Para começar, é uma vergonha que Damore tenha compartilhado suas preocupações pessoais eletrônica e amplamente dentro da empresa, quase garantindo que alguém que não tivesse gostado do memorando o compartilharia publicamente. De maneira ideal, um funcionário que tivesse uma opinião para expressar relacionada a uma questão importante de trabalho ou política, deveria, primeiro, solicitar o retorno de seus colegas, especialmente daqueles que poderiam ser propensos a ter uma visão diferente. Primeiro, a pessoa deve querer aprender mais sobre o impacto potencial dessas ideias e as formas nas quais elas poderiam ser expressas. Pouquíssimos de nós são capazes de ver questões complexas de várias perspectivas e considerar as potenciais consequências bem o suficiente para tomar boas decisões sobre elas por conta própria. Isso não importa quando os interesses são baixos.

Mas interesses são altos quando um documento que afeta seus colegas, clientes ou a empresa pode ser lido por milhões.

Porém, já que o provocativo memorando se tornou público, como a empresa deveria responder? Minha intenção não é esclarecer os pormenores do memorando de Damore no Google, mas, sim, sugerir uma estratégia geral para respostas produtivas a ações ou eventos em sua empresa que você desejaria que não tivessem ocorrido.

Se existem políticas claras contra o uso do endereço de e-mail da empresa ou plataformas de mídias sociais para expressar opiniões pessoais, então um funcionário que viola essas políticas se compromete no que chamamos de ato condenável. Nesse caso, a resposta produtiva na verdade envolve sanções duras, que podem incluir demitir o funcionário. Uma resposta dura é produtiva, porque deixa as pessoas saberem que a empresa é séria em relação a suas políticas e valores, o que molda comportamentos futuros, e porque constitui uma resposta justa a uma violação declarada.

Se as políticas não são claras, entretanto, uma resposta produtiva é o que transforma um evento infeliz em um tipo diferente de oportunidade de aprendizado — para a empresa e, algumas vezes, para o público interessado. No caso de Damore, os executivos podem expressar consternação com a opinião do funcionário (e, talvez, consternação sobre sua ignorância de um enorme conjunto de forças sociais que tem sistematicamente reduzido oportunidades de desenvolvimento para certos grupos demográficos há décadas). Como parte desse processo de aprendizado organizacional, os gestores da empresa em todos os níveis suscitariam e ouviriam ideias, perguntas, preocupações e frustrações. Eles poderiam criar oportunidades para comprometimento em uma perspectiva de falar, construir empatia, desenvolver habilidades de investigação e mais. A organização também poderia procurar maneiras de aparecer com formas novas e melhoradas para alavancar a diversidade dos funcionários, a fim de construir produtos e serviços melhores.

Em resumo, uma resposta produtiva é preocupada com o impacto futuro. A punição envia uma mensagem poderosa e apropriada se os limites eram claros previamente. Sem dúvida, é vital enviar mensagens que reforcem os valores que a empresa tanto preza. Contudo, é igualmente vital não enviar inadvertidamente uma mensagem que diz "opiniões diferentes simplesmente não serão toleradas aqui" ou "um erro e você está fora". Tais mensagens reduzem a segurança psicológica e, por fim, minam a qualidade do trabalho. Em contrapartida, uma mensagem que reforça os valores e práticas de uma organização que aprende é "tudo bem cometer um erro e tudo bem ter uma opinião de que os outros não gostem, desde que esteja disposto a aprender com as consequências". O objetivo mais importante é descobrir uma maneira de ajudar a organização a aprender com o que aconteceu. Portanto, se há ambiguidade sobre autoexpressão pública relacionada às políticas da empresa, uma resposta produtiva é aquela que envolve as pessoas em um diálogo de aprendizado para entender melhor e reforçar como a empresa funciona. A Tabela 7.5 mostra como uma resposta produtiva à falha em uma organização pode variar entre diferentes tipos de falhas.

Tabela 7.5 Respostas Produtivas Para Diferentes Tipos de Falhas.

	Falha Evitável	Falha Complexa	Falha Inteligente
Resposta Produtiva	– Treinar – Reciclar – Melhoria de processo – Reformular o sistema – Sanções, se ações repetidas ou condenáveis de alguma outra forma são encontradas	– Análise da falha de diversas perspectivas – Identificação dos fatores de risco a tratar – Melhoria do sistema	– Festas de falha – Prêmios por falha – Análise profunda dos resultados para descobrir consequências – Troca de ideias de novas hipóteses – Projetar os próximos passos para experimentos adicionais

Autoavaliação da Liderança

As práticas descritas neste capítulo são dominadas por complexas habilidades interpessoais e, assim, não são fáceis de controlar. Elas exigem tempo, esforço e prática.[36] Talvez o aspecto mais importante de aprendê-las seja praticar a autorreflexão. Um conjunto de questões de autoavaliação, disponibilizadas em uma barra lateral, pode ser usado para fazer exatamente isso. As perguntas mapeiam e operacionalizam o enquadramento apresentado neste capítulo.

Autoavaliação da liderança

I. Preparar o terreno

Enquadrar o trabalho

- Esclareci a natureza do trabalho? Até que ponto o trabalho é complexo e interdependente? Quanta incerteza enfrentamos? Com que frequência me refiro a esses aspectos do trabalho? Como posso avaliar a compreensão compartilhada dessas características?
- Falei das falhas de maneira certa, considerada a natureza do trabalho? Saliento que essas pequenas falhas são a aceitação da subsequente melhoria? Enfatizo que não é possível conseguir algo novo em folha "de primeira"?

Enfatizar o propósito

- Articulei claramente por que nosso trabalho é importante, por que faz a diferença e para quem?
- Mesmo que pareça óbvio, considerado o tipo de trabalho ou mercado em que estou, com que frequência falo sobre o que está em jogo?

II. Convidar à participação

Humildade Situacional

- Garanti que as pessoas sabem que eu não acho que sei todas as respostas?
- Enfatizei que podemos sempre aprender mais? Esclareci que a situação em que estamos exige que todos sejam humildes e curiosos sobre o que acontece em seguida?

Investigação proativa

- Com que frequência faço boas perguntas em vez de perguntas retóricas? Com que frequência faço perguntas de outros em vez de expressar minha perspectiva?
- Demonstro uma mistura apropriada de perguntas que são generalizadas e profundas?

Sistemas e Estruturas

- Criei estruturas para suscitar ideias e preocupações de maneira sistemática?
- Essas estruturas são bem projetadas para garantir um ambiente seguro para o diálogo aberto?

III. Respondendo Produtivamente

Expressar Agradecimento

- Ouvi com cuidado, sinalizando que o que ouvi é importante?
- Reconheci ou agradeci a quem falou por ter trazido a ideia ou questão a mim? Ouvir cuidadosamente.

Desestigmatizar a falha

- Fiz o que pude para desestigmatizar a falha? O que mais posso fazer para comemorar falhas inteligentes?
- Quando alguém chega a mim com más notícias, como me certifico de que é uma experiência positiva?
- Ofereço ajuda ou apoio para guiar os próximos passos?

Sancionar Violações Claras

- Deixei claros os limites? As pessoas sabem o que pode constituir atos condenáveis em nossa organização?
- Respondo a violações claras com a firmeza apropriada, a fim de influenciar comportamento futuro?

Lições do Capítulo 7

- Três práticas interligadas ajudam a criar segurança psicológica — preparar o terreno, convidar a participar e responder produtivamente.
- Essas práticas devem ser usadas repetidamente, de maneiras interativas e orientadas ao aprendizado, para criar e restaurar um clima de franqueza de forma contínua.
- Construir e reforçar a segurança psicológica é responsabilidade dos líderes em todos os níveis da organização.

Referências

1. Essa citação é de Gelb, M.J. *Thinking for a Change: Discovering the Power to Create, Communicate, and Lead.* Harmony, 1996. Impresso, pp. 96.
2. Os detalhes de Julie Morath no Children's Hospital foram extraídos de um estudo de caso que conduzi com meus colegas Mike Roberto e Anita Tucker: Edmondson, A.C., Roberto, M., & Tucker, A.L. Children's Hospital and Clinics (A). Estudo de Caso. HBS Caso No. 302-050. Boston: Harvard Business School Publishing, 2001.
3. Para detalhes adicionais sobre enquadramento, veja o capítulo 3 de Edmondson, A.C.*Teaming: How Organizations Learn, Innovate, and Compete in the Knowledge Economy.* San Francisco: Jossey-Bass, 2011. Print, pp. 83–113.
4. Edmondson, A.C., Nembhard, I.M., & Roloff, K.S. Children's Hospital and Clinics (B). Estudo de Caso. HBS Caso No. 608-073. Boston: Harvard Business School Publishing, 2007.
5. Edmondson, A.C. *et al.* Children's Hospital and Clinics (A). 2001, op cit.
6. Uma versão da famosa fábula é encontrada em um poema de 1872, de John Godfrey Saxe, que inclui estes versos: "E então estes homens de Hindustão disputaram alto e longo, cada um com a sua própria opinião, excessivamente tenso e forte. Embora cada um estivesse parcialmente certo, e todos estavam errados." O poema na íntegra pode ser encontrado aqui: https://en.wikisource.org/wiki/The_poems_of_John_Godfrey_Saxe/The_Blind_Men_and_the_Elephant. Acessado em 12 de junho de 2018.
7. Teller, A. "The Unexpected Benefit of Celebrating Failure." *TED.* 2016. https://www.ted.com/talks/astro_teller_the_unexpected_benefit_of_celebrating_failure. Acessado em 8 de junho de 2018.
8. Essa citação vem de uma palestra que Teller deu na Universidade de Stanford, em 20 de abril de 2016, como parte da série Líderes do Pensamento Empresarial de Stanford. Você pode ver a palestra na íntegra na Stanford's eCorner: https://ecorner.stanford.edu/video/celebrating-failure-fuels-moonshots-entire-talk.

9. Lafley, A.G., & Charan, R. *The Game-Changer: How You Can Drive Revenue and Profit Growth with Innovation.* 1st ed. Crown Business, 2008. Impresso.
10. Catmull, E. & Wallace, A. *Creativity, Inc.: Overcoming the Unseen Forces That Stand in the Way of True Inspiration.* New York: Random House, 2013. Impresso, pp. 123.
11. Bryant, A. "Christa Quarles of OpenTable: The Advantage of 'Early, Often, Ugly'." *The New York Times.* 12 de abril de 2016. https://www.nytimes.com/2016/08/14/business/christa-quarles-of-opentable-the--advantage-of-early-often-ugly.html. Acessado em 14 de junho de 2018.
12. Bennett, J. "On Campus, Failure Is on the Syllabus." *The New York Times.* 24 de junho de 2017. https://www.nytimes.com/2017/06/24/fashion/fear-of-failure.html. Acessado em 14 de junho de 2018.
13. Idem.
14. Para mais sobre diferentes tipos de trabalho, veja o capítulo 1 de *Teaming: How Organizations Learn, Innovate, and Compete in the Knowledge Economy.* San Francisco: Jossey-Bass, 2012. Impresso, pp. 11–43.
15. Edmondson, A.C. "Strategies for Learning from Failure." *Harvard Business Review.* Abril de 2011. https://hbr.org/2011/04/strategies-for--learning-from-failure. Acessado em 14 de junho de 2018.
16. Essa tabela apresenta uma versão modificada de uma tabela que aparece no capítulo 5 de Edmondson, A.C. *Teaming: How Organizations Learn, Innovate, and Compete in the Knowledge Economy.* San Francisco: Jossey--Bass, 2012. Impresso, pp. 166.
17. Para citar somente um exemplo, o professor Adam Grant, da Wharton, e uma equipe de pesquisadores conduziram um estudo no qual organizaram um grupo de trabalhadores de *call center* universitários, encarregados do tedioso e frustrante trabalho de levantar dinheiro para o fundo de bolsas da universidade, de conhecer os verdadeiros bolsistas financiados pelas doações que eles solicitaram. Ao ver como seu trabalho contribuiu para as vidas de outros, os operadores subsequentemente aumentaram o tempo que passavam ao telefone e quanto dinheiro arrecadaram, comparado a operadores que não conheciamm os bolsistas. Veja Grant, A.M., Campbell, E.M., Chen, G., Cottone, K., Lapedis,

D., & Lee, K. "Impact and the Art of Motivation Maintenance: The Effects of Contact with Beneficiaries on Persistence Behavior." *Organizational Behavior and Human Decision Processes* 103.1 (2007): 53–67.

18. Schein, E.H. *Humble Inquiry: the Gentle Art of Asking Instead of Telling.* 1st ed. Berrett-Koehler Publishers, Inc., 2013. Impresso, pp.11.
19. Owens, B.P., Johnson, M.D., & Mitchell, T.R. "Expressed Humility in Organizations: Implications for Performance, Teams, and Leadership." *Organization Science* 24.5 (2013): 1517–38.
20. Anne Mulcahy, HBS class comments, 11 de outubro de 2017.
21. Idem.
22. Cable, D. "How Humble Leadership Really Works." *Harvard Business Review.* 23 de abril de 2018. https://hbr.org/2018/04/how-humble--leadership-really-works. Acessado em 14 de junho de 2018.
23. Tucker, A.L., Nembhard, I.M., and Edmondson, A.C. "Implementing new practices: An empirical study of organizational learning in hospital intensive care units." *Management Science* 53.6 (2007): 894 –907.
24. Hirak, R., Peng, A.C., Carmeli, A., & Schaubroeck, J.M. "Linking Leader Inclusiveness to Work Unit Performance: The Importance of Psychological Safety and Learning from Failures." *The Leadership Quarterly* 23.1 (2012): 107–17.
25. Ross, L. & Ward, A. "Naive Realism: Implications for Social Conflict and Misunderstanding." In*Values & Knowledge.* Ed. T. Brown, E.S. Reed, & E. Turiel. Lawrence Erlbaum Associates (1996): 103–35.
26. Adaptado de "The Art of Powerful Questions." World Café. http://www.theworldcafe.com. Acessado em 27 de junho 2018.
27. Para um grande trabalho em advocacia e investigação, o grupo Actionsmith postou este artigo: http://actionsmithnetwork.net/wp-content/uploads/2015/09/Advocacy-and-Inquiry-Article_Final.pdf. Acessado em 21 de junho de 2018.
28. Bryant, A. "Bob Pittman of Clear Channel, on the Value of Dissent." *The New York Times.* 16 de novembro de 2013. https://www.nytimes.com/2013/11/17/business/bob-pittman-of-clear-channel-on-the--value-of-dissent.html. Acessado em 14 de junho de 2018.
29. Schein, E.H. *Humble Inquiry: The Gentle Art of Asking Instead of Telling.* 1st ed., Berrett-Koehler Publishers, Inc., 2013. Impresso.
30. "Guide: Create an Employee-to-Employee Learning Program." *re:-Work.* https://rework.withgoogle.com/guides/learning-development-

-employee-to-employee/steps/introduction. Acessado em 14 de junho de 2018.

31. Para mais informações sobre os mercados de conhecimento do Grupo Danone, veja o estudo de caso a seguir que conduzi com David Lane: Edmondson, A.C. & Lane, D. Global Knowledge Management at Danone (A) (Abridged). Estudo de Caso. HBS No. 613-003. Boston, MA: Harvard Business School Publishing, 2012.
32. Para mais informações sobre o fantástico trabalho de Dweck sobre mentalidades fixas x em expansão, veja Dweck, C.S. *Mindset: The New Psychology of Success*. Edição atualizada Ran-dom House, 2016. Impresso.
33. Burton, T. "By Learning From Failures, Lilly Keeps Drug Pipeline Full." *The Wall Street Journal.* 21 de abril de 2004. https://www.wsj.com/ articles/SB108249266648388235. Acessada em 14 de junho de 2018.
34. O memorando foi vazado ao público primeiro aqui: https://gizmodo.com/exclusive-heres-the-full-10-page-anti-diversity-screed-1797564320. Acessado em 15 de junho de 2018.
35. Veja, por exemplo:
    - Wakabayashi, D. "Contentious Memo Strikes Nerve Inside Google and Out." *The New York Times.* 8 de agosto de 2017. https://www.nytimes.com/2017/08/08/technology/google-engineer-fired-gender-memo.html. Acessado em 14 de junho de 2018.
    - Molteni, M. & Rogers, A. "The Actual Science of James Damore's Google Memo." *WIRED.* 15 de agosto de 2017. https://www.wired.com/story/the-pernicious-science-of-james-damores-google-memo. Acessado em 14 de junho de 2018.

36. O falecido professor da EAH David A. Garvin, um amigo e colega, gostava de dizer a seus alunos que qualquer palavra na língua inglesa que termina com o sufixo "ing" é um processo, o que significa, primeiro, que não é "um e pronto", e segundo, que um líder pode melhorar com a prática. Nesse sentido, criar segurança psicológica em uma organização é um processo confuso que requer que os líderes preparem o terreno, convidem à participação e respondam produtivamente todos os dias. Isso nunca acaba! Mas, assim como você pode otimizar um processo de manufatura, pode, definitivamente, melhorá-lo.

8 O que vem depois?

"O maior inimigo do aprendizado é o conhecimento."

— John Maxwell[1]

A essa altura, deve estar claro que a segurança psicológica é fundamental para construir uma organização de aprendizado. As organizações que buscam permanecer relevantes através de aprendizado contínuo e execução ágil devem cultivar um ambiente sem medo que encoraje a falar abertamente. Em qualquer empresa que prospera em nosso mundo complexo e incerto, líderes devem ouvir atentamente, com uma compreensão profunda de que as pessoas são tanto os sensores que captam os sinais de que a mudança é necessária como fonte de novas ideias criativas para testar e implementar.

Renovação Contínua

Vimos que líderes têm muitas ferramentas à disposição para criar e alimentar um local de trabalho propício ao aprendizado, inovação e crescimento. Através de suas palavras e ações, e através de sistemas projetados que envolvem as pessoas em conversas proveitosas, líderes ajudam a trazer à existência locais de trabalho sem medo. Vimos também que a segurança psicológica é frágil e precisa de renovação contínua. Quando procuramos criar organizações em que as pessoas podem estar por inteiro no trabalho, estamos nadando contra correntes psicológicas profundamente enraizadas.

A assimetria básica das forças psicológicas e sociais que favorece o silêncio sobre a voz, ou autoproteção sobre autoexpressão, estará sempre conosco. Mas as recompensas de voz e silêncio também são assimétricas. A autoproteção mantém uma vitória vazia comparada ao preenchimento que vem de servir ativamente a um propósito inspirador de ser parte de uma equipe que é capaz de alcançar um objetivo ambíguo. É a diferença entre *jogar e não perder* e *jogar para ganhar.*[2] Jogar para não perder é uma mentalidade que foca, conscientemente ou não, proteger-se da parte ruim; jogar para ganhar, ao contrário, está focado no lado bom, busca oportunidades e, necessariamente, assume riscos. Quando estamos jogando para não perder, não nos arriscamos.

Pare para considerar qual mentalidade está no comando quando você está no trabalho. Com que frequência você se encontra verdadeiramente jogando para ganhar? Pode ser desafiador fazer essa transformação, porque, quando você joga para não perder, será bem-sucedido (em não perder). Mas perde oportunidades de crescer, inovar e experimentar uma profunda sensação de satisfação. Quando você decide jogar para vencer, as regras mudam. Sim, você pode cair de cara no chão publicamente algumas vezes. Porém você também se tornará mais capaz de contribuir para algo que faz diferença no mundo.[3] Talvez a melhor maneira de experimentar segurança psicológica seja agir como se você já a possuísse. Veja o que acontece! Há chances de você também criar um ambiente mais seguro e mais energizante para aqueles que estão a seu redor. Exercer um pequeno ato de liderança.

Liderança é a força vital de tornar possível às pessoas e organizações superar as barreiras inerentes à voz e ao comprometimento, assim como ganhar recompensas emocionais e concretas de participar completamente em uma inspiradora missão compartilhada. Como observado no Capítulo 7, liderança não é limitada ao topo da organização, mas certamente pode ser exercida em todos os níveis. Em essência, liderança é aproveitar os esforços de outros para realizar algo que ninguém pode realizar sozinho. É ajudar as pessoas a irem tão longe quanto podem com o talento e habilidades que têm. Esperando que este livro convença, substituir o silêncio pela franqueza e o medo por comprometimento são responsabilidades essenciais para os líderes hoje em dia.

As histórias trazidas neste livro capturam momentos específicos no tempo em organizações ao redor do mundo. Vimos organizações em que a falta de segurança psicológica contribuiu para falhas significativas de negócios e também para dano físico humano. Um conjunto contrastante de casos promoveu vislumbres em locais de trabalho caracterizados por franqueza e comprometimento. Esses casos exibiram locais de trabalho inusitados, onde a falha não foi estigmatizada e as pessoas entenderam que correr riscos e aprendizado eram partes integrantes de como o trabalho é feito. No entanto, não é fácil prever o que vai acontecer em seguida em qualquer uma dessas organizações. Nem é correto caracterizar as organizações inteiras com base nos indivíduos e grupos retratados nesses casos. A segurança psicológica é dinâmica. Um local de trabalho com franqueza incomum pode se transformar diante de novos líderes e novas circunstâncias. Um que seja dominado pelo silêncio medroso também pode mudar, tornando-se propício a contribuições bem pensadas e tomadas de decisão deliberativas. Frequentemente, tais transformações acontecem como resultado de um esforço intencional para aprender com as dolorosas falhas passadas da organização. Seguem alguns exemplos, meramente ilustrativos.

Tomada de Decisão Deliberada

Lembre-se da Nokia, a empresa finlandesa com séculos de contribuição em PIB e identidade da nação. Sua queda, como vimos no Capítulo 3, teve a ver com a dança do medo entre os executivos seniores e os engenheiros. A sede da empresa não queria ouvir as más notícias de que o Symbian, o sistema operacional da Nokia, estava para se tornar obsoleto, ultrapassado pelas plataformas iOS da Apple e Android do Google. Os engenheiros, cujas antenas estavam sintonizadas com o que estava vindo do Vale do Silício, estavam com medo de divulgar as notícias para seus superiores. Suas tentativas de falar abertamente pareciam silenciadas de forma rotineira pelos superiores.

Vamos avançar rapidamente para 2013. A estratégia de retorno da Nokia era renunciar ao negócio de celulares e focar na fabricação de equipamentos e softwares de rede, aquisições e parcerias, licenças de patente e a Internet das Coisas. Nessa transformação dramática, os líderes da Nokia tinham de ter sustentado conversas cuidadosas para fazer escolhas difíceis. Para isso funcionar, eles precisavam se despir de seu histórico de passos da dança do medo e abraçar a franqueza do Braintrust da Pixar. Eles precisavam começar pela situação do não saber de Eillen Fisher.

Os professores Timi Vuori, da Universidade Alto na Finlândia, e Quy Huy, da INSEAD (originalmente acrônimo do francês "Institut Européen d'Administration des Affaires"), conduziram 190 entrevistas na Nokia, incluindo 9 membros do conselho e 19 gerentes gerais, para descobrir como os executivos da empresa, muitos deles recém-instalados, coordenaram trabalhar juntos para tomar decisões estratégicas. Uma das primeiras coisas que o conselho fez foi estabelecer regras para discussão que incluíam algumas normas básicas de segurança psicológica — por exemplo, que a voz de todos deve ser ouvida e respeitada. Entretanto, não era o suficiente para meramente elaborar um novo conjunto de regras de conversação. Hábitos e cultura não mudam da noite para o dia.

Um membro do conselho disse aos pesquisadores que, "depois que eles fizeram um comentário hostil para um gerente-geral, o presidente os fez pedir desculpas ao gerente-geral na reunião seguinte."[4] Em outras palavras, o novo presidente tinha conscientemente *reforçado as regras* para aumentar a confiança entre os indivíduos e, em geral, criar uma cultura na qual as pessoas pudessem se sentir seguras psicologicamente para falar abertamente. Esse não era um exercício de civilidade no *playground*, não havia nenhuma tentativa de "ser simpático". Ao contrário, o futuro da empresa depende de colaborações criativas e sem medo e de discussões abertas de seus líderes. Aparentemente, aquilo é o que eles eram capazes de fazer. Como um gerente-geral disse aos pesquisadores, "com [o novo presidente] nós não estamos com medo, não precisamos pensar demais no que dizer. É muito fácil discutir coisas com ele, jogar ideias e pensar alto."[5] Por um período de anos, esse processo — de jogar ideias e pensar alto juntos — rendeu novas perspectivas, estratégias, coletas de dados, opções, análise de cenários e assim por diante. Como os cineastas da Pixar, os gerentes da Nokia eram capazes de rejeitar estratégias que achassem inúteis e continuar a ter novas ideias até que seu processo de tomada de decisão deliberada surgisse com uma nova estratégia que o conselho e a alta gerência sentissem que seria certa.

Ouvindo os Sons do Silêncio

Devemos ser realistas sobre o fato de que "expulsar o medo" de qualquer organização, como colocou W. Edwards Deming (o pai da gestão da qualidade total que ajudou a transformar práticas de manufatura ao redor do mundo), será uma jornada.[6] Nós não temos uma varinha mágica para fazer a segurança psicológica acontecer do dia para a noite, mas, por se comprometer com o desejo de construí-la, uma conversa por vez, líderes dão o primeiro passo de uma jornada perpétua em direção a construir e alimentar organizações que podem inovar e prosperar na economia do conhecimento.

Na década seguinte da missão final do ônibus espacial *Columbia*, usei um poderoso estudo de caso multimídia que meus colegas e eu desenvolvemos através de fontes públicas para ensinar em programas de liderança na Harvard Business School e ao redor do mundo.[7] Um dia, em 2012, o telefone de meu escritório tocou. Para minha surpresa, o autor da chamada anunciou que ele era da NASA. "Nós sabemos o que você está fazendo", disse ele. Enquanto eu engolia, ele continuou "e achamos excelente". O interlocutor era Ed Rogers, ele foi o Diretor de Conhecimento do Centro Goddard de Voo Espacial da NASA. Esse era um momento chocante para mim. Em nossa pesquisa, havíamos tido a oportunidade de entrevistar Diane Vaughn, a socióloga e professora na Universidade de Columbia, conhecida por escrever o livro definitivo sobre a malfadada decisão de lançamento da Challenger de 1986.[8] De volta ao início dos anos 1990, o livro de Vaughn havia a catapultado inesperadamente sob a luz dos holofotes, e ela recebeu muitos convites para falar para executivos de negócios e políticos. Como ela comicamente colocou, "*todo o mundo* chamou" e ela passou a nomear várias empresas de ponta, assim como o Congresso dos EUA. Vaughn riu, "até meu namorado do ensino médio me ligou". Mas a NASA nunca ligou..." Então, o simples fato de a "NASA ter ligado", para mim, significava uma mudança.

Rogers se voluntariou para visitar minha próxima turma no câmpus, trazendo Rodney Rocha. Mais tarde, ele fez justamente isso, e foi uma experiência poderosa para os estudantes e para mim. Rogers passou a explicar que ele estava organizando um workshop de um dia, chamado de Sons do Silêncio, e queria que eu discursasse (lógico, limpei minha agenda). Com três palestrantes externos e oito internos seniores, a discussão do workshop variou de necessidade de criar um local de trabalho federal "sem nenhum medo" até os terríveis perigos do silêncio para o poder de estudar quase-acidentes para evitar catástrofes.

Organizado em um auditório enorme e lotado, o workshop foi somente uma das várias maneiras pelas quais a NASA estava levando a sério o desejo de alterar sua cultura. Várias novas estruturas foram implementadas, incluindo um mecanismo de opinião divergente formal para baixar os parâmetros de falar abertamente, um novo sistema de notificação de segurança e um programa de ouvidoria. Novos prêmios foram criados, como o "Prêmio Incline-se para frente, falhe com inteligência" para reconhecer que, em "uma cultura de inovação, a falha é vista meramente como uma degrau para o sucesso."[9] Os internos escreveram um detalhado estudo de caso sobre o *Columbia* e estavam ensinando-o em toda a agência, e também tornando-o publicamente disponível.[10] Isso estava muito diferente da organização que estudei, a qual os gerentes tinham sido fortemente empenhados em garantir que nenhuma má notícia escapasse das paredes da organização. Rogers enfatizou, em nossas conversas pessoais, que "a comunicação é a chave para nosso sucesso" e que uma "cultura do ouvir" era tão importante quanto uma cultura do falar abertamente, conectando a nossa discussão no Capítulo 4 sobre os esforços mal-sucedidos de Roger Boisjoly em falar abertamente. "Comunicação envolve transmitir e receber", explicou ele. Roger chamou Christopher Scolese, o então novo diretor do Centro Goddard de Voo Espacial da NASA, de "o melhor líder para quem já trabalhei". Quando perguntei por que, ele explicou que era porque "ele se preocupa com as pessoas. Ele tem uma perspectiva estratégica e se preocupa com o espaço e a NASA" (como um todo, em vez de favorecer determinada instituição). Ele continuou falando sobre o quanto Scolese demonstrava respeito e interesse pelas contribuições dos outros.

Conto essa história não como uma prova de mudança de cultura, mas, sim, como uma ilustração das muitas maneiras pelas quais as organizações estão acordando para a necessidade de segurança psicológica, a fim de alcançar excelência em um mundo complexo e ambíguo.

Quando o Humor não é Engraçado

"Você pode ficar até tarde hoje para trabalhar em um projeto comigo?", perguntou uma funcionária do Uber a seu colega homem.

"Irei se você dormir comigo." Então, depois de um instante. "É só uma brincadeira."

Isso soa como uma piada ruim. Depois que a professora da Harvard Business School, Frances Frei, começou seu mandato de nove meses na Uber como um executivo emprestado para mudar a cultura, ela descreve este incidente como um dos muitos que pertencem à categoria que ela rotulou de "É só uma brincadeira".[11] Como ela explicou, se alguém sentisse a necessidade de adicionar o slogan "é só uma brincadeira", depois de um comentário, provavelmente significava que a pessoa sabia que o comentário corria o rico de ser indesejado ou inapropriado. As percepções de Frei sobre o que deu errado na Uber para criar a cultura tóxica descrita no Capítulo 4, junto com as medidas que ela ajudou a iniciar depois da enxurrada de publicidade negativa, mostra como a segurança psicológica pode ser gerada nas organizações que têm sido ostensivamente inseguras.

Frei aponta que as pessoas precisavam de novas habilidades para responder a esses momentos "é só uma brincadeira" — especialmente até a hora em que tais momentos se tornariam inaceitáveis na cultura da organização. Sua resposta sugerida para substituir o que foi descrito acima foi: "Nossa, isso foi superinapropriado. Podemos começar de novo?" Preferencialmente, novas respostas seriam filtradas por toda a organização, até que eventualmente os "que só estavam brincando" começariam a falar de maneira apropriada e inclusiva. Esses tipos de mudanças ascendentes — aprovadas pelas pessoas sem poder formal por toda uma empresa — são mais eficazes quando acompanhados de claras diretrizes culturais estabelecidas pela liderança. Quando o novo CEO da Uber, Dara Khosrowshahi, juntou-se à empresa em agosto de 2017, uma de suas primeiras ações foi solicitar aos funcionários uma contribuição para um novo conjunto de valores da empresa. Sinalizando uma mudança para a integridade da empresa em que anteriormente o valor número 4 era "invadir", agora ele diz: "Faça a Coisa Certa. Ponto."[13]

O hipercrescimento da Uber como uma empresa de chamada de viagem significava que os gestores foram rapidamente sendo promovidos para posições além de sua capacidade. Eles não tinham a experiência ou treinamento para liderar de maneira eficaz. Como Khosrowshahi colocou, "nós provavelmente estávamos trocando a coisa certa pela errada para crescer e pensando em competição talvez um pouco agressiva demais. Algumas dessas coisas eram erradas." De acordo com a cultura psicologicamente mais segura que sua liderança pressagia, Khosrowshahi explica que "erros por si sós não são uma coisa ruim. A questão é 'você aprende com esses erros'?"[15]

Alguns comportamentos contribuem para um clima de medo e podem ser remediados por mudanças simples de regras. Por exemplo, Frei relata que, quando chegou pela primeira vez, o comportamento comum durante as reuniões com a equipe sênior incluía todos os membros em seus celulares — e eles ficavam enviando mensagens um para o outro sobre a reunião! Era o equivalente a ter pessoas falando por suas costas no ensino médio e, obviamente, baixou qualquer segurança psicológica que pudesse haver na sala. Compare esse comportamento com o comando de transparência de Dalio por toda a empresa e seu termo depreciativo preferido, "doninha peçonhenta", para aqueles que violassem sua norma de transparência. Além disso, o comportamento era indicativo de que ninguém se sentia seguro o suficiente para falar abertamente ou afirmar com honestidade para o grupo o que tinham em mente. Como colocou Liane Hornsey, nova chefe de Recursos Humanos da Uber, "não havia nenhum senso de confiança, nenhum senso de 'estamos construindo isso juntos'."[17] Nesse caso, o remédio era bastante simples: ordenar que as pessoas largassem seus telefones! Somente então elas poderiam começar a olhar para cima, ouvir e colaborar.

Em outras palavras, a jornada para fora do medo e em direção à segurança psicológica começou.

Relembre também, no Capítulo 4, que foi o ato de Susan Fowler em falar abertamente, no início do movimento #MeToo, que expôs pela primeira vez a cultura do medo da Uber. Enquanto esse não é o lugar para se traçar as trajetórias fascinantes e transformações culturais súbitas que o MeToo gerou, vale a pena mencionar que o mero ato de falar abertamente levou, por consequência, a uma mudança contestável, e não somente na Uber. Por exemplo, o National Women's Law Center fundou o "Time's Up", fundo de defesa legal para possibilitar a mais mulheres que se apresentem e tenham apoio legal garantido.[18]

A mudança é possível. Pode ser um trabalho difícil, mas as culturas podem, e devem, mudar se as organizações estão prosperando em um mundo de conhecimento intensivo. O trabalho árduo e recompensador de se criar um ambiente no qual as pessoas podem ir inteiras para o trabalho pode ser apoiado por facilitadores externos e treinadores, se desejado. Como podemos ver no Capítulo 7, uma rede de treinadores internos também pode ser criada para trabalhar com indivíduos e equipes para construir e restaurar segurança psicológica, como foi feito no Google com a rede g2g. É claro, essas abordagens podem complementar uma à outra. Para ajudar nessa jornada, ofereço a seguir algumas opiniões adicionais estimuladas por perguntas de pessoas que trabalham em organizações ao redor do mundo.

Perguntas Mais Frequentes em Segurança Psicológica

Durante os últimos 20 anos, conduzi muitos programas de liderança em organizações empresariais e de setor público. Embora uma infinidade de tópicos estejam abarcados nessas seções, a segurança psicológica sempre tem um papel crucial e, frequentemente, gera perguntas de seus participantes. Então, quero fornecer algumas das respostas que dei a esses espectadores, com a esperança de que elas também abarcarão suas perguntas.

Posso ter segurança psicológica em excesso?

Essa é provavelmente a pergunta que me fazem com maior frequência. Quando falo com pessoas em empresas, hospitais, agências governamentais e organizações não governamentais (ONGs) ao redor do mundo, elas reconhecem intuitivamente a necessidade por segurança psicológica para permitir que o aprendizado e a inovação façam efeito. No entanto, muitos se preocupam, compreensivelmente, que, por soltar a voz, as pessoas simplesmente falarão demais. Comentários infundados e inúteis estragarão projetos. Boas ideias serão perdidas em um mar de falatório. As pessoas serão descuidadas.

Minha resposta curta? Não. Eu não acho que você possa ter segurança psicológica em excesso. O que acho, entretanto, é que você pode *não ter* disciplina *suficiente*. Segurança psicológica tem a ver com reduzir o medo interpessoal. Tornar menos heroico fazer uma pergunta ou admitir um erro. Isso não significa que você automaticamente tem uma boa estratégia para ter o trabalho feito e, também, não significa que seus funcionários são motivados o suficiente ou bem treinados.

As pessoas que fazem essa pergunta estão sempre imaginando onde o nível de segurança psicológica deveria ser estabelecido para ter os melhores resultados. Sinto empatia pelas preocupações que os motivam a perguntar. Mas quero sugerir uma solução que não envolva adivinhar o nível ideal de medo interpessoal.

Meu ponto de vista é que o medo interpessoal nunca é particularmente benéfico no trabalho. Enquanto pode ser motivador ter medo de perder um prazo, medo de falhar com o cliente ou medo da força da competição, sentir medo do chefe de alguém ou de colegas não é somente inútil em um ambiente onde tecnologias, clientes e soluções estão em fluxo, é absolutamente arriscado. Os custos potenciais de não falar abertamente em tempo hábil são, simplesmente, muito grandes.

O que os líderes de hoje precisam entender é que as pessoas espontaneamente estabelecem um patamar invisível que governa quando eles falam abertamente e sobre o que falam. O problema é que a maioria das pessoas estabelece um nível muito alto quando está no trabalho. Nós pecamos por excesso ao reter informações ou perguntas — mesmo quando acreditamos que elas são importantes, que devem ter o potencial de agregar valor. De fato, é extremamente raro encontrar pessoas pecando por excesso de voz. Não estou dizendo que não é possível estabelecer um patamar muito baixo, liberando, desse modo, todos os tipos de vozes inúteis e inapropriadas, mas, sim, que isso ocorre com menor frequência do que podemos esperar. Mesmo assim, este risco particular (de voz em excesso) não é tratado melhor por reduzir a segurança psicológica, mas, sim, por promover o retorno para dar ao locutor discernimento do impacto que ele teve.

Eu não vejo a segurança psicológica como uma panaceia. Longe disso. Segurança psicológica é somente um dos vários fatores necessários para o sucesso na economia moderna. Como discutido no Capítulo 2, a segurança psicológica é mais bem pensada como um facilitador que permite a outros fatores, como motivação, confiança ou diversidade, ter os efeitos desejados nos resultados do trabalho. A segurança psicológica torna possível que outros condutores de sucesso (talento, ingenuidade, diversidade de pensamentos) sejam expressos de maneira que influenciem como o trabalho é feito.

Ter um local de trabalho psicologicamente seguro não levará muito tempo?

Essa pergunta — junto com a bem parecida "Como conseguiremos fazer alguma coisa se as pessoas estão sempre falando?" — claramente se sobrepõe à pergunta sobre ter segurança psicológica em excesso, mas adiciona atenção explícita a tempo e eficiência, que são assuntos tão importantes na organização moderna que vale a pena parar e considerá-los diretamente.

Espelhar a preocupação com um patamar baixo para voz é a preocupação com que as reuniões continuem indefinidamente porque todos têm sua vez de falar. Isso confunde segurança psicológica com processo ruim. Assim como disciplina é necessária para a excelência em geral, gerenciar reuniões eficazes — para a tomada de decisão, solução de problemas ou apenas comunicação — é uma questão de habilidade, disciplina e desenhar um processo inteligente. Existem muitas fontes boas de orientação sobre como ter reuniões eficazes, eficientes e completas com ferramentas práticas para garantir contribuições sem desencadear o caos.[19] Nenhuma dessas ferramentas é contra estabelecer um clima de franqueza, em que as pessoas são capazes de focar a tarefa em vez de manter as aparências ou autoproteção.

Para avançarmos mais um passo, defendo que a segurança psicológica pode economizar tempo em vez de consumi-lo. Embora não seja uma regra forte e rápida, a segurança psicológica pode ser uma fonte de eficiência. Por exemplo, estudei equipes seniores de gerenciamento em que a falta de segurança psicológica contribuiu para conversas intermináveis (afirmações indiretas, com críticas veladas e insinuações pessoais, são mais longas que as francas), reuniões alongadas e uma incapacidade de chegar a uma resolução sobre questões de estratégias cruciais.[20] Decisões que poderiam ter sido resolvidas em horas se prolongaram por meses.[21] Em resumo, a falta de segurança psicológica pode ser profundamente ineficiente, além de ineficaz. Relembre também no capítulo 3 como a falta de segurança psicológica no Federal Reserve Bank de Nova York liderou questões para serem discutidas extensamente sem resolução. Em contrapartida, trabalhei com equipes em que processos claros combinados a diálogos diretos e abertos produziram conversas eficazes e inteligentes e decisões claras.

Você defende um local de trabalho psicologicamente seguro. Significa que temos de ser transparentes em tudo?

Dizer que segurança psicológica não pode ser muito alta não é o mesmo que dizer que mais transparência é sempre melhor. Situações diferentes provavelmente clamam por diferentes níveis de transparência. Em uma sala de cirurgia, eu me arriscaria a dizer que transparência total é uma prática excelente. Por favor, compartilhe quaisquer observações que tenha! Se são erradas ou inúteis, espero (e presumo) que os outros respondam com gratidão e transparência a esse efeito também. Mas existem algumas vezes em que simplesmente não é tão útil compartilhar seus pensamentos com todos em seu local de trabalho — por exemplo, sobre a roupa de alguém ou estilo de apresentação. Acho razoável que as pessoas possam discordar sobre se a transparência agressiva de Ray Dalio funcionaria em suas próprias empresas ou indústrias. Decisões sobre quais aspectos do crescimento pessoal e retorno são uma troca justa em sua organização, por exemplo, podem ser tomadas cuidadosamente.

No entanto, muito poucos de nós buscariam voluntariamente trabalhar em um ambiente onde não nos sentimos psicologicamente seguros. Então, por que deveríamos querer isso para os outros? Nenhum de nós faz nosso melhor trabalho quando distraídos por pequenas preocupações sobre como nossos colegas ou chefes vão reagir se falarmos abertamente sobre uma ideia ou pergunta relevante ao trabalho. O objetivo é descobrir quanta transparência, e sobre o quê, você precisa (e isso provavelmente levará algumas experiências para dar certo) para fazer o melhor trabalho possível em sua empresa ou sua indústria. Enquanto isso, é importante continuar trabalhando duro para garantir que as pessoas não estejam guardando para si pensamentos relevantes do trabalho devido ao medo ou constrangimento.

Sou a favor de segurança psicológica no trabalho, mas não sou o chefe. Há algo que eu possa fazer?

Enquanto é verdade que chefes — líderes de equipes, cirurgiões, chefes de departamento etc. — desempenham um papel descomunal em moldar expectativas e comportamentos no local de trabalho, qualquer um pode ajudar a criar segurança psicológica. Algumas vezes, tudo o que você tem a fazer é uma boa pergunta. Esse é verdadeiramente um ótimo lugar para começar. Uma boa pergunta é motivada por curiosidade genuína ou por um desejo de dar voz a alguém. Perguntas clamam por respostas; elas criam um vácuo que confere uma oportunidade de voz a alguém. Especialmente quando uma questão é direcionada a um indivíduo (e expressa de uma forma que transmita curiosidade), uma pequena zona segura é automaticamente criada. Ao fazer a pergunta, você transmitiu "estou interessado no que você tem a dizer". Nesse contexto, você criou um espaço seguro que ajuda uma ou mais pessoas a dizerem o que pensam.

Por outro lado, tendo feito ou não a pergunta, você pode criar segurança psicológica por escolher ouvir ativamente o que as pessoas têm a dizer e responder com interesse, com base em suas ideias, ou dar retorno. A verdadeira escuta transmite respeito — e de maneiras súbitas, mas poderosas, reforça a ideia de que o eu completo de uma pessoa é bem-vindo aqui. Note que isso não significa que você tem de concordar com o que alguém disse. Você não precisa nem gostar. Mas você tem de agradecer o esforço que a levou a dizer isso.

Dizer coisas para enquadrar o desafio que você vê adiante é outra prática proveitosa. Lembrar as pessoas sobre o que a equipe tem pela frente — por exemplo, falando sobre como o trabalho é incerto, desafiador ou interdependente — ajuda a pintar a realidade de forma que enfatize que ninguém deve ter todas as respostas. Isso diminui a barreira de falar abertamente e lembra às pessoas que sua contribuição é bem-vinda — porque é necessária.

Finalmente, gostaria de sugerir algumas frases simples, incomuns e poderosas que qualquer pessoa pode pronunciar para tornar o local de trabalho apenas um pouco mais seguro psicologicamente:

Eu não sei.

Eu preciso de ajuda.

Eu cometi um erro.

Desculpe.

Cada uma delas é uma expressão de vulnerabilidade. Por estar disposto a admitir que você é um ser humano falho, você dá permissão a outros para fazer o mesmo. Remover sua máscara ajuda os outros a removerem as deles. É claro, isso significa agir como se você fosse psicologicamente seguro, mesmo que ainda não o seja inteiramente. Algumas vezes, você tem de correr um risco interpessoal para diminuir seu risco interpessoal.

Igualmente poderosos em moldar um clima mesmo que você não seja o chefe são comentários de interesse e disponibilidade. Por exemplo, muitos de nós deparamos com muitas oportunidades de dizer coisas como estas:

O que posso fazer para ajudar?

Quais dificuldades está enfrentando?

Quais são suas preocupações?

O desafio pessoal de todos nós consiste em lembrar, no momento, de ser vulnerável, assim como interessado e disponível. Para fazer isso, você terá de correr um pequeno risco interpessoal de que suas tentativas sejam ignoradas ou, pior, rejeitadas. Mas, em minha experiência, as probabilidades são baixas. Assumindo um nível modesto de boa vontade em sua organização, em muitas das vezes seus colegas responderão bem a expressões de vulnerabilidade e interesse. Então, dê uma chance. Faça uma pausa, olhe ao redor. Quem você pode convidar para o espaço seguro para aprendizado e para contribuir com o objetivo compartilhado? Veja o que acontece.

O que espero esclarecer nesse momento é que você não tem de ser um chefe para ser um *líder*. O trabalho do líder é criar e alimentar a cultura de que todos precisamos para fazer nosso melhor trabalho. E então, a qualquer momento em que você desempenhar um papel fazendo isso, está exercendo liderança.

Qual a relação entre segurança psicológica, diversidade, inclusão e pertencimento?

Essa questão, cada vez mais comum, sempre responde a si mesma. Então, deixe-me começar dizendo que um local de trabalho verdadeiramente caracterizado por inclusão e pertencimento é um local de trabalho psicologicamente seguro. Hoje sabemos que, embora a diversidade possa ser criada através de práticas deliberadamente propositais, a inclusão não vai se seguir de maneira automática. Para começar, todos os contratados podem não se achar incluídos em decisões e discussões importantes. Indo mais fundo, uma mão de obra diversa não garante que todos tenham uma sensação de pertencimento. Por exemplo, quando ninguém do topo da organização se parece com você, isso dificulta sua sensação de pertencimento.

Cada um desses três termos representa uma meta a ser alcançada. As metas variam de relativamente objetivas (diversidade de mão de obra) para altamente subjetivas (eu sinto que aqui é meu lugar?). A inclusão é mais propensa a funcionar bem com segurança psicológica, porque diversas perspectivas são mais prováveis de ser ouvidas. Mas não é fácil ter uma sensação de pertencimento se alguém se sente psicologicamente inseguro. Como alcançar a meta se torna mais subjetivo, a segurança psicológica se torna mais valiosa. Não há nenhuma maneira de saber se você está alcançando a meta sem ampla contribuição das pessoas em diferentes grupos.

Embora eu tenha estudado segurança psicológica por mais de vinte anos, apenas recentemente me pediram para considerar sua relação com a diversidade, inclusão e pertencimento no trabalho. Como questões relacionadas à diversidade no trabalho passaram a ocupar uma parte importante do programa das organizações que aspiram à excelência, em resposta às notícias atuais e outros fatores sociais, comecei a considerar o papel principal que a segurança psicológica desempenha e pode desempenhar. Uma organização sem medo percebe os benefícios da diversidade por promover maior inclusão e pertencimento. Um recente maremoto de queixas de assédio salienta os custos de falhar ao criar um local de trabalho psicologicamente seguro para mulheres.

Ao mesmo tempo, um foco singular em segurança psicológica não é uma estratégia para construir diversidade, inclusão e pertencimento. Esses objetivos inter-relacionados devem andar de mãos dadas. Grandes organizações continuarão a atrair, contratar e reter uma mão de obra diversa, porque seus líderes entendem que esse é o lugar de onde vêm boas ideias, e candidatos talentosos serão atraídos para trabalhar para essas organizações. Esses líderes também reconhecem que contratar por diversidade não é suficiente. Eles também devem se preocupar se os funcionários podem ou não trazer seu eu completo para o trabalho — se eles podem pertencer, no sentido mais amplo, à comunidade dentro da organização. Em resumo, líderes que se preocupam com a diversidade devem se preocupar também com a segurança psicológica. É esse ingrediente extra, conforme discutido no capítulo 2, que permite à diversidade ser alavancada.

Segurança psicológica tem a ver com delação?

Delatores são informantes organizacionais que expõem delitos que observaram (e normalmente tentaram alterar sem sucesso) por contatar autoridades externas ou a imprensa. Por reportar atividade que pode ser ilegal ou antiética — desde fraude e corrupção até segurança púbica ou riscos de segurança nacional —, delatores correm o risco de retaliação por aqueles que eles acusaram de cometer os delitos. Eles demonstram coragem. Delatar, entretanto, não é um reflexo de segurança psicológica, mas, sim, uma indicação de sua ausência. Em empresas com segurança psicológica, delatar não deve ser necessário, porque as preocupações dos funcionários serão expressas, ouvidas e consideradas.

Falar abertamente e ouvir, que andam de mãos dadas em uma cultura organizacional saudável, reforçam padrões de profissionalismo e integridade. Quando preocupações válidas são expressas, mudanças podem ser feitas em tempo hábil. Sem dúvida, é possível para um empregado falhar em explorar completamente as opções de discussões internas de preocupações — e fazer uma denúncia prematuramente. É possível, ainda, em um clima em que o aprendizado interno teria sido bem-vindo. De um modo geral, entretanto, em um clima psicologicamente seguro, o primeiro instinto de um funcionário é não ir fora da organização para relatar um delito percebido.

É do melhor interesse para qualquer organização promover um ambiente que facilite falar de maneira aberta internamente do que fazer as pessoas sentirem que não têm opção além de sair da organização com suas preocupações. É muito melhor responder aos primeiros sinais de que pode haver problemas, assim como tratá-los através de mudanças significativas, do que terminar com relatórios de delitos ou danos publicamente visíveis. Para tornar o processo mais fácil, ouvidores podem ajudar os internos a expressarem suas vozes em um contexto específico que é projetado para ser seguro. Ouvidores oferecem confidencialidade e apoio para os que têm questões éticas ou de segurança e podem, também, desencadear um processo de fazer mudanças necessárias na organização para mitigar as preocupações através de melhoria genuína.

E aquelas empresas bem-sucedidas dirigidas por ditadores arrogantes que não ouvem a ninguém e algumas vezes fazem as pessoas chorar?

Fizeram-me essa pergunta mais vezes do que consigo contar. Ela vem de pessoas inteligentes que recuam e pensam "espere um minuto! Se a segurança psicológica promove excelência em um mundo incerto, como eu posso apontar contra-argumentos — isto é, para histórias de empresas extremamente bem-sucedidas que parecem muito carecer em falta com a segurança psicológica?"

Quero responder em duas partes a essa pergunta importante. Primeiro, vamos lembrar a falácia da amostragem na variável dependente, um erro clássico em pesquisa. Em outras palavras, o sucesso em questão pode na verdade ser explicado pela arrogância do líder e pela abordagem descendente; inversamente, pode ser explicado por outros fatores: bom sentido de oportunidade, um vácuo de mercado, uma ideia genial ou, até mesmo, simples sorte.

Segundo, há uma falta de acesso imediato a dados contrafactuais. Em outras palavras, não sabemos o que poderia ter acontecido na empresa de sucesso se mais do talento que continha tivesse sido bem utilizado. Nós simplesmente temos um caso de baixa segurança psicológica e alto desempenho da empresa por um período de tempo particular. A primeira variável pode, ou não, explicar a segunda. É possível que a empresa tivesse falhado se mais pessoas se sentissem capazes de expressar suas ideias. Também é possível, e talvez até provável, que a vantagem para a empresa tenha sido maior do que era. Finalmente, o sucesso da empresa pode, no fim, provar ser de curta duração, porque está em risco de falhar para fazer as mudanças necessárias, quando os avisos prévios do declínio da fórmula de sucesso em um mercado mutável não são ouvidos ou atendidos. Sem mencionar a possibilidade de que pessoas inteligentes e talentosas que não estão sendo ouvidas podem partir para outras oportunidades.

Finalmente, as empresas que motivam pessoas atenciosas a fazerem essa pergunta podem ser um daqueles casos raros de um gênio no comando que, de fato, tem todas as respostas. Steve Jobs vem à mente. Na medida em que você sente que se enquadra nessa categoria — um gênio raro que tem a afinação perfeita em termos do que o mercado quer —, pode ser capaz de especificar o trabalho que precisa ser feito com clareza suficiente para os outros apenas executarem. Nesse caso, vá em frente! Você será capaz de desistir de procurar ou ouvir a contribuição daqueles que trabalham abaixo de você na organização. Disseram que Henry Ford, depois de tudo, reclamou: "Por que todas as vezes que eu peço por um par de mãos, eles vêm com um cérebro junto?"[22] No entanto, para o resto de nós, eu não recomendaria essa abordagem. Poucos líderes de negócios hoje podem ter o luxo de desperdiçar o poder intelectual disponível em suas empresas. No mínimo muitos de nós precisamos de um porta-voz honesto. Mas, melhor ainda, precisamos de pessoas para trazer suas ideias para o trabalho, para nos ajudar a criar produtos melhores e uma organização melhor.

Socorro! Meu colega está trazendo sua verdadeira personalidade para o trabalho e está me deixando louco!

Acho que muitos de nós podemos ter empatia com esse caso. Talvez existam pessoas que gostaríamos que tivessem um pouco menos de segurança psicológica no trabalho, para que parassem de se expressar! Por mais tentador que seja querer resolver esse tipo de problema com uma pitada de medo interpessoal, no longo prazo não é uma solução produtiva. A razão mais importante é essa: um colega que não está sendo útil e produtivo precisa — e merece — nosso retorno. A segurança psicológica não garante eficácia. Somente torna mais fácil encontrar o que as pessoas têm a oferecer. Algumas vezes, é uma surpresa feliz. Mas, quando as pessoas se sentem capazes de se expressar e você descobre que o que elas dizem não está agregando valor, então você tem a responsabilidade de ajudar. Treinar. Mesmo que não seja divertido dar às pessoas esse tipo de retorno, é melhor saber que alguém está em dificuldade do que permanecer no escuro. Além do mais, nada mais justo do que deixar seus colegas saberem que o impacto que eles têm não é o que eles esperam que seja.

Socorro! Eu comecei a trazer meu eu completo para o trabalho e ninguém gosta (mais) de mim!

Suspeito que, se você está lendo este livro, as probabilidades da situação implícitas nessa pergunta são baixas, porque você é provavelmente cuidadoso, curioso e tem a intenção de tornar a organização um lugar melhor. Sendo assim, outras intenções similares de aprendizado são provavelmente bem-vindas a ouvir o que você tem a dizer. Não obstante, vamos considerar suas possibilidades básicas. Uma é que suas ideias simplesmente não têm a recepção positiva que esperava. Nesse caso, assim como outros merecem seu retorno, você merece o retorno dos outros. Considere isso uma oportunidade de aprendizado — uma oportunidade de descobrir se é o que você está falando ou fazendo que está deixando a desejar.

A outra possibilidade é que você está aprendendo algo sobre seus colegas ou sua organização que sugere que você não está em um trabalho adequado a seus valores pessoais e objetivos. Se você está compartilhando preocupações sinceras, ideias e ambições com a organização, e outros estão indiferentes, desligados ou depreciativos, então você pode querer olhar para uma oportunidade em que terá colegas que apreciem seu comprometimento em fazer uma diferença positiva no trabalho.

Qual conselho você daria para as pessoas que relatam aos gerentes quem não pode ou não irá mudar?

Eu começaria recomendando curiosidade, compaixão e comprometimento. Você vê, todos nós precisamos lembrar a nós mesmos, não importa se somos o chefe ou não, que ninguém pode verdadeiramente mudar outra pessoa. Não podemos forçar as pessoas a mudar como elas pensam ou agem, *mesmo* quando nós temos a responsabilidade formal sobre elas — muito menos quando não temos. Podemos somente influenciá-las. As boas notícias são que qualquer pessoa pode influenciar outros moldando os três Cs listados abaixo. Comece com curiosidade, que nos leva a fazer perguntas. Quando fazemos perguntas genuínas, as pessoas sentem que são importantes (seja chefe, colega ou subordinado), especialmente quando nós ouvimos e respondemos cuidadosamente a suas perguntas (enquanto isso, nós somente aprenderemos algo, o que também pode ser útil).

Compaixão é a autodisciplina de imaginar e lembrar que todos nós enfrentamos obstáculos. Todas as pessoas estão enfrentando algo — pequeno ou grande — que as frustram ou as mantêm acordadas à noite. Quanto mais entender o que os outros enfrentam, mais espontaneamente você faz coisas que ajudam a construir relacionamentos de trabalho que são resilientes e fortes, conforme necessário para trabalhar. Por fim, comprometimento é importante porque, se você demonstra sua dedicação para alcançar os objetivos da organização, pode ser contagioso. Quando as pessoas, especialmente os gestores, acreditam que você realmente se importa com o trabalho, eles também lhe darão alguma confiança.

Uma questão relacionada, muitas vezes levantada, é capturada no comentário a seguir: "Mas as pessoas acima de mim não fazem isso, estou tão preso." Com grande empatia, minha resposta é: primeiro, deixe as pessoas saberem quão difundida essa experiência é e que eu reconheço quão frustrante se sente. Então, continuo a apontar que as pessoas têm uma tendência natural a olhar para cima — olhar na direção dos gestores sobre nós na hierarquia. Temos de treinar a nós mesmos para olhar para baixo e, de preferência, em todos os lados. Conforme observado antes, cada um de nós pode moldar o clima no qual trabalhamos de pequenas formas. Criar uma área de excelência, franqueza e aprendizado em *seu* grupo é válido, não importa o que aqueles acima estejam fazendo. Pode ser contagioso! Em parte, eu estive presa tantas vezes que pessoas expressando essa preocupação estão próximas do mais alto escalão de empresas enormes. Eles podem estar entre os 200 gerentes superiores em uma corporação global e, ainda, sua tendência natural é olhar para cima e lamentar sua impotência. Então, também lembro a eles gentilmente que existe um grande número de pessoas olhando para cima e apontando para eles como o problema que existe acima deles.

Qualquer pessoa pode aprender a ser um líder bem-sucedido em segurança psicológica?

Meu ponto de vista é que, sim, a maioria das pessoas pode aprender. Isso inclui aprender para entender melhor os efeitos positivos e negativos que a própria mentalidade e comportamento têm sobre os demais. A maioria das pessoas preferiria ter efeitos positivos a negativos sobre os outros, e muitos também são capazes de obter informações sobre como fazer isso, com treinamento e orientação. Algumas pessoas serão mais difíceis de se ajudar? Sim, claro. Narcisismo, personalidades borderline, baixa inteligência emocional e outras limitações tornarão mais difícil se comportar de maneira que construa segurança psicológica e, em alguns casos, impossível. Ainda assim, há muito pouca desvantagem em começar com uma mente aberta sobre a habilidade de qualquer um em mudar e se tornar mais eficiente. Você deve vencer, e provavelmente vai perder muito pouco, com essa mente aberta.

E sobre diferenças interculturais? É possível criar segurança psicológica na China? No Japão? No [coloque o nome do país aqui]?

Muitas pessoas acreditam que, em alguns países, esperar os funcionários falarem abertamente no trabalho é simplesmente irreal. Na verdade, pesquisas mostram que o local de trabalho psicologicamente seguro é mais baixo em países com maior "distância de poder", na medida em que uma sociedade aceita que o poder é distribuído de forma desigual entre os membros de altos status e os de baixo status.[23] Eles afirmam que tentar promover franqueza e relatórios de erros, por exemplo, seria um disparate no Japão. É claro, essa lógica impecável colide contra a realidade do Sistema Toyota de Produção — uma abordagem para melhoria contínua e execução perfeita que depende de todos os funcionários, acima e abaixo na hierarquia, para apontarem os erros de maneira contínua, enérgica e voluntária! Isso é típico da cultura japonesa? Não. Está profundamente incorporado na cultura da Toyota? Sim.

Em outras palavras, pode ser feito.

Sem dúvida, não é fácil criar uma cultura como a da Toyota. Mas vale a pena — se a excelência e a melhoria contínua são objetivos de sua organização. Diferenças culturais em distância de poder significam que o trabalho de criar segurança psicológica é mais difícil em alguns países do que em outros. Mesmo assim, isso não o torna menos necessário. Se o trabalho que uma organização faz envolver incerteza, interdependência ou altos interesses, o sucesso depende de criar alguns degraus de segurança psicológica. Sem disposição para pedir ajuda, os funcionários terão baixo desempenho. Sem disposição para contestar uma decisão, organizações estão em perigo de falhas evitáveis, tanto grandes como pequenas. Então, arregace as mangas, você tem trabalho a fazer! Pode envolver nadar contra forças culturais, mas pode ser feito. As boas notícias são que, quando benfeitos, seus esforços podem criar uma fonte poderosa de vantagem competitiva em um campo em que a média de segurança psicológica é baixa.

O que as perguntas revelam

Para encerrar, algumas vezes fico presa pela ansiedade que as pessoas parecem sentir sobre criar organizações psicologicamente seguras. Talvez sejamos naturalmente confortáveis em viver com o diabo que conhecemos — organizações onde a autoproteção tranquilamente não deixa espaço para a criatividade, aprendizado ou pertencimento que se encontra sobre a superfície sem percebermos. O diabo que não conhecemos — locais de trabalho incomuns onde as pessoas podem se expressar, enfrentando conflitos e desafios maiores, mas também maior satisfação — espera.

Indo contra o vento

Se você estabelece a construção de segurança psicológica em sua empresa, de certo modo isso é como velejar em uma viagem na qual se conhece e se desconhece muita coisa. Assim como comandante e tripulação em um barco devem se comunicar e coordenar para se manterem no curso enfrentando mudanças de marés e ventos, você e seus colegas devem proceder da mesma forma. A metáfora da navegação é adequada tão bem porque é impossível para um barco se dirigir diretamente para um contravento (quase sempre definido como o primeiro destino em uma regata). O barco pode chegar a um ângulo de 45 graus do alvo, ficando mais próximo, e então "alinhavar" — mudando a direção em um ângulo de 45 graus para o outro lado. Fazendo ziguezague contra o vento dessa maneira, o barco finalmente chega a seu destino, tendo feito grandes (táticas) e pequenos (ajustes de navegação) pivôs pelo caminho.

Você fala abertamente sobre a necessidade de uma medicação profilática para o pulmão de recém-nascidos, comenta uma fraca reviravolta em um filme de animação em andamento, sugere permissão de alturas para empilhadeiras ou defende segurança psicológica em uma grande mina sul-africana. Zigue à esquerda. Uma navegação suave segue. Seus superiores estão muito ocupados para ouvir, não respondem, dizem que não pode ser feito, passam por cima de você para promoção. O vento conduz sua vela. Se acontecer de você ser o CEO de uma mina, você pode fechar a mina para provar seu ponto de vista. Ou fazer uma simples pergunta que seja motivada por curiosidade genuína. Zague à direita. Pergunte aos enfermeiros se tudo estava tão seguro quanto eles gostariam. Garanta aos mineiros que falar abertamente sobre questões de segurança não irá comprometer seus empregos. Admita que não sabe. Confesse a falha. Peça desculpas. Peça ajuda. Velejar vai ser suave, pelo menos por algum tempo.

Criar segurança psicológica é um processo constante de menores e maiores correções que correspondem ao progresso. Como alinhavar contra o vento, você deve fazer zigue para a direita, então zague para a esquerda e, assim, direita de novo, nunca capaz de se dirigir exatamente para onde você quer ir e nunca sabendo perfeitamente quando o vento mudará.

Referências

1. Maxwell, J. *Beyond Talent: Become Someone Who Gets Extraordinary Results*. Thomas Nelson, 2011. Impresso, pp. 184.
2. Essa dicotomia entre buscar ganhos *versus* evitar perdas tem sido chamada de muitas coisas em diferentes círculos. Nos negócios, falamos sobre gestores ou empresas "jogando para ganhar" *versus* "jogando para não perder". Da mesma forma, Daniel Kahneman e Amos Tversky lideraram o campo de economia comportamental parcialmente através de sua pesquisa em "aversão à perda", a ideia de que a dor de uma perda supera o prazer de um ganho equivalente. Em psicologia, o professor da Universidade de Columbia E. Tory Higgins distinguiu indivíduos com um "foco na promoção" *versus* aqueles com um "foco na prevenção" ao descrever o que motivava as pessoas a tomarem certas decisões ou tomarem certas atitudes. A psicóloga educacional de Stanford Carol Dweck escreveu extensivamente sobre estudantes com "mentalidades fixas", que acreditavam que precisam evitar parecer estúpidos, *versus* aqueles com "mentalidades de crescimento", que são motivados por aprendizado e melhoria. Não importa como chamam essa dinâmica, o veredito é claro: indivíduos sustentáveis, equipe e desempenho organizacional vêm da busca por ganhar, não do medo da perda.
3. Veja Wilson, L. & Wilson, H. *Play To Win!: Choosing Growth Over Fear in Work and Life*. Revised ed., Bard Press, 2013. Impresso, para um guia verdadeiramente útil para fazer a mudança de mentalidade que isso acarreta.
4. Vuori, T. & Huy. Q. "How Nokia Embraced the Emotional Side of Strategy." *Harvard Business Review*. 23 de maio de 2018. https://hbr.

org/2018/05/how-nokia-embraced-the-emotional-side-of-strategy. Acessado em 14 de junho de 2013.

5. Idem.
6. Deming, W. E. *Out of the Crisis*. Cambridge, MA: Massachusetts Institute of Technology, Center for Advanced Engineering Study, 1986. Impresso.
7. Leitores interessados podem encontrar o estudo de caso aqui: Bohmer, R.J., Edmond-son, A.C., & Roberto, M.A. *Columbia's* Final Mission (Multimedia Case). Case Study. HBS No. 305-032. Boston, MA: Harvard Business School Publishing, 2005.
8. Vaughan, D. *The Challenger Launch Decision: Risky Technology, Culture, and Deviance at NASA*. Chicago, Illinois: University of Chicago Press, 1996. Impresso.
9. Veja https://nasapeople.nasa.gov/awards/eligibility.htm. Acessado em 14 de junho de 2018.
10. O estudo de caso que foi ensinado, assim como vários outros estudos de caso da NASA, podem ser encontrados aqui: https://www.nasa.gov/content/goddard-ocko-case-studies. Acessado em 1 de junho de 2018.
11. Frei descreveu sua experiência na Uber no seguinte podcast: Harvard Business School. "Fixing the Culture at Uber." *HBS After Hours*. April 2, 2018. http://hbsafterhours.com/ep-6-fixing-the-culture-at-uber. Acessado em 1 de junho de 2018.
12. Idem.
13. Kohlatkar, S. "At Uber, a New CEO Shifts Gears." *The New Yorker*. 9 de abril de 2018. https://www.newyorker.com/magazine/2018/04/09/at-uber-a-new-ceo-shifts-gears. Acessado em 14 de junho de 2018.
14. Idem.
15. Idem.
16. *HBS After Hours,* 2 de abril de 2018, op cit.
17. Kohlatkar, S. 9 de abril de 2018, op cit.
18. "TIME'S UP Legal Defense Fund." *NWLC*. https://nwlc.org/times--up-legal-defense-fund. Acessado em 14 de junho de 2018.
19. Uma das melhores fontes que conheço é Schwarz, R. *The Skilled Facilitator: A Comprehensive Resource for Consultants, Facilitators, Managers, Trainers, and Coaches*. 2nd ed., San Francisco: Jossey-Bass, 2002. Impresso.

20. Edmondson, A.C. & Smith, D.M. "Too hot to handle? How to manage relationship conflict." *California Management Review* 49.1 (2006): 6–31.

21. Edmondson, A.C. "The local and variegated nature of learning in organizations." *Organization Science* 13.2 (2002): 128–146.

22. Herrero, L. "The Last Thing I Need Is Creativity." *Leandro Herrero*. April 14, 2014. https://leandroherrero.com/the-last-thing-i-need-is--creativity. Acessado em 14 de junho de 2018.

23. Para pesquisas recentes em distância do poder, veja: Hofstede G. *Culture's Consequences: International Differences in Work-related Values*. Beverly Hills, CA: Sage, 1999. Impresso. Para estudos que encontraram diferenças em segurança psicológica entre grupos de alta versus baixa distância do poder, veja:

    - Anicich, E.M., Swaab, R.I., & Galinsky, A.D. "Hierarchical Cul--tural Values Predict Success and Mortality in High-Stakes Teams." *Proceedings of the National Academy of Sciences* 112.5 (2015): 1338–43.
    - Hu, J., Erdogan, B., Jiang, K., Bauer, T.N., & Liu, S. "Leader Humility and Team Creativity: The Role of Team Information Sharing, Psychological Safety, and Power Distance." *Journal of Applied Psychology* 103.3 (2017):313–23.

Apêndice: Variações em Medidas de Pesquisa para Ilustrar a Potência da Segurança Psicológica

Fonte	Itens de pesquisa	Alfa de Cronbach
Garvin, Edmondson, & Gino (2008)[1]	1. Nessa unidade é fácil falar abertamente o que se tem em mente.	.94
	2. Se você comete um erro nessa unidade, geralmente ele é usado contra você.(R)	
	3. As pessoas nessa unidade com frequência se sentem à vontade para falar sobre problemas e divergências.	

(*Continua*)

Fonte	Itens de pesquisa	Alfa de Cronbach
	4. As pessoas nessa unidade estão ansiosas para compartilhar informações sobre o que *não* funciona e, também, sobre o que funciona. 5. Guardar segredo é a melhor maneira de progredir nessa unidade. (R)	
Tucker, Nembhard, & Edmondson, Management Science (2007)[2]	1. As pessoas nessa unidade ficam à vontade para checar umas com as outras se elas têm perguntas sobre a maneira certa de fazer algo. 2. As pessoas em sua unidade valorizam as habilidades únicas e talentos dos outros. 3. Membros dessa UTI Neonatal são capazes de mencionar problemas e questões difíceis.	.74
Nembhard & Edmondson (2006)[3]	1. Pessoas nessa unidade de tratamento se sentem à vontade para checar umas com as outras se elas têm perguntas sobre a maneira certa de fazer algo. 2. Membros dessa UTI Neonatal são capazes de mencionar problemas e questões difíceis. 3. Se você comete um erro nessa unidade, geralmente ele é usado contra você. 4. É fácil pedir ajuda aos outros membros desta unidade.	.73

Fonte	Itens de pesquisa	Alfa de Cronbach
Edmondson (1999)[4]	1. Se você comete um erro nessa equipe, geralmente ele é usado contra você. (R) 2. Membros dessa equipe são capazes de mencionar problemas e questões difíceis. 3. Pessoas nesta equipe às vezes rejeitam outras por serem diferentes. (R) 4. É seguro correr um risco nesta equipe. 5. É difícil pedir ajuda aos outros membros desta equipe. (R) 6. Ninguém desta equipe agiria deliberadamente de forma que diminuísse meus esforços. 7. Ao trabalhar com os membros da equipe, minhas habilidades e talentos únicos são valorizados e utilizados.	.82

Referências

1. Garvin, D. Edmondson, A., & Gino, F. "Is yours a learning organization?" Harvard Business Review (March 2008): 109–116.
2. Tucker, A.L., Nembhard, I.M., & Edmondson, A.C. "Implementing new practices: An empirical study of organizational learning in hospital intensive care units." Management Science 53.6 (2007): 894–907.
3. Nembhard, I.M. & Edmondson A.C. "Making it safe: The effects of leader inclusiveness and professional status on psychological safety and improvement efforts in health care teams." Journal of Organizational Behavior 27.7 (2006): 941–966.
4. Edmondson, A.C. "Psychological Safety and Learning Behavior in Work Teams." Administrative Science Quarterly 44.2 (1999): 350–83.

Sobre a Autora

AMY C. EDMONDSON

Perto de se formar pela Universidade de Harvard há mais de três décadas, Amy Edmondson deu um salto no escuro e escreveu uma carta para um herói pessoal, buscando conselhos sobre emprego. Para sua surpresa, Buckminster Fuller escreveu de volta. Sua carta chegou somente uma semana depois, com muito mais do que conselhos. O famoso inventor, arquiteto e futurista lhe ofereceu um emprego. Passando os próximos três anos como "engenheira-chefe" de Fuller, ela desenvolveu um interesse intenso e duradouro pelo que os líderes e organizações podem fazer para criar um mundo melhor. Atualmente, como professora Novartis de liderança e gestão na Harvard Business School, Edmondson estuda líderes que buscam fazer uma diferença positiva no mundo através do trabalho que executam em organizações de todos os tipos. A pesquisa descrita neste livro capta o tópico central que atravessa sua carreira acadêmica — criar ambientes em que as pessoas podem formar equipes e fazer seu melhor trabalho.

Edmondson faz parte do corpo docente de Harvard desde 1996 e ensina cursos de liderança, formação de equipes, tomada de decisão e aprendizado organizacional. Seus mais de 70 artigos têm sido publicados na *Harvard Business Review* e na *California Management Review*, assim como em jornais acadêmicos como *Administrative Science Quarterly* e o *Academy of Management Journal*. Antes de sua carreira acadêmica, ela foi diretora de pesquisa na Pecos River Learning Centers, onde trabalhou com o CEO Larry Wilson para projetar e implementar programas de mudança em grandes empresas. Nessa função, ela descobriu uma paixão por compreender como os líderes podem fazer das organizações lugares onde as pessoas podem inovar, aprender e crescer. Os principais livros de Edmondson — *Teaming: How Organizations Learn, Innovate, and Compete in the Knowledge Economy* (2012); *Teaming to Innovate* (2013); *Building the Future: Big Teaming for Audacious Innovation* (2016); e *Extreme Teaming* (2017) — exploram os desafios e as oportunidades de equipes de trabalho em ambientes dinâmicos. Seu primeiro livro, *A Fuller Explanation: The Synergetic Geometry of R. Buckminster Fuller* (1986), explica as contribuições matemáticas de Fuller para um público leigo.

As contribuições de Edmondson para pesquisa de gestão foram reconhecidas pelo Prêmio Sumantra Ghoshal de Rigor e Relevância no Estudo de Gestão em 2018; pelo Concurso de Talentos da *Thinkers50* em 2017; pelo Prêmio Accenture, por contribuição significante para a prática da gestão em 2004; e pelo Prêmio Cummings da Academia de Gestão, por conquista de carreira, em 2006. Ela foi nomeada uma das pensadoras mais influentes em gestão pela lista bienal do *Thinkers50* desde 2011 (13º lugar em 2017). A *HR Magazine* a publicou como uma das 20 Pensadoras Internacionais Mais Influentes em Recursos Humanos. Edmondson obteve seu PhD em comportamento organizacional, seu Mestrado em Artes em Psicologia e seu Bacharelado em Artes em Engenharia e Projetos da Universidade de Harvard. Ela vive em Cambridge, Massachusetts, com seu marido George Daley e seus dois filhos.

Índice